Norton González

Quatro em Um

Para uma Excelente Base e
Aprovação em Concursos Públicos

Matemática Básica, Financeira,
Raciocínio Lógico e Estatística

Quatro em Um: Para uma Excelente Base e Aprovação em Concursos Públicos

Copyright© Editora Ciência Moderna Ltda., 2009.
Todos os direitos para a língua portuguesa reservados pela EDITORA
CIÊNCIA MODERNA LTDA.
De acordo com a Lei 9.610 de 19/2/1998, nenhuma parte deste livro poderá ser reproduzida, transmitida e gravada, por qualquer meio eletrônico, mecânico, por fotocópia e outros, sem a prévia autorização, por escrito, da Editora.

Editor: Paulo André P. Marques
Supervisão Editorial: Camila Cabete Machado
Copidesque: Karina Valiante
Diagramação: Janaina Salgueiro
Capa: Cristina Satchko Hodge
Assistente Editorial: Aline Vieira Marques

Várias Marcas Registradas aparecem no decorrer deste livro. Mais do que simplesmente listar esses nomes e informar quem possui seus direitos de exploração, ou ainda imprimir os logotipos das mesmas, o editor declara estar utilizando tais nomes apenas para fins editoriais, em benefício exclusivo do dono da Marca Registrada, sem intenção de infringir as regras de sua utilização. Qualquer semelhança em nomes próprios e acontecimentos será mera coincidência.

FICHA CATALOGRÁFICA

GONZÁLEZ, Norton.
Quatro em Um: Para uma Excelente Base e Aprovação em Concursos Públicos
Rio de Janeiro: Editora Ciência Moderna Ltda., 2009.

1. Matemática
I — Título
ISBN: **978-85-7393-780-0**   CDD 510

Editora Ciência Moderna Ltda.
R. Alice Figueiredo, 46 – Riachuelo
Rio de Janeiro, RJ – Brasil   CEP: 20.950-150
Tel: (21) 2201-6662/ Fax: (21) 2201-6896
lcm@lcm.com.br
www.lcm.com.br

01/09

Sumário

Números Inteiros.. 6

Números Reais 13

Números Racionais.. 14

Números Irracionais... 14

Números Decimais... 14

Números Complexos 16

MDC – Máximo Divisor Comum 22

MMC – Mínimo Múltiplo Comum 26

Regras de Divisibilidade... 29

Escala... 31

Médias 32

Divisão em Partes Proporcionais 39

Regra de Sociedade Simples e Composta...................................... 40

Regra de Três Simples e Composta... 42

Porcentagem, Conceitos de Juros Simples e Compostos, Introdução 46

Tipos de Taxas (Centesimal, Unitária, Efetiva, Proporcional, Equivalente, Nominal e Real) 51

Juros Simples 54

Juro Exato (Ano Civil de 365 dias ou de 366 dias quando Bissexto) 54

Juro Comercial ou Ordinário (Ano Civil de 360 dias) 55

Descontos Simples e Compostos 55

Juros Compostos 55

Juros Compostos com Capitalização Contínua................................ 55

Equações e Inequações de 1º e 2º Graus...................................... 72

IV ♦ Quatro em Um: Para uma Excelente Base e Aprovação em Concursos Públicos

Produtos Notáveis 111

Sistema Legal de Medidas 112

Geometria Básica 115

112 Testes Gerais 118

Raciocínio Lógico 133

Lógica de Primeira Ordem 133

Enumeração por Recurso 133

Princípio do Terceiro Excluído 135

Princípio da Não Contradição 135

Tabelas-Verdade 137

Análise Combinatória 148

Princípio Fundamental da Contagem 149

Princípio Aditivo 149

Princípio Multiplicativo 149

Princípio das Gavetas 150

Teorema de Dirichlet 150

Princípio do Pombal 150

Permutação com Repetição 151

Permutação Circular 151

Arranjo com Repetição 152

Combinação com Repetição 153

Relação entre Arranjo, Combinação e Permutação 155

Anagrama com Repetição 155

Probabilidade 159

Equação Exponencial 166

Inequação Exponencial 169

Função Exponencial 172

Logaritmo 173

Sistemas de Logaritmos 175

Cologaritmo 176

Propriedades Operatórias do Logaritmo 176

Função Logarítmica 177

Equação Logarítmica 185

Inequação Logarítmica 187

Logaritmo Decimal 191

Progressão Aritmética (P.A.) 197

Progressão Geométrica (P.G.) 200

Teoria dos Conjuntos 203

200 Questões da Fundação Carlos Chagas 214

Noções de Estatística 277

Questões do CESPE/UnB 287

Questões do NCE/UFRJ 297

Referências Bibliográficas 329

Números Naturais

Os números naturais: o conjunto **N**.

N = {1,2,3,4,5,6, ... , 19,20, ... , 1001, 1002, ... , 10000001, ... }

Notas elucidativas:

a) Os números naturais surgiram da necessidade de contagem dos elementos de um conjunto pelo homem primitivo e, neste sentido, o zero (0) não seria um número natural.

b) Por volta do ano 458 DC, o zero foi introduzido pelos Hindus, para representar a coluna vazia dos ábacos, daí sua denominação original de sunya (vazio).

Ábaco - segundo o dicionário Melhoramentos - 7ª edição: calculador manual para aritmética, formado de um quadro com vários fios paralelos em que deslizam botões ou bolas móveis.

c) No entanto, como o zero atende às propriedades básicas dos números naturais, ele pode ser considerado um número natural, não obstante a premissa contrária não conflitar a teoria. Assim, não deveremos estranhar quando aparecer em provas de vestibulares o conjunto **N** como sendo **N** = {0, 1, 2, 3, 4, 5, ... }, definindo-se um outro conjunto sem o zero:

N* = **N** - {0} = {1,2,3,4, ... }. Como esta forma de abordagem é a mais usual, consideraremos o zero como sendo um número natural, no que se segue.

d) O conjunto dos números naturais é infinito.

Propriedades

1. Todo número natural **N**, possui um sucessor indicado por suc(n), dado por suc(n) = n + 1.

Exemplo: suc(32) = 32 + 1 = 33.

2. Dados dois números naturais **m** e **n**, ocorrerá uma e somente uma das condições :

m = n : m igual a n (igualdade)

m > n : m maior do que n (desigualdade)

m < n : m menor do que n (desigualdade).

Esta propriedade é conhecida como Tricotomia.

NOTA: Às vezes teremos que recorrer aos símbolos $\leq$ ou $\geq$ os quais possuem a seguinte leitura:

$a \geq b$: a maior do que b ou a = b.

$a \leq b$: a menor do que b ou a = b.

Assim por exemplo, $x \leq 3$, significa que x poderá assumir em **N**, os valores 3, 2, 1 ou 0.

Já $x < 3$, teríamos que x seria 2, 1 ou 0.

OPERAÇÕES EM N

ADIÇÃO:

a + b = a **mais** b.

Dados os números naturais a, b, c, em **N**, são válidas as seguintes propriedades:

1. Fechamento: a soma de dois números naturais é sempre um número natural. Diz-se então que o conjunto N dos números naturais é fechado em relação à adição.

2. Associativa: a + (b + c) = (a + b) + c

3. Comutativa: a + b = b + a

4. Elemento neutro: a + 0 = 0 + a = a. Zero é o elemento neutro da adição.

5. Unívoca: o resultado da adição de dois números naturais é único.

6. Monotônica: Uma desigualdade não se altera, se somarmos um mesmo número natural a ambos os membros, ou seja, se a > b então a + c > b + c.

Subtração

Observa-se que a subtração (diferença) é uma operação inversa da adição. Se a + b = c então dizemos que a = c - b (c menos b). É óbvio que o conjunto **N** não é fechado em relação à subtração, pois a subtração (diferença) entre dois números naturais, nem sempre é um outro número natural. Por exemplo, a operação 3 - 10 não teria resultado no conjunto **N** dos números naturais. Das seis propriedades do item anterior, verifica-se que a operação subtração possui apenas aquelas dos subitens (1.5) e (1.6).

Multiplicação

É um caso particular da adição (soma), pois somando-se um número natural a si próprio n vezes, obteremos a + a + a + ... + a = a . n = a x n. Na igualdade a . n = b, dizemos que a e n são os fatores e b é o produto.

Dados os números naturais a, b e c, são válidas as seguintes propriedades:

Fechamento - A multiplicação de dois números naturais é sempre outro número natural. Dizemos então que o conjunto **N** dos números naturais é fechado em relação à operação de multiplicação.

Associativa

a x (b x c) = (a x b) x c ou a . (b . c) = (a . b) . c

Comutativa:

a x b = b x a

Elemento neutro:

a x 1 = 1 x a = a. O número 1 é o elemento neutro da multiplicação.

Unívoca:

O resultado da multiplicação de dois números naturais é único.

Monotônica:

Uma desigualdade não se altera, se multiplicarmos ambos os membros, por um mesmo número natural, ou seja, se a > b então a x c > b x c.

Distributiva:

a x (b + c) = (a x b) + (a x c).

POTENCIAÇÃO:

É um caso particular da multiplicação, onde os fatores são iguais. Assim é que multiplicando-se um número natural a por ele mesmo n vezes, obteremos a x a x a x a x ... x a que será indicado pelo símbolo a^n, onde **a** será denominado base e **n** expoente.

Assim é que, por exemplo, $5^3 = 5 \cdot 5 \cdot 5 = 125$, $7^1 = 7$, $4^4 = 4 \cdot 4 \cdot 4 \cdot 4 = 256$ etc.

DIVISÃO

É um caso particular da subtração, senão vejamos: o que significa dividir 17 por 3? Significa descobrir, quantas vezes o número 3 cabe em 17, ou seja: 17 – 3 – 3 – 3 – 3 – 3 e restam 2. Podemos escrever a expressão anterior como: **17 = 5 . 3 + 2**.

O número 17 é denominado dividendo, o número 3 é denominado divisor, o número 5 é denominado quociente e o número 2 é denominado resto.

De uma maneira geral, dados os números naturais D, d, q e r, poderemos escrever a relação

D = d · q + r com $0 \leq r < d$

Se r = 0, dizemos que a divisão é exata, ou seja, não deixa resto. A demonstração da existência e da unicidade dos números D, d, q e r, pode ser vista nos compêndios de Teoria dos Números e não cabe aqui nestas notas introdutórias. A relação vista acima é conhecida como Teorema de Euclides.

Dividindo-se o número 245 por um número natural b, obtém-se quociente 5 e resto r. Determine o valor da soma dos valores possíveis para b.

SOLUÇÃO:

Pela exposição anterior, poderemos escrever:

245 = 5 · b + r com $0 \leq r < b$

Da primeira expressão, tiramos: r = 245 – 5b

Substituindo na segunda, vem: $0 \leq 245 - 5b < b$

Podemos desmembrar a dupla desigualdade acima em duas, a saber:

$0 \leq 245 - 5b$ e $245 - 5b < b$

Resolvendo a primeira: $0 \leq 245 - 5b \therefore 5b \leq 245 \therefore b \leq 49$.

Resolvendo a segunda: $245 - 5b < b \therefore 245 < 6b \therefore 6b > 245 \therefore b > 40,83...$

Ora, sendo b um número natural maior do que 40,83 e menor ou igual a 49, vem que os valores possíveis para b serão: 41, 42, 43, 44, 45, 46, 47, 48 e 49.

A soma dos valores possíveis para b será então,

$S = 41 + 42 + 43 + 44 + 45 + 46 + 47 + 48 + 49 = 405$.

Resposta: 405.

UNICAMP 1994 – 2ª fase – A divisão de um certo número inteiro N por 1994 deixa resto 148. Calcule o resto da divisão de N + 2000 pelo mesmo número 1994.

Solução:

Pelo Teorema de Euclides visto acima, poderemos escrever:

$N = 1994 \cdot q + 148$, onde q é o quociente.

Analogamente, para N + 2000, teremos:

$N + 2000 = 1994.Q + r$, onde Q é o novo quociente e r é o novo resto.

Podemos escrever: $N = 1994.Q - 2000 + r$

$N = 1994 \cdot Q - (1994 + 6) + r$

$N = 1994 \cdot Q - 1994 - 6 + r$

$N = 1994(Q - 1) + r - 6$

$N - 1994(Q - 1) - r + 6 = 0$

Substituindo o valor de N fica:

$1994 \cdot q + 148 - 1994(Q - 1) - r + 6 = 0$

$1994(q - Q + 1) + (154 - r) = 0$

Ora, sendo Q, q e r naturais, a soma acima será nula, se e somente se ocorrer q - Q + 1 = 0, ou seja,

$Q = q + 1$ e $154 - r = 0$.

Como estamos interessados no novo resto r, vem imediatamente que: $r = 154$.

Resposta: $r = 154$. A maneira de resolver o problema, talvez mais simples, seria:

Temos pelo enunciado:

$N = 1994.q + 148$

Adicionando 2000 à ambos os membros, vem:

$N + 2000 = 1994.q + 2000 + 148$

$N + 2000 = 1994.q + 2000 + 148$

Decompondo 2000 na soma equivalente 1994 + 6, fica:

$N + 2000 = 1994.q + 1994 + 6 + 148$

$N + 2000 = 1994.(q + 1) + 154$

Logo, o novo quociente é q + 1 e o novo resto é igual a 154.

NÚMEROS INTEIROS

O conjunto formado pelos números inteiros positivos, pelos números inteiros negativos e pelo zero é denominado **conjunto dos números inteiros** e é representado pela letra Z.

$Z = \{..., -5, -4, -3, -2, -1, 0, 1, 2, 3, 4, 5, ...\}$

Adição

A adição é uma operação usada para juntar quantidades. Na adição de números inteiros iremos juntar quantidades positivas e negativas.

Quando os dois números são positivos, a soma é um número positivo.

Ex.: 10+8 = 18.

Quando os dois números são negativos, a soma é um número negativo.

Ex.: (-10)+(-8) = -18.

Quando os dois números têm sinais diferentes, o sinal do resultado corresponde ao sinal do maior número.

Exs.: (+6)+(-9) = -3 e (-4)+(+8) = +4.

Quando os dois números são opostos, a soma é zero.

Ex.: (-66)+(+66) = 0.

São propriedades da adição:

a) Elemento Neutro: O zero é o elemento neutro da adição nos números inteiros.

Ex.: 3+0 = 3.

b) Fechamento: A soma de dois ou mais números inteiros é sempre um número inteiro.

Ex.: 6+7 = 13.

c) Comutativa: A ordem das parcelas não altera a soma.

Ex.: 2+3 = 3+2 = 5.

d) Associativa: Numa soma indicada de várias parcelas, podemos substituir várias de suas parcelas pela sua respectiva soma.

Ex.: 3+4+6+2 = (3+4)+(6+2) = 7+8 = 15.

Obs.: equação da soma: parcela + parcela = soma ou total.

Subtração

A diferença entre dois números dados numa certa ordem é o número que, adicionado ao segundo dá como resultado o primeiro.

Ex.: 45-11 = 34 porque 34+11 = 45.

Vejamos outras situações:

(-12)-(+9) = -21.

(+32)-(-24) = +56.

(-6)-(-7) = +1.

Obs.: equação de subtração: minuendo – subtraendo = resto ou diferença.

Multiplicação

Chama-se operação de multiplicação o procedimento que permite, a partir de dois números **a** e **b**, obter um número denominado produto **a x b**, ou **a.b**, ou (a)(b). Os números **a** e **b** são denominados fatores.

São propriedades da multiplicação:

a) Elemento Neutro:

O um (1) é o elemento neutro da multiplicação.

Ex.: 3x1 = 3.

b) Fechamento:

O produto de dois ou mais números inteiros é sempre um número inteiro.

Ex.: (+6).(+7).(-8) = -336.

c) Comutativa:

A ordem dos fatores não altera o produto.

Ex.: 4x5 = 5x4 = 20.

d) Associativa:

Num produto de vários fatores podemos substituir dois ou mais deles pelo seu produto.

Ex.: 8x7x9x6 = 56x9x6 = 56x54 = 3024.

e) Distributiva:

Para se multiplicar uma soma por um número, multiplica-se cada uma das parcelas pelo número dado e soma-se os produtos.

Ex.: (8+6)x3 = 8x3+6x3 = 24+18 = 42.

Obs.: esta propriedade também se aplica na multiplicação de uma subtração por um número.

Na multiplicação de números inteiros, devemos ainda observar que:

· Se os fatores têm sinais iguais (ambos positivos ou ambos negativos), então o sinal do resultado será positivo.

Exs.: (+5).(+7) = +35 e (-9).(-3) = + 27.

· Se os fatores têm sinais contrários (um positivo e o outro negativo), então o sinal do resultado será negativo.

Exs.: (+8).(-4) = -32 e (-6).(+5) = -30.

Obs.: equação da multiplicação: fator x fator = produto.

Divisão

É a operação que tem por fim achar quantas vezes um número contém o outro. Os números que entram na formação de uma divisão são:

a) **Dividendo:** é o número que há de ser dividido.

b) **Divisor:** é o número que indica em quantas partes iguais deverá ser dividido o dividendo.

c) **Quociente:** é o resultado da divisão.

d) **Resto:** é o que sobra da divisão, no caso dela não ser exata.

Obs.:

· Numa divisão o divisor deve ser diferente de zero;

· Algoritmo de Euclides: $D = d.q + r$, onde:

D – dividendo;

d – divisor;

q – quociente;

r – resto.

· Para a divisão de números inteiros positivos, a aritmética convenciona que:

Se $r = 0$, a divisão é exata ou **não deixa resto;**

Se $r = 1$, dizemos que a divisão tem **resto mínimo;**

Se $r = d - 1$, dizemos que a divisão tem **resto máximo.**

Na divisão de números inteiros, devemos ainda observar que:

· Se o dividendo e o divisor têm sinais iguais (ambos positivos e o outro negativo), então o sinal do resultado será positivo.

Exs.: (+36) : (+4) = +9 e (-100) : (-10) = +10.

· Se o dividendo e o divisor têm sinais contrários (um positivo e o outro negativo, ou vice-versa), então o sinal do resultado será negativo.

Ex.: (+42) : (-14) = -3.

IMPORTANTE:

No cálculo de uma expressão devemos efetuar primeiro as multiplicações e divisões, na ordem em que aparecem, e depois as adições e subtrações. Também devemos fazer primeiro as operações que estão entre parênteses, depois as que estiverem entre colchetes, e por último, as que estiverem entre chaves.

NÚMEROS RACIONAIS

O conjunto formado pelos números que podem ser escritos como o quociente de dois números inteiros, com divisor diferente de zero, é denominado **conjunto dos números racionais** e é representado pela letra Q.

$$Q = \{ x / x = \frac{a}{b} \text{, com } a \in Z, b \in Z^* \}$$

FRAÇÃO

Definição: chama-se fração todo par $\frac{a}{b}$ (leia **a** sobre **b**) de números naturais, com o segundo diferente de zero, onde:

· O segundo número (**b**), chamado denominador, indica em quantas partes iguais a unidade foi dividida;

· O primeiro número (**a**), chamado numerador, indica quantas partes tomamos da unidade;

· O numerador e o denominador são os termos da fração.

Classificação

a) **Frações próprias:** são aquelas em que o numerador é menor que o denominador. Ex.: 16/36.

b) **Frações impróprias:** são aquelas em que o numerador é maior ou igual ao denominador. Exs.: 3/2 e 2/2.

c) **Frações aparentes:** são as frações impróprias em que o numerador é múltiplo do denominador. Exs.: 6/3 e 2/2.

Obs.: as frações aparentes podem ser escritas na forma de número natural.

Ex.: 2/2 = 1. As frações impróprias e não aparentes podem ser escritas na forma mista.

Ex.: $4\dfrac{2}{10} = \dfrac{[(4 \times 10)] + 2}{10} = \dfrac{42}{10}$.

d) **Frações equivalentes:** duas ou mais frações que representam a mesma parte da unidade são chamadas frações equivalentes. Exs.: 4/6 e 2/3.

Simplificação De Frações

Simplificar uma fração é dividir seus termos por um mesmo número e obter termos menores que os iniciais.

Ex.: 6/8 simplificado por 2 é igual a 3/4.

Adição E Subtração

Quando vamos somar ou subtrair frações pode ocorrer uma das seguintes situações:

1ª situação: as frações têm denominadores iguais.

A soma de frações com denominadores iguais é uma fração cujo denominador é igual ao das parcelas e cujo numerador é a soma dos numeradores das parcelas.

Ex.: 3/7 + 2/7 = 5/7.

A diferença entre a duas frações com denominadores iguais é uma fração cujo denominador é igual ao das frações dadas e cujo numerador é a diferença dos numeradores.

Ex.: 8/11 – 3/11 = 5/11.

2ª situação: as frações têm denominadores diferentes.

Quando vamos somar ou subtrair frações que têm denominadores diferentes, devemos primeiro reduzi-las ao mesmo denominador e, depois, aplicar a regra anterior.

Ex.: 4/9 + 5/6 = 8/18 + 15/18 = 23/18.

MULTIPLICAÇÃO

O produto de duas frações é uma fração cujo numerador é o produto dos numeradores e cujo denominador é o produto dos denominadores das frações dadas.

Ex.: 2/6.3/4 = 6/24.

DIVISÃO

O quociente de uma fração por outra é igual ao produto da 1ª fração pelo inverso da 2ª.

Ex.: 3/5 : 4/7 = 3/5.7/4 = 21/20.

NÚMEROS REAIS

A união do conjunto dos números racionais com o conjunto dos números irracionais é um conjunto numérico denominado **conjunto dos números reais**, o qual é representado pela letra R.

$$R = \{..., -3, -\frac{8}{3}, -\sqrt{2}, -1, -\frac{1}{4}, 0, \frac{1}{4}, 1, \sqrt{2}, \frac{8}{3}, 3, 4, ...\}$$

NÚMEROS RACIONAIS

São todos os números cujas representações decimais são sempre finitas ou infinitas e periódicas.

Exs.: $\frac{3}{10}$ = 0,3; $\frac{7}{5}$ = 1,4; $\frac{43}{20}$ = 2,15; $\frac{1}{3}$ = 0,3333...; $\frac{22}{9}$ = 2,4444...; $\frac{37}{11}$ = 3,363636...

NÚMEROS IRRACIONAIS

São todos os números cujas representações decimais são sempre infinitas sem serem periódicas.

Exs.: = 1,4142135...; 2,11011001100011...; = 3,1622776...; 3,141592...

NÚMEROS DECIMAIS

· Para transformar um numeral decimal em fração decimal escreve-se uma fração cujo numerador é o número decimal sem vírgula e cujo denominador é o algarismo 1 (um) seguido de tantos zeros quantas forem as casas decimais do numeral dado.

Ex.: 856,35 = $\frac{85635}{100}$.

· Para transformar uma fração decimal em número decimal escreve-se o numerador da fração com tantas ordens (ou casas) decimais quantas forem os zeros do denominador.

Ex.: $\frac{356}{100}$ = 3,56.

· Um numeral decimal não se altera quando retiramos ou acrescentamos um ou mais zeros à direita de sua parte decimal.

Ex.: 51,597 = 51,59700.

· Para multiplicar um numeral decimal por 10, por 100, por 1000, etc., basta deslocar a vírgula uma, duas, três, etc. casas decimais para a direita.

Exs.: 15,7x10 = 157 e 654,7x100 = 65470.

· Para dividir um numeral decimal por 10, por 100, por 1000, etc., basta deslocar a vírgula uma, duas, três, etc. casas decimais para a esquerda.

Exs.: 5,634:10 = 0,5634 e 784,3:100 = 7,843.

· Para somar numerais decimais igualamos o número de casas decimais das parcelas, acrescentando zeros; colocamos vírgula debaixo de vírgula; e somamos como se fossem números naturais. Logicamente, teremos uma só vírgula no resultado da soma que estará alinhada com todas as outras anteriores.

Ex.: 6,3+0,54+51,954 = 58,794.

· Para subtrair numerais decimais procedemos de modo semelhante ao usado na adição. A única observação óbvia é que teremos que tirar do maior o menor número decimal.

Ex.: 96,58-14,987 = 81,593.

· Para multiplicar numerais decimais multiplicamos os decimais como se fossem números inteiros e damos ao produto tantas casas decimais quantas sejam as somas dos números de casas decimais dos fatores.

Ex.: 6,3x15,49 = 97,587.

· Para dividir dois decimais igualamos o número de casas decimais do dividendo e do divisor, acrescentando zeros; eliminamos as vírgulas; e dividimos os números naturais que resultam das etapas anteriores.

Ex.: 0,3 : 6 = 0,05.

· Dízimas periódicas: são as representações decimais, sempre infinitas e periódicas dos números racionais também nestes casos chamados de geratriz.

Exs.: 0,3333...(dízima periódica) = $\dfrac{1}{3}$ (geratriz); 0,272727...(dízima periódica) = $\dfrac{3}{11}$ (geratriz); 1,272727...(dízima periódica) = $\dfrac{14}{11}$ (geratriz).

16 ◆ Quatro em Um: Para uma Excelente Base e Aprovação em Concursos Públicos

· As dízimas periódicas podem ser simples ou compostas.

· Simples quando não existe nenhum número além daquele(s) que pertence(m) ao período (parte numérica que se repete de maneira infinita).

Exs.: 0,3333...e 0,272727...

· Composta quando existe pelo menos um número que acompanha o período caracterizado na dízima [seja(m) este(s) do lado direito da vírgula, do lado esquerdo da mesma ou dos dois lados].

Exs.: 0,1272727...; 2,272727...; 2,11252525...

· A geratriz de uma dízima periódica simples resultará numa fração, onde, o numerador, será o período e o denominador tantos noves quantos forem os algarismos do período.

Exs.: $0,3333... = \dfrac{3}{9} = \dfrac{1}{3}$; $0,272727... = \dfrac{27}{99} = \dfrac{3}{11}$; $1,2727... = 1\dfrac{27}{99} = 1\dfrac{3}{11} = \dfrac{14}{11}$.

· A geratriz de uma dízima periódica composta resultará numa fração, onde, o numerador será a diferença entre todos os números que compõem a dízima sem a vírgula, e até a primeira vez que o período aparece; e a aglutinação sem vírgula dos números que não pertencem ao período. Ex.: 2,11262626... = 21126 - 211 = 20915 (numerador da geratriz). Já o denominador será formado por tantos noves quantos forem os algarismos do período, seguidos de tantos zeros quantos forem os números que não fazem parte do período, e estejam do lado direito da vírgula (os que estiverem do lado esquerdo não contam).

Ex.: $2,11262626... = \dfrac{}{9900}$ (denominador da geratriz). Juntando o numerador e o denominador desta geratriz que achamos, temos: $2,11262626... = \dfrac{20915}{9900} = \dfrac{4183}{1980}$.

Números Complexos

Num sistema de medir, quando a unidade fundamental e as suas unidades secundárias, isto é, múltiplos e submúltiplos, não estiverem em relação decimal, o sistema é denominado não decimal ou complexo. Em nosso estudo veremos as medidas de tempo, ângulo e velocidade.

Unidade de Tempo

A unidade fundamental do tempo é o segundo, representado por **seg**. que é o intervalo de tempo igual a fração 1/86400 do dia solar médio, definido de acordo com as convenções da Astronomia.

Os seus múltiplos mais usuais são:

* minuto (min.) = 60 seg.

* hora (h) = 60 min. = 3.600 seg.

Unidade de Ângulo

A unidade fundamental de ângulo é o grau, representado por (^{o}) que é o ângulo equivalente a 1/90 do ângulo reto que mede 90°.

Os seus múltiplos mais usuais são:

* o minuto, representado por (´);

* o segundo, representado por (").

$1^o = 60´$

$1´= 60"$

$1^o = 3.600"$

Unidade de Velocidade

A unidade fundamental de velocidade é o metro por segundo, representado por m/seg.

Mudanças de unidades com números complexos

Temos dois tipos de mudanças a considerar:

Primeiro: transformar um número complexo em unidades inferiores.

Ex.: Exprimir 5h 10 min 20 s, em segundos:

Segundo: transformar um número expresso em unidades inferiores em um número complexo.

Ex.: Exprimir 15.674 segundos a uma unidade complexa.

OPERAÇÕES COM NÚMEROS COMPLEXOS

ADIÇÃO: Somam-se separadamente as unidades de mesma ordem, a partir da direita.

Ex.: Calcule $(27°10'20'') + (10°2'15'')$

SUBTRAÇÃO: De modo análogo à soma, subtraem-se as unidades de mesma ordem, a partir da direita.

Ex.: Efetue a subtração $(76°38'45'') - (25°18'40'')$

MULTIPLICAÇÃO: multiplica-se o número inteiro por cada uma das unidades do complexo, efetuando-se em seguida, as reduções sempre que se fizerem necessárias.

Ex.: Calcule o quádruplo de $7°10'13''$.

DIVISÃO: Divide-se cada unidade do complexo pelo número inteiro e efetua-se reduções sempre que se fizerem necessárias.

Ex.: Determinar o valor da quinta parte do ângulo $23°18'45''$.

Resumo Geral dos Conjuntos Numéricos Estudados

$\mathbf{N} = \left\{ 0, 1, 2, 3, 4, \ldots \right\}$

$\rightarrow$ é o conjunto dos números naturais.

$\mathbf{Z} = \left\{ \ldots, -3, -2, -1, 0, 1, 2, 3, \ldots \right\}$

$\rightarrow$ é o conjunto dos números inteiros.

$\mathbf{Q} = \left\{ x \mid x = \dfrac{a}{b}, a \in Z, b \in Z, b \neq 0 \right\}$

$\rightarrow$ é o conjunto dos números racionais.

$\mathbf{R}$ é o conjunto formado pelos conjuntos dos números racionais e irracionais, chamados de reais.

Em diagramas, temos:

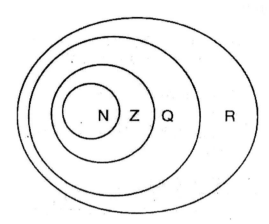

Então: $N \subset Z \subset Q \subset R$ Subconjuntos dos conjuntos numéricos.

N^* = conjunto dos números naturais sem o zero = {1, 2, 3, 4, ... }

Z^* = conjunto dos números inteiros sem o zero = {...,-2,-1, 1, 2, ... }

Z_+ = {números inteiros não negativos} = {0, 1, 2,3,...} = N

Z_+^* = {números inteiros positivos = {1, 2, 3, ... }

Z_- = {números inteiros não positivos} = { ... , -2, -1, 0}

Z_-^* = {números inteiros negativos} = { ... , -3, -2, -1}

Potenciação

2^x = y; onde 2 é a base, x é o expoente e y é a potência.

Quando a base é positiva, a potência é positiva. Ex.: 2^3 = 8.

Quando a base é negativa, o sinal da potência depende do expoente.

1º Caso: Expoente Par

Potência Positiva.

Ex.: $(-2)^4 = 16$.

2º Caso: Expoente Ímpar

Potência Negativa.

Ex.: $(-3)^3 = -27$.

Para multiplicarmos potências de mesma base: conserva-se a base, somam-se os expoentes.

Ex.: $2^2 \cdot 2^3 = 2^5$.

Para dividir potências de mesma base: conserva-se a base, e subtraem-se os expoentes.

Ex.: $6^5 : 6 = 6^4$.

Potência elevada à um novo expoente: conserva-se a base, e multiplicam-se os expoentes.

Ex.: $(3^4)^2 = 3^8$.

Potência de um produto: eleva-se cada fator ao expoente do produto.

Ex.: $(5 \cdot 6)^2 = 5^2 \cdot 6^2$

Todo número diferente de zero elevado ao expoente zero é igual a 1.

Ex.: $7^0 = 1$.

Toda potência, cujo expoente inteiro é negativo, é igual a 1 dividido pela mesma potência, mas com expoente positivo.

Ex.: $2^{-3} = \dfrac{1}{2^3} = \dfrac{1}{8}$

Radiciação

$\sqrt[y]{x} = z$; onde **x** é o índice, **y** é o radicando e **z** é a raiz.

Soma / subtração

Só existe soma ou subtração de radicandos e índices semelhantes. Quando os radicandos não são semelhantes, devemos tentar obtê-los através da decomposição em fatores primos. O mesmo acontece com os índices.

Exs_1.: $3\sqrt{2} + 5\sqrt{2} = 8\sqrt{2}$; $7\sqrt{3} - 2\sqrt{3} = 5\sqrt{3}$.

Exs_2: $5\sqrt{8} + 7\sqrt{18} = 5 \cdot 2\sqrt{2} + 7 \cdot 3\sqrt{2} = 10\sqrt{2} + 21\sqrt{2} = 31\sqrt{2}$

Multiplicação / divisão:

Exs.: $\sqrt{3} \cdot \sqrt{5} = \sqrt{15}$; $\sqrt{6} : \sqrt{2} = \sqrt{3}$.

Racionalização De Denominadores:

Ex_1.: $\dfrac{3}{\sqrt{2}} = \dfrac{(3 \cdot \sqrt{2})}{(\sqrt{2} \cdot \sqrt{2})} = \dfrac{3\sqrt{2}}{2}$

Ex_2.: $\dfrac{4}{(2 - \sqrt{2})} = \dfrac{4}{(2 - \sqrt{2})} \cdot \dfrac{(2 + \sqrt{2})}{(2 + \sqrt{2})} = \dfrac{4 \cdot (2 + \sqrt{2})}{(2)^2 - (\sqrt{2})^2} =$

$= \dfrac{4 \cdot (2 + \sqrt{2})}{2} = 2(2 + \sqrt{2}) = 4 + 2\sqrt{2}$

Os Múltiplos de um Número

O conjunto dos múltiplos de um número natural é obtido multiplicando o número por todos os números naturais,

N={0, 1, 2, 3, 4, 5, 6, 7, 8,...}.

Ex.: M(2) = {0, 2, 4, 6, 8, 10, 12, 14, 16,...}.

Obs.: o número 0 (zero) é múltiplo de todos os números.

Obs.: todo número é múltiplo dele mesmo.

Obs.: os múltiplos de um número diferente de zero é infinito.

Os Divisores De Um Número

O divisor de um número é aquele cujo resto da divisão é zero. Por exemplo, vejamos os divisores de 6:

6 : 1 = 6, resto zero;

6 : 2 = 3, resto zero;

6 : 3 = 2, resto zero;

6 : 6 = 1, resto zero.

Os divisores de 6 são: D(6) = 6, 3, 2 e 1.

Quantidade De Divisores De Um Número

$N = P1^{k1} . P2^{k2} . P3^{k3} ... Pn^{kn}$

N^o de divisores de $N = (k_1 + 1).(k_2 + 1).(k_3 + 1)...(k_n +1)$.

Ex.: o número 36 representado em fatores primos é $2^2 \cdot 3^2$, então ele tem (2+1).(2+1) divisores, ou seja, 3x3 = 9.

MDC – Máximo Divisor Comum

Definição: dados dois números inteiros a e b não nulos, define-se o máximo divisor comum - MDC, como sendo o maior inteiro que divide simultaneamente a e b.

O MDC de dois números será indicado por MDC (a, b).

Óbvio que se tivermos o MDC de **n** números inteiros a_1, a_2, a_3, ..., a_n, indicaremos por MDC $(a_1, a_2, a_3,..., a_n)$.

Exemplos:

1. Determine o MDC dos inteiros 10 e 14.

Os divisores positivos de 10 são: **1, 2**, 5, 10;

Os divisores positivos de 14 são: **1, 2**, 7, 14;

Os divisores comuns, são, portanto: 1 e 2.

Portanto, o máximo divisor comum é igual a 2 e, indicamos: **MDC (10,14) = 2.**

2. Determine MDC (4, 10, 14, 60)

Os divisores positivos de 4 são: **1, 2**, 4;

Os divisores positivos de 10 são: **1, 2**, 5, 10;

Os divisores positivos de 14 são: **1, 2**, 7, 14;

Os divisores positivos de 60 são: **1, 2**, 3, 4, 5, 6, 10, 12, 15, 60;

Os divisores comuns são, portanto: **1 e 2**.

Portanto o MDC é igual a 2, ou seja:

MDC (4, 10, 14, 60) = 2.

Notas:

1. Um número inteiro positivo p é denominado número primo, se e somente se os seus divisores positivos são 1 e p. Pode-se provar que o conjunto dos números primos é um conjunto infinito. Sendo P o conjunto dos números primos, podemos escrever:

$P = \{2, 3, 5, 7, 11, 13, 17, 19, 23, 29, 31, 37, 41, 43, 47, 53, 61,... \}$

Observa-se que 2 é o único número par que é primo.

2. Todo número inteiro maior do que 1, que não é primo, pode ser decomposto num produto único de fatores primos. Esta afirmação é conhecida como o Teorema Fundamental da Aritmética - TFA.

Exemplos:

$15 = 5.3.$

$40 = 5.8 = 5.2.2.2 = 5 \cdot 2^3.$

$120 = 40.3 = 5.2.2.2.3 = 5 \cdot 2^3 \cdot 3.$

$240 = 2.120 = 2.5.2.2.2.3 = 5 \cdot 2^4 \cdot 3.$

Na prática, podemos usar o seguinte esquema:

Seja o caso de 240 acima. Teremos:

240	2
120	2
60	2
30	2
15	3
5	5
1	

Então: $240 = 2.2.2.2.3.5 = 2^4 \cdot 3 \cdot 5$.

A decomposição de um número em fatores primos, é conhecida também como fatoração, já que o número é decomposto em fatores de uma multiplicação.

Usando o dispositivo prático acima, vamos fatorar o número 408. Teremos:

$$
\begin{array}{r|l}
408 & 2 \\
204 & 2 \\
102 & 2 \\
51 & 3 \\
17 & 17 \\
1 &
\end{array}
$$

Então: $408 = 2.2.2.3.17 = 2^3 \cdot 3 \cdot 17$.

O método de decomposição de um número num produto de fatores primos sugere uma nova forma para o cálculo do MDC de dois números inteiros não nulos, a e b, ou seja, para o cálculo de MDC (a, b).

Assim, seja calcular o MDC de 408 e 240.

Como já vimos acima, temos:

$408 = 2.2.2.3.17 = 2^3 \cdot 3 \cdot 17$.

$240 = 2.2.2.2.3.5 = 2^4 \cdot 3 \cdot 5$.

Tomando os fatores comuns elevados aos menores expoentes, teremos:

MDC $(408, 240) = 2^3 \cdot 3 = 8 \cdot 3 = 24$, que é o MDC procurado.

Portanto, MDC $(408, 240) = 24$.

3. O MDC do exemplo anterior poderia ser também determinado pelo método das divisões sucessivas, cujo dispositivo prático é mostrado a seguir:

	1	1	2	3
408	240	168	72	24
168	72	24	0	

Para entender o dispositivo prático acima, basta observar que:

408 : 240 = 1 com resto 168;

240 : 168 = 1 com resto 72;

168 : 72 = 2 com resto 24;

72 : 24 = 3 com resto zero.

Portanto o MDC procurado é igual a **24**, conforme já tínhamos visto antes.

4. Se o MDC de dois números inteiros a e b for igual à unidade, ou seja, MDC (a, b) = 1, dizemos que a e b são primos entre si, ou que a e b são co-primos.

Ou seja:

MDC (a, b) = 1, então a e b são primos entre si (co-primos).

Então a e b são primos entre si (co-primos).

Exemplo: MDC (7, 5) = 1 então 5 e 7 são primos entre si.

Mmc - Mínimo Múltiplo Comum

Definição: dados dois números inteiros a e b não nulos, define-se o mínimo múltiplo comum - MMC, indicado por MMC (a, b) , como sendo o menor inteiro positivo, múltiplo comum de a e b.

Exemplo:

Determine o MMC dos inteiros 10 e 14.

Os múltiplo positivos de 10 são: 10, 20, 30, 40, 50, 60, **70**, 80, 90, 100, 110, ...

Os múltiplos positivos de 14 são: 14, 28, 42, 56, **70**, 84, 98, 112, 126, 140,...

Portanto, o mínimo múltiplo comum é igual a 70 e, indicamos: **MMC (10,14) = 70.**

Dos exemplos anteriores, vimos que: MDC (10,14) = 2 e MMC (10,14) = 70. Observe que:

10.14 = 2.70 = 140 = MDC (10,14) . MMC (10,14).

Pode-se provar que, dados dois números inteiros positivos **a** e **b**, teremos sempre que o produto desses números é igual ao produto do MDC pelo MMC desses números, ou seja:

MDC (a,b).MMC (a,b) = a.b

Observe que se dois números inteiros positivos a e b são primos entre si (co-primos), o MDC entre eles é igual a 1, ou seja MDC (a, b) = 1 e, portanto, teremos:

MMC (a, b) = a.b   MMC (a, b) = a.b, ou seja:

O Mínimo Múltiplo Comum de dois números primos entre si é igual ao produto deles.

EXEMPLOS:

MMC $(3, 5) = 3.5 = 15$.

MMC $(7, 5, 3) = 7.5.3 = 105$.

DOIS EXERCÍCIOS SIMPLES:

01. O máximo divisor de dois números é igual a 10 e o mínimo múltiplo comum deles é igual a 210. Se um deles é igual a 70, qual é o outro?

SOLUÇÃO:

Ora, pelo que vimos acima, $10.210 = 70.n \therefore$ **n = 30.**

02. Encontre um par ordenado (m,n) de números inteiros, que verifique a relação:

MDC $(180, 1200) = 180m + 1200n$.

SOLUÇÃO:

Inicialmente, vamos determinar o MDC entre 180 e 1200:

Os divisores positivos de 180 são:

1, 2, 3, 6, 9, 10, 12, 15, 18, 20, 30, **60**, 90, 180.

28 ◆ Quatro em Um: Para uma Excelente Base e Aprovação em Concursos Públicos

Os divisores positivos de 1200 são:

1, 2, 3, 4, 6, 8, 10, 12, 15, 20, 25, 30, 40, 50, **60**, 80, 100, 120, 150, 200, 300, 400, 600, 1200.

Portanto, o máximo divisor comum - MDC - de 180 e 1200 é igual a **60**, ou seja:

MDC (180, 1200) = **60**.

Nota: poderíamos, é claro, determinar o MDC por qualquer um dos métodos indicados neste texto.

Observe agora, que:

1200 = 180.7 - 60

1200 - 180.7 = - 60

Multiplicando ambos os membros por (- 1), fica:

- 1200 + 180. 7 = 60

180.7 - 1200 = 60

180.7 + 1200 (- 1) = 60

Comparando com os dados do enunciado da questão, teremos:

MDC (180, 1200) = 180**m** + 1200**n** = 60

Logo, vem imediatamente que $m = 7$ e $n = -1$, e portanto, o par ordenado (7, -1) é uma solução inteira da equação $180m + 1200n = 60$.

Agora resolva este: se MDC (210, 1225) = 210a + 1225b,

Pede-se: determinar um par (a,b) de números inteiros, que satisfaça a igualdade acima.

Resp: $a = 6$ e $b = -1$.

Regras De Divisibilidade

Divisibilidade Por 2

Um número é divisível por 2 quando é par.

Números pares são os que terminam em 0, ou 2, ou 4, ou 6 , ou 8.

Ex: 42 - 100 - 1.445.086 - 8 - 354 - 570.

Divisibilidade Por 3

Um número é divisível por 3 quando a soma dos seus algarismos é divisível por 3.

Ex: 123 (S= 1 + 2 + 3 = 6) - 36 (S = 9) - 1.478.391 (S = 33) - 570 (S=12).

Divisibilidade Por 4

Um número é divisível por 4 quando os dois últimos algarismos formam um número divisível por 4.

Ex: 956 - 844 - 1.336 - 120 - 8.357.916 - 752 - 200.

Divisibilidade Por 5

Um número é divisível por 5 quando termina em 0 ou 5 .

Ex: 475 - 800 - 1.267.335 - 10 - 65.

Divisibilidade Por 6

Um número é divisível por 6 quando é divisível por 2 e 3 ao mesmo tempo.

Ex : 36 - 24 - 126 – 1476.

DIVISIBILIDADE POR 7

Tomar o último algarismo e calcular seu dobro. Subtrair esse resultado do número formado pelos algarismos restantes. Se o resultado for divisível por 7 então, o número original também será divisível por 7.

Ex_1: 238: 8 x 2 = 16

23 – 16 = 7 : como 7 é divisível por 7 , 238 também é divisível.

693 : 3 x 2 = 6

69 – 6 = 63

63 : 3 x 2 = 6

6 – 6 = 0 : como 0 é divisível por 7, 693 também é divisível.

Ex_2: 235 : 5 x 2 = 10

23 – 10 = 13 : como 13 não é divisível por 7, 235 também não é divisível.

DIVISIBILIDADE POR 8

Um número é divisível por 8 quando os três últimos algarismos formam um número divisível por 8.

Ex: 876.400 - 152 - 245.328.168.

DIVISIBILIDADE POR 9

Um número é divisível por 9 quando a soma dos seus algarismos é divisível por 9.

Ex: 36 - 162 - 5463 - 5.461.047.

DIVISIBILIDADE POR 10

Um número é divisível por 10 quando termina em 0.

Ex. : 100 - 120 - 1.252.780 - 1.389.731.630.

Divisibilidade Por 11

Quando a diferença entre as somas dos algarismos de ordem ímpar e de ordem par, a partir da direita for múltipla de 11.

Ex.: 7.973.207.

S (ordem ímpar) = 7+2+7+7 = 23. S (ordem par) = 0+3+9 = 12. Diferença = 11.

Divisibilidade Por 12

Quando o número é divisível por 3 e por 4.

Exs.: **1200** é divisível por 12 porque 1200 é divisível por 3 e por 4; **870** não é divisível por 12 porque é divisível por 3 e não é divisível por 4; **8936** não é divisível por 12 porque é divisível por 4 e não é divisível por 3.

Divisibilidade Por 15

Quando o número for divisível por 3 e por 5 ao mesmo tempo.

Exs.: **9105** é divisível por 15 porque é divisível por 3 e é divisível por 5; **9831** não é divisível por 15 porque é divisível por 3 e não é divisível por 5; **680** não é divisível por 15 porque não é divisível por 3 e é divisível por 5.

Escala

Definição: É a relação que existe da distância entre dois pontos de um mapa, de uma planta de um desenho ou de uma maquete com a distância real.

$E = \dfrac{d}{D}$, onde: d = Distância no mapa e D = Distância real.

Notação: 1:300.000 ou 1/300.000.

Observações:

a) Se uma escala for de 1:250.000, isto significa que cada 1cm medido no mapa corresponde a 250.000 cm da distância real;

b) As escalas serão sempre dadas em cm;

c) Quanto menor o valor da escala, maior será a distância entre dois pontos no mapa;

d) Quanto maior o valor da escala, menor será a distância entre dois pontos no mapa.

MÉDIAS

MÉDIAS ARITMÉTICAS SIMPLES

É o resultado da divisão da soma de **n** valores por **n**. Por exemplo, a média entre 5, 10 e 6 será:

$$\frac{5 + 10 + 6}{3} = 7$$

MÉDIA ARITMÉTICA PONDERADA

Neste tipo de média aritmética, cada número que fará parte da média terá um peso. Este peso será multiplicado pelo número, que serão somados e divididos depois pela soma dos pesos. Exemplo:

Números	Peso
2	3
4	2
6	1
3	2

$$\text{Média ponderada} = \frac{(2.3) + (4.2) + (6.1) + 3.2}{3 + 2 + 1 + 2} = \frac{26}{8}$$

MÉDIA GEOMÉTRICA

Entre **n** valores, é a raiz de índice **n** do produto desses valores. Veja no exemplo, a média geométrica entre 1, 2 e 4:

$$\text{Média geométrica} = \sqrt[3]{1.2.4} = \sqrt[3]{8} = 2$$

Média Harmônica

A média harmônica equivale ao inverso da média aritmética dos inversos de **n** valores. Parece complicado, mas é bastante simples.

Média harmônica entre 2, 6 e 8. Primeiramente é necessário calcular a média aritmética dos inversos dos valores dados:

$$\frac{\frac{1}{2}+\frac{1}{6}+\frac{1}{8}}{3} = \frac{\frac{12+4+3}{24}}{3} = \frac{\frac{19}{24}}{3} = \frac{19}{24}\cdot\frac{1}{3} = \frac{19}{72}$$

Depois, faz-se o inverso do resultado, tendo finalmente a média harmônica.

$$\frac{1}{\frac{19}{72}} = \frac{72}{19} \cong 3,7894$$

Em todas as médias o resultado estará entre o maior e o menor número dado.

Para os mesmos valores, a média aritmética terá o maior valor, seguida da média geométrica e depois a média harmônica.

Exercícios Propostos

01. (TRE) Uma porta de 2m de altura é representada, num desenho, com 2cm de altura. No mesmo desenho, uma janela que é representada com 15mm de largura, possui a largura real de:

a) 1,50m

b) 1,45m

c) 1,30m

d) 1,25m

e) 1,10m

34 ◆ Quatro em Um: Para uma Excelente Base e Aprovação em Concursos Públicos

02. (TTN) Num mapa, cuja escala é de 1:3.000.000, a estrada Belém-Brasília tem 67cm. Calcule em km a distância real.

a) 2.100

b) 2.010

c) 2.280

d) 1.910

e) 2.233

03. As dimensões de uma fotografia são: 9cm de largura e 12cm de altura. Se essa fotografia for ampliada para uma largura de 24 cm, qual será a altura correspondente em cm?

a) 25

b) 26

c) 32

d) 35

e) 40

04. (AFRE) A altura de uma geladeira é de 1,62m. Num desenho de escala 2:27, a altura dessa geladeira é de:

a) 12cm

b) 13cm

c) 14cm

d) 15cm

e) 16cm

05. (BNB) Na planta de uma casa consta uma sala com 3cm de largura e 4cm de comprimento. Sabendo-se que na planta cada centímetro corresponde a 200cm das medidas reais da sala, calcule a área real da sala, em metros.

R - 48m^2

06. (CEF) Uma fotografia retangular, medindo 9cm de largura por 12cm de comprimento, deve ser ampliada. Se a foto ampliada deverá ter 1,5m de largura, o comprimento correspondente será de:

a) 112,50cm

b) 120,30cm

c) 130cm

d) 1,7cm

e) 2m

Norton González ◆ 35

07. (TTN) Sabendo-se que um navio de 90m de comprimento é representado por uma miniatura de 30cm de comprimento, a escala utilizada é:

a) 1:300

b) 1:200

c) 1:400

d) 1:250

e) 3:500

08. (TJE) Em um mapa, cuja escala não aparece, pois foi rasurada, a distância entre as cidades A e B é de 20cm. Sendo a distância real entre essas cidades de 90km, a escala utilizada nesse mapa é de:

a) 1:450.000

b) 1:460.000

c) 1:400.000

d) 1:420.000

e) 1:430.000

09. (TJE) A distância entre duas cidades é 24km. Em um mapa, essa distância mede 15cm. Pode-se afirmar que a escala utilizada é:

a) 1:160.000

b) 1:175.000

c) 1:150.000

d) 1:170.000

e) 1:165.000

10. (TJE) A distância entre a cidade A e a cidade B é de 72cm, num mapa cuja escala é $\frac{1}{50.000}$. Assim, a distância real entre essas duas cidades é:

a) 72Km

b) 3,6Km

c) 7,2Km

d) 14,4Km

e) 36Km

GABARITO

01	02	03	04	05	06	07	08	09	10
A	B	C	A	—	E	A	A	A	E

Razão e Proporção

Definições, Propriedades E Aplicações.

Razão.

A razão de duas grandezas é o quociente dos números que medem essas grandezas numa <u>mesma unidade</u>.

Ex$_1$.: Se Gilberto ganha R$ 9,00 por hora e seu pai ganha R$ 180,00 por jornada de 10 horas, então, qual a razão entre o que ganha Gilberto e seu pai?

Ex$_2$: Dois triângulos têm 8 cm de base. A altura do primeiro é de 4 cm e a do segundo de 0,6 dm.

Calcule:

a) A razão entre suas alturas.

b) A razão entre suas áreas.

Razões Equivalentes.

Ex$_1$: 3/4, 6/8, 9/12,..., 15/20,..., 135/180 são equivalentes porque possuem a mesma constante de proporcionalidade.

Ex$_2$: Obter razões equivalentes a 0,2.

Proporções.

Proporção é a sentença que indica a igualdade de duas razões.

Indicamos:

a : b::c:d ou $\dfrac{a}{b} = \dfrac{c}{d}$ onde a e c são os antecedentes; a e d são os extremos; b e d são os conseqüentes ;e b e c os meios.

Proporção Contínua.

Se os meios ou os extremos de uma proporção são iguais, diz-se que esta proporção é contínua. Cite dois exemplos de proporções contínuas.

Propriedades Das Proporções.

1. Propriedade fundamental:

$$\frac{a}{b} = \frac{c}{d} \Rightarrow a \cdot d = b \cdot c$$

2. Da soma ou diferença dos termos:

$$\frac{a}{b} = \frac{c}{d} \Rightarrow \frac{a \pm b}{a} = \frac{c \pm d}{c} \text{ ou } \frac{a \pm b}{b} = \frac{c \pm d}{d}$$

3. Da soma ou diferença dos antecedentes e conseqüentes:

$$\frac{a}{b} = \frac{c}{d} \Rightarrow \frac{a \pm c}{b \pm d} = \frac{a}{b} \text{ ou } \frac{a \pm c}{b \pm d} = \frac{c}{d}$$

4. Do quadrado dos antecedentes e conseqüentes:

$$\frac{a}{b} = \frac{c}{d} \Rightarrow \frac{a^2}{b^2} = \frac{c^2}{d^2}$$

5. Propriedade do produto das proporções:

$$\frac{a}{b} = \frac{c}{d} \text{ e } \frac{e}{f} = \frac{g}{h} \Rightarrow \frac{a \cdot e}{b \cdot f} = \frac{c \cdot g}{d \cdot h}$$

Obs.: $\dfrac{a}{b} = \dfrac{c}{d} = k \Rightarrow \dfrac{a \cdot c}{b \cdot d} = k^2$

Exercícios Propostos

01. Em dois tanques há 3.300 litros de água. Calcular as capacidades dos dois tanques sabendo que as suas capacidades estão entre si como 5/6. **(R- 1500 e 1800)**

38 ♦ Quatro em Um: Para uma Excelente Base e Aprovação em Concursos Públicos

02. Calcule **a** e **b** nas proporções $a/7 = m/3$ e $2m/6 = b/8$, sendo **a** + **b** = 45. **(R- 21 e 24)**

03. Calcule **x**, **y** e **z** nas proporções $x/3 = y/4$ e $y/4 = z/5$, sendo x+y+z = 60. **(R- 15, 20, 25)**

04. Se $3/a = 5/b = 7/c = 4/d$, sendo b+c = 60. Quais os valores de **a**, **b**, **c** e **d**? **(R- 15, 25, 35, 20)**

05. A idade de Maria está para a idade de José assim como 3 está para 4. Sabendo-se que a soma dos quadrados das idades de José e Maria é igual a 100, calcule suas idades. **(R- 6 e 8)**

06. A razão entre as diagonais de um losango é $4/7$ e a diferença 15 dm. Calcule a área deste losango. **(R- 350)**

07. A razão entre a base e a altura de um paralelogramo é 3:4 e a área é 108 m2. Determine base e altura. **(R- 9 e 12)**

08. Num trapézio a base menor está para a base maior na razão 2:5. Determinar sua área sabendo-se que a base maior excede 3 cm a altura e estão entre si como 5 está para 4. **(R- 126)**

09. Dois triângulos têm alturas iguais e as bases na razão $3/2$. Calcule a razão entre as áreas desses triângulos. **(R- 3/2)**

10. Dados dois cubos, a aresta do 1° é a metade da aresta do 2°. Se o 1° têm o volume V_1 e o 2° têm volume V_2 calcule a razão V_1/V_2. **(R- 1/8)**

11. Sessenta das 520 galinhas de um aviário não foram vacinadas; morreram 92 galinhas vacinadas. Para as galinhas vacinadas, a razão entre o número de mortas e de vivas é: **(R- 1/4)**

12. Um operário levou $12\dfrac{3}{5}$ dias para fazer $\dfrac{7}{12}$ de uma obra. Quanto tempo necessitará para terminá-la? **(R- 9 dias)**

13. Certa quantia foi distribuída entre 3 pessoas, em partes proporcionais à 2, 3 e 4. A terceira recebeu R$ 800,00. Qual a quantia repartida? Qual a parte de cada um dos outros dois?

(R- 400, 600 e 1800)

Divisão Proporcional Ou Regra De Sociedade.

Definições, Propriedades E Aplicações.

Proporção Múltipla.

Chama-se proporção múltipla a igualdade de duas ou mais razões

equivalentes: $\dfrac{a}{b} = \dfrac{c}{d} = \dfrac{e}{f} = \ldots$

Propriedade Das Proporções Múltiplas.

A soma dos antecedentes está para a soma dos conseqüentes assim como qualquer antecedente está para o respectivo conseqüente.

Ex_1: Calcule x, y e z na proporção 5/x = 7/y = 3/z, sendo x + y + z = 60.

Ex_2: Calcule a, b e c em a/2 = b/3 = c/4, sabendo-se que 3a + 5b – 2c = 104.

Divisão Em Partes Diretamente Proporcionais.

Dividir um número em partes proporcionais à outros números dados, é procurar parcelas desse número que sejam proporcionais aos números dados e que somadas reproduzem o mesmo.

Ex_1: Dividir 720 em partes proporcionais aos números 1, 3 e 4.

Ex_2: Dividir 840 em partes proporcionais aos números 2/3, 1/2 e 5/6.

Divisão Em Partes Inversamente Proporcionais.

Dividir um número em partes inversamente proporcionais à outros números, é dividí-lo em partes proporcionais aos inversos desses números.

Ex_1: Dividir 1.800 em partes inversamente proporcionais aos números 2, 3/4 e 2/3.

Divisão Em Partes Proporcionais Compostas.

Para se dividir um número em partes, ao mesmo tempo, a duas séries de números, divide-se o número em partes proporcionais aos números da primeira série multiplicados pelos números da 2ª série.

Ex_1: Dividir 9.680 em partes proporcionais aos números 9/10, 1/2 e 4/5 e aos números 3/4, 7/8 e 1/2.

Ex_2: Dividir 6.600 em partes proporcionais aos números 3/4 e 1/2 e inversamente proporcionais aos números 5/6 e 2/3.

Regra De Sociedade.

1. Regra de sociedade simples.

1°. Quando os capitais são diferentes e os tempos iguais, os lucros ou os prejuízos serão proporcionais aos capitais.

2°. Quando os capitais são iguais e os tempos diferentes, dividem-se os lucros ou os prejuízos em partes proporcionais aos tempos.

2. Regra de sociedade composta.

Quando os capitais e os tempos forem diferentes, os lucros ou os prejuízos serão proporcionais aos capitais multiplicados pelos respectivos tempos.

Exercícios Propostos.

01. Dividindo-se 1.650 em partes diretamente proporcionais a 4, $6\frac{1}{4}$ e $\frac{7}{2}$ a soma das duas partes menores é: **(R- 900)**

02. Qual a medida do maior ângulo de um quadrilátero, se os ângulos têm medidas inversamente proporcionais a: 1, 1/2, 1/4 e 0,2? **(R- 150°)**

03. Dividir 132 em duas partes proporcionais, de sorte que uma delas seja 4/7 da outra. **(R- 84 e 48)**

04. (B.B. Fort.) 165 bolas foram distribuídas entre 3 irmãos, cujas idades somadas, totalizavam 33 anos. Sabendo-se que a distribuição foi diretamente proporcional à idade de cada um e que o mais moço recebeu 40 bolas e o do meio 50, calcular suas idades. **(R- 8, 10 e 15)**

05. Macedo tem três filhos: Alex, Aline e Alice. Comprou 2.620 gramas de balas para dividir entre os três, em partes diretamente proporcionais às notas de matemática deste mês e inversamente proporcionais às idades. Alex tem 8 anos e tirou nota 6; Aline tem 10 anos e tirou nota 6; Alice tem 12 anos e tirou nota 10. Quantos gramas de balas ganharam juntos, Alex e Aline? **(R- 1.620)**

06. A quantia de R$ 20.650,00 foi dividida entre duas pessoas. A 1ª recebeu na razão direta de 8 e na inversa de 3. A 2ª pessoa na razão direta de 9 e na inversa de 4. Então cada pessoa recebeu: **(R- 11.200 e 9.450)**

07. (Conc. B.B.- São Paulo) "A" iniciou certa atividade com R$ 970.000,00 de capital. Cinco meses depois "A" aceitou o sócio "B" com R$ 680.000,00 de capital. Trabalharam juntos durante 2 anos e 7 meses. Findo este prazo, dissolveram a sociedade e coube a "A" o prejuízo de R$ 583.164,00. Quanto perdeu "B"?

(R- 352.036)

08. Dois sócios ao constituírem uma sociedade, entraram respectivamente com os capitais de R$ 56.400,00 e R$ 43.500,00. Na divisão do lucro, o primeiro recebeu mais R$ 516,00 do que o segundo. Quanto recebeu de lucro cada sócio?

(R- 2.256 e 1.740)

09. Quatro pessoas adquiriram uma fábrica por R$ 150.000,00; no fim de um ano, o lucro distribuído foi respectivamente de R$ 7.000,00; R$ 5.400,00; R$ 7.600,00 e R$ 10.000,00. Qual é o capital de cada pessoa? **(R- 35.000; 27.000; 38.000 e 50.000)**

10. Dois sócios formaram uma sociedade, entrando o primeiro com R$ 100.000,00 e o segundo com R$ 150.000,00. Depois de dois meses o 1° aumentou seu capital para R$ 130.000,00. Após mais 3 meses o 2° diminuiu seu capital de R$ 30.000,00. Num balanço de 2 anos, a sociedade proporcionou o lucro de R$ 304.500,00. Quanto lucrou cada sócio? **(R- 153.000 e 151.500)**

42 ♦ Quatro em Um: Para uma Excelente Base e Aprovação em Concursos Públicos

11. José e Pedro constituíram uma sociedade, onde José entrou com R$ 2.000.000,00 e Pedro com R$ 2.500.000,00. Após 8 meses, José aumentou seu capital para R$ 3.500.000,00 e Pedro diminuiu seu capital para R$ 1.500.000,00. No fim de 1 ano e 6 meses, houve um lucro de R$ 344.000,00. a parte que coube a José foi de: **(R- 204.000)**

12. A fortuna de R$ 276.000,00 foi repartida em partes tais que a primeira ficou igual ao triplo da segunda. Esta igual ao dobro da terceira, e esta, igual ao quíntuplo da quarta. Qual o valor de cada parte? **(R- 6.000; 30.000; 60.000 e 180.000)**

13. Três sócios formaram uma sociedade, em que o primeiro entrou com R$ 12.000,00. O segundo com R$ 30.000,00 e o terceiro com R$ 48.000,00, permanecendo o primeiro durante 6 meses, o segundo durante 8 meses e o terceiro, 10 meses. Determinar o lucro de cada um, sabendo-se que o primeiro recebeu menos R$ 8.400,00 que o segundo. **(R- 3.600; 12.000 e 24.000)**

14. Dividir 143 em três partes, de sorte que as duas primeiras sejam iguais e que a terceira seja os 5/6 da soma das duas primeiras. **(R- 39; 39 e 65)**

15. Sabe-se que Z é diretamente proporcional a X e inversamente proporcional a Y. Se Z = 5, quando X = 2 e Y = 3. determine o valor de Z, quando X = 96 e Y = 10. **(R- 72)**

REGRA DE TRÊS SIMPLES E COMPOSTA:

DEFINIÇÕES, PROPRIEDADES E APLICAÇÕES.

GRANDEZAS DIRETAMENTE PROPORCIONAIS.

Duas grandezas são diretamente proporcionais quando, aumentando-se (ou diminuindo-se) uma delas à outra aumenta ou diminui na mesma razão da primeira.

Ex_1: Doquinha foi ao supermercado comprar arroz e pagou R$ 2,80 por 2Kg. Se comprasse:

a) 1 Kg teria pago _____

b) 4 Kg teria pago _____

c) 6 Kg teria pago _____

Grandezas Inversamente Proporcionais

Duas grandezas são inversamente proporcionais quando, aumentando-se (ou diminuin-do-se) uma delas, a outra diminui ou aumenta na mesma razão da primeira.

Ex_1: A distância de 90 km será percorrida por:

a) Uma bicicleta com velocidade média de 30 Km/h em _____

b) Um caminhão com velocidade média de 45 Km/h em _____

c) Um automóvel com velocidade média de 90 Km/h em _____

Regra De Três

Constituem regra de três os problemas que envolvem pares de grandezas diretamente ou inversamente proporcionais.

Regra De Três Simples.

Quando envolvem somente dois pares de grandezas **direta** ou **inversamente** proporcionais.

> Resumo:
> DIRETA AUMENTA E AUMENTA OU DIMINUI E DIMINUI.
> INVERSA AUMENTA E DIMINUI OU DIMINUI E AUMENTA.

Ex_1: Com 100 Kg de trigo pode-se fazer 85 de farinha, se utilizarmos 480 Kg de trigo, faremos quantos Kg de farinha?

Ex_2: A ponte aérea Rio/SP é feita em 1 h e 15 min. por um avião comercial a 280 Km/h. Se o percurso for efetuado por um jato a 840 Km/h, quanto tempo levará?

Regra De Três Composta.

Quando existem mais de dois pares de grandezas **direta** ou **inversamente** proporcionais.

44 ◆ Quatro em Um: Para uma Excelente Base e Aprovação em Concursos Públicos

Nota:

Sendo a regra de três composta nada mais do que uma reunião de várias regras de três simples, em que a incógnita é uma só, para resolver os problemas da espécie, **consideramos cada regra de três simples contida**, fazendo diversas comparações com a incógnita comum, verificando que espécie de variação proporcional (direta ou inversa) mantém, cada uma delas, em relação à incógnita.

Ex$_1$: Duas máquinas produzem em 6 dias, 120 metros de tecido. Quantos metros de tecido produzirão quatro máquinas em 18 dias?

Observação:

Quando uma grandeza variável é proporcional a duas (ou mais), essa variação é proporcional ao produto da variação das duas (ou mais) outras.

Ex$_2$: Se 20 homens trabalhando 6 horas por dia levam 3 dias para terminar um muro, quantos dias levarão 10 homens, trabalhando 4 horas por dia para fazer o mesmo serviço?

Exercícios Propostos.

01. (B.B./82) Uma máquina impressora consome 0,14 litros de tinta em cada rodada. Quantas vezes a máquina deverá rodar para consumir 35 litros da mesma tinta? **(R- 250R)**

02. (UFC/73) Um estádio comporta 20.000 pessoas. Se cada grupo de 5 pessoas ocupa uma área de 4 m², então a área total utilizada para a acomodação das 20.000 pessoas é: **(R- 16.000 m²)**

03. (Conc. Int. B.B./83) Se uma vela de 36 cm de altura diminui 1,8 mm por minuto, quanto tempo levará para se consumir? **(R- 3h 20 min.)**

04. Se uma roda de 24 dentes engrena-se com outra de 16, enquanto a maior dá 150 voltas, a menor dará: **(R- 225)**

05. O passo de uma pessoa é de 0,4m. sabendo-se que, numa distância de 1.200m, deu 2.000 passos, percorrendo o resto de automóvel, pergunta-se: quantos passos deveria ter dado, se não andasse de automóvel? **(R- 3.000)**

06. Nove homens podem fazer uma obra em 4 dias. Quantos homens mais seriam necessários para fazer a obra em 1 dia? **(R- 27)**

07. Uma guarnição de 1.300 homens tem víveres para 4 meses. Se o desejado é que os víveres durem mais 10 dias, quantos homens teremos que dispensar? **(R- 100)**

08. Quatorze homens gastam 20 dias para fazer 45 metros de um muro. Quanto tempo levará a metade desses homens para fazer 18 metros de outro muro, cuja dificuldade é três vezes a anterior? **(R- 48d)**

09. Um operário gasta 9 dias de 6 horas para fazer 270 metros de uma obra. Quantas horas deverá trabalhar por dia para fazer em 10 dias, outra obra de 300 metros, se a dificuldade entre a primeira e a segunda é de 3 para 4? **(R- 8h)**

10. Cinco operários fazem um serviço em 8 dias. Se contratassem mais três operários quantos dias a menos gastariam para fazer o serviço? **(R- 3)**

11. Uma raposa perseguida por um cão, tem 63 pulos de dianteira sobre ele. O cão dá 3 pulos, quando a raposa dá 4, porém 6 pulos dele valem 10 da raposa. Quantos pulos o cão deve dar para alcançar a raposa? **(R- 189)**

12. Um bloco de concreto de 3m de comprimento, 1,5m de largura e 60cm de espessura pesa 6.300Kg. Quanto pesará um outro bloco do mesmo concreto com 2,2m de comprimento, 80cm de largura e 90cm de espessura? **(R- 3696Kg)**

13. (Con. B.B./SP) Sessenta e quatro operários, trabalhando 4 horas por dia, durante 18 dias, abriram uma vala de 36 m de comprimento, em terreno de dureza 3. Determine o comprimento de outra vala aberta por 56 operários que trabalharem 5 horas por dia, durante 16 dias, em terreno de dureza 2. **(R- 52,5 m)**

14. Trabalhando 10 horas, durante 15 dias, 8 pedreiros fizeram uma parede de concreto de 48 m². Se tivessem trabalhando 12 horas diárias, e se o número de operários fosse reduzido de 2, quantos dias levariam para fazer outra parede cuja área fosse o dobro daquela? **(R- 33d 4h)**

15. Para fazer o assoalho de uma sala, utilizam-se 63 tábuas de 2,8m de comprimento por 0,25m de largura. Se usarmos tacos de 0,21m de comprimento por 7cm de largura, quantos tacos serão necessários? **(R-3000)**

16. (Conc. B.B./81) Um carro percorre 108 km em 2,7 horas. Quantos quilômetros percorrerá em 84 minutos? **(R-56)**

46 ◆ Quatro em Um: Para uma Excelente Base e Aprovação em Concursos Públicos

17. Uma torneira enche um tanque em 3h. Se abrisse outra ao mesmo tempo, o tanque estaria cheio em 2h. Quanto tempo levaria essa outra sozinha para encher o tanque? **(R- 6h)**

18. Uma costureira A faz 40 blusas em 3 dias de 7h/d e uma outra B, faz o mesmo serviço em 2 dias de 9h/d. Quantos dias de 7 horas úteis gastam as duas para fazerem juntas 260 blusas? **(R- 9)**

19. Uma expedição científica possuía víveres para 70 dias. Após 28 dias de viagem, a expedição recolhe mais 20 homens que se encontravam perdidos na floresta e em virtude da escassez de alimentos, tiveram que retornar com 8 dias de antecedência. De quantos homens se compunha a expedição primitiva? **(R- 85)**

20. Um grupo de escoteiros saiu em excursão com víveres para 12 dias. Logo após a saída, o grupo resolve prolongar a viagem por mais 6 dias. De quanto se reduzirá a ração diária de cada escoteiro? **(R- 1/3)**

21. Uma raposa está adiantada de 60 pulos seus sobre um cão que a persegue. Enquanto a raposa dá 10 pulos, o cão dá 8; cada 3 pulos do cão valem 5 pulos da raposa. Quantos pulos dará o cão para alcançar a raposa? **(144)**

Porcentagem

Juros simples e compostos – descontos

Introdução

No mundo moderno, o estudo da Matemática Financeira vem se tornando cada vez mais importante. Todos os dias, somos bombardeados pelos noticiários com informações ligadas às áreas econômica e financeira de empresas e governos. Juros, inflação, taxa Selic, COPOM, são palavras ouvidas a todo momento. No nosso dia a dia, como por exemplo, na compra de um imóvel, na aplicação de um fundo ou mesmo na compra de uma geladeira a prazo, estamos sempre a precisar dos conceitos básicos da Matemática Financeira.

No longo período que passamos na escola, da alfabetização ao terceiro ano do ensino médio, o estudo da matemática e da língua portuguesa constituem os pilares fundamentais do ensino em nosso país. O aluno, ao longo de sua formação escolar, adquire informações em quantidade exagerada e que muitas vezes nunca serão utilizadas na vida prática. Na matemática, em particular, o aluno é bombardeado com inúmeras fórmulas das quais muitas não irá nunca utilizar. Dessa forma, vê-se obrigado a decorar informações que nunca terão utilidade alguma em suas vidas. Exagera-se na quantidade de certas informações inúteis e esquece-se daquilo que pode ser bastante útil na vida de qualquer cidadão. É o caso da Matemática Financeira.

Se a população fosse instruída com os conceitos básicos dessa matemática, que se utiliza de operações elementares de fácil compreensão, com certeza muitos dos problemas financeiros que hoje vemos seriam minimizados ou mesmo solucionados. Em um país conhecido por suas altas taxas de juros, com o conhecimento dessa ferramenta, a população iria perceber facilmente que a mistura juros compostos e longo prazo é altamente explosiva. São muitos os casos de conhecidos que resolveram adquirir casa própria pagando juros elevados por dez, quinze anos, e perceberam, quando chegaram na metade do tempo, que seria impossível adquirir a tão sonhada casa própria – o saldo devedor já era maior que o valor inicial da casa.

Neste curso de preparação para concursos públicos, iremos desenvolver a teoria da Matemática Financeira. Esperamos que ela possa ser útil no esclarecimento de muitas questões financeiras atuais.

Valor Do Dinheiro No Tempo

A Matemática Financeira é o ramo da Matemática que tem como preocupação principal estudar o valor do dinheiro ao longo do tempo.

Assim, sob o ponto de vista desta área da Matemática, uma certa quantia hoje não irá apresentar o mesmo valor em outra data, pois o valor do dinheiro varia no tempo em função da chamada taxa de juros.

Conceito De Juros

De acordo com os livros de Economia, são três os chamados fatores de produção: o trabalho, a terra e o capital. Para cada fator existe uma forma própria de remuneração:

· o salário é a remuneração para o fator trabalho;

· o aluguel é a remuneração para o fator terra;

· os juros são a remuneração para o fator capital.

Os juros podem ser definidos de várias maneiras:

a) prêmio para que não haja consumo no presente;

b) aluguel pago pelo uso do dinheiro emprestado ou custo do capital;

c) remuneração do capital empregado;

d) preço do dinheiro.

FATORES QUE INFLUENCIAM A TAXA DE JUROS

a) Risco;

b) Custo dos impostos;

c) Custos dos serviços de intermediação;

d) Inflação;

e) Equilíbrio entre a oferta de fundos e a procura de fundos;

f) Lucro;

g) Lucro do banco;

h) Inadimplência.

De acordo com o estudo de Ana Carla Abrão Costa, do Banco Central, e Márcio Nakane, do Banco Central e do Departamento de Economia da USP/SP, realizado em março de 2005, a composição do *spread* cobrado pelos bancos brasileiros chegou ao seguinte resultado:

Despesas administrativas:	29,36%
Carga tributária:	1,18%
Custo total do compulsório:	8,18%
Lucro do banco:	23,41%
Inadimplência:	27,63%
Custo do FGC:	0,24%

Spread: diferença entre o custo do banco para captar recursos e o custo cobrado pelo banco para emprestar o dinheiro.

A Carga Tributária se desdobra em impostos diretos (9,16%) e impostos indiretos (2,01%).

Compulsório: dinheiro que o banco deve recolher obrigatoriamente ao Banco Central. Na composição do spread bancário, o peso do recolhimento compulsório sobre depósitos à vista é de 7,79%. O compulsório sobre depósitos a prazo tem custo de 0,39%.

FGC: Fundo Garantidor de Crédito. É uma espécie de seguro de crédito.

TRANSFERÊNCIA DE RECURSOS NO TEMPO

Conhecendo-se a taxa de juros, é possível efetuar a transferência de recursos no tempo, permitindo que valores diferentes, em datas diferentes, possam ser comprados e até sujeitos a operações algébricas, desde que movimentados para uma mesma data base.

EQUIVALÊNCIAS DE CAPITAIS

A equivalência financeira está associada ao princípio de que o conceito de juros está intimamente ligado ao valor do dinheiro no tempo. Ela está associada ao processo de comparação de valores diferentes em datas diferentes, levando-se em conta uma mesma taxa de juros.

Supondo uma mesma taxa de juros, dois capitais são considerados equivalentes quando os seus respectivos valores atuais em uma mesma data de referência forem iguais.

FLUXO DE CAIXA – DEFINIÇÃO

A grande maioria dos problemas financeiros pode ser analisada sob o ponto de vista do fluxo do dinheiro no tempo. Este fluxo, composto pelo conjunto de entradas e saídas de dinheiro, recebe o nome de fluxo de caixa.

CONVENÇÕES

A representação do fluxo de caixa pode ser feita através de um diagrama composto de uma reta horizontal, simbolizando a escala de tempo, e por flechas verticais que simbolizam as entradas e saídas de caixa.

Na linha horizontal, a progressão do tempo (períodos) ocorre da esquerda para direita começando no instante 0 (zero). Os períodos podem ser em dias, meses, bimestres, semestres, anos etc. e sempre aparecem em intervalos contíguos.

As flechas verticais, que representam as receitas e despesas, seguem a seguinte convenção: setas para cima assumem valores positivos e representam entrada de caixa e setas para baixo assumem valores negativos e representam saídas de caixa.

O mesmo fluxo de caixa pode ser montado sob a ótica do investidor e do tomador. Nesses casos, os fluxos são simétricos. O que representa saída de caixa para o investidor representa entrada de caixa para o tomador.

REGIMES DE CAPITALIZAÇÃO

Do ponto de vista da Matemática Financeira, existem basicamente duas formas de incorporação de juros ao capital também conhecidas por regimes de capitalização: o regime de capitalização simples ou sistema de juros simples e o regime de capitalização composta ou sistema de juros compostos.

A diferença básica entre um sistema e outro é que no regime de capitalização simples o juro incide apenas sobre o capital inicial e no regime de capitalização composta os juros, após cada período, são incorporados ao capital e sobre este novo valor é que calcula-se os juros do próximo período.

Para entendermos melhor a diferença entre um e outro regime de capitalização, vejamos o caso de um sujeito que pede emprestado R$ 100,00 pagando uma taxa de juros de 10% ao mês. Mostramos abaixo a evolução do saldo devedor levando-se em conta os dois regimes:

PERÍODO	JUROS	SALDO DEVEDOR
Início do 1º mês	0	100,00
Final do 1º mês	10,00	110,00
Final do 2º mês	10,00	120,00
Final do 3º mês	10,00	130,00
Final do 4º mês	10,00	140,00
Final do 5º mês	10,00	150,00
Final do 6º mês	10,00	160,00
Final do 7º mês	10,00	170,00
Final do 8º mês	10,00	180,00
Final do 9º mês	10,00	190,00
Final do 10º mês	10,00	200,00
Final do 11º mês	10,00	210,00
Final do 12º mês	10,00	220,00

PERÍODO	JUROS	SALDO DEVEDOR
Início do 1º mês	0	100,00
Final do 1º mês	10,00	110,00
Final do 2º mês	10,00	121,00
Final do 3º mês	10,00	133,10

Final do 4º mês	10,00	146,41
Final do 5º mês	10,00	161,05
Final do 6º mês	10,00	177,16
Final do 7º mês	10,00	194,87
Final do 8º mês	10,00	214,36
Final do 9º mês	10,00	235,79
Final do 10º mês	10,00	259,37
Final do 11º mês	10,00	285,31
Final do 12º mês	10,00	313,84

Observando as tabelas acima, vemos que os saldos devedores nos dois regimes somente são iguais ao final do primeiro mês (R$ 110,00). A partir daí, enquanto o crescimento do SD no regime de capitalização simples é linear, o crescimento do SD no regime de capitalização composta cresce de forma exponencial.

A partir deste simples exemplo, pode-se perceber o poder dos juros compostos. A combinação taxa elevada *versus* tempo, permitiu que após um ano o saldo devedor atingisse um valor superior a três vezes o valor inicial.

TAXA CENTESIMAL OU DE CONVERSAÇÃO.

TAXA UNITÁRIA OU DE CÁLCULO.

Centesimal	8%	15,24%	100%	1/3%
Unitária	0,08	0,1524	1	1/300

Centesimal $\longrightarrow$ Unitária ($\div$ 100 e retira o %).

Unitária $\longrightarrow$ Centesimal (x 100 e coloca o %).

TAXA SOBRE TAXA

Ex_1.: João comprou ações que valorizaram em JAN, FEV, MAR respectivamente 10%, 20% e 30%. Determine a valorização do trimestre.

Ex$_2$.: A gasolina, tem altas e baixas de conformidade com a variação do dólar. Em uma dada época ela teve altas de 20% e 10%, para a seguir, cair 20% e 10%. Assinale (C) ou (E):

( ) Se antes, o litro era R$ 1,40, agora é superior a R$ 1,32.

( ) A queda foi de mais de 6%.

Gabarito: (C), (E).

Taxa Efetiva

É aquela em que a unidade de referência de seu tempo coincide com a unidade de tempo dos períodos de capitalização.

Exs.: 15% a.a. capitalizados anualmente.

5% a.s. capitalizados semestralmente.

3% a.m. capitalizados mensalmente.

Taxa Proporcional

Quando são aplicadas a um mesmo capital, durante um mesmo período de tempo, produzem um mesmo montante no final do prazo, em regime de juros simples.

Exs.: 2% a.d. = 60% a.m. = 720% a.a.

Taxa Equivalente

Quando são aplicadas a um mesmo capital, durante um mesmo período de tempo, produzem um mesmo montante no final do prazo, em regime de juros compostos.

Exs.: $C(1+i_a)^1 = C(1+i_s)^2 = C(1+i_t)^4 = C(1+i_m)^{12} = c(1+i_d)^{360}$

$I = (1+i)^n - 1$, onde:

$I \rightarrow$ Taxa do período maior.

$n \rightarrow$ n^o de vezes que o período maior contém o menor.

$i \rightarrow$ Taxa do período menor.

Taxa Nominal

A unidade de referência de seu tempo não coincide com a unidade de tempo dos períodos de capitalização, geralmente, a taxa nominal é fornecida em termos anuais, e os períodos de capitalização podem ser mensais, trimestrais ou qualquer outro período, inferior ao da capitalização.

Exs.: 12% a.a. capitalizados mensalmente.

20% a.a. capitalizados semestralmente.

15% a.a. capitalizados trimestralmente.

Nota: a taxa nominal é bastante difundida e usada na conversação do mercado financeiro, entretanto, o seu valor nunca é usado nos cálculos por não representar uma taxa efetiva. O que nos interessa será a taxa efetiva embutida na taxa nominal, pois ela é que será efetivamente aplicada em cada período de capitalização.

Exs.: 36% a.a. capitalizados mensalmente (taxa nominal).

$36\% \rightarrow 12$ meses = 3% a.m. (taxa efetiva embutida na taxa nominal).

Taxa Real

É aquela que nos mostra o ganho ou perda real do aplicador (tomador) descontada a inflação.

Na explicação anterior 36% a.a. capitalizados mensalmente (taxa nominal no sentido financeiro). A denominação taxa nominal também é usada quando queremos designar uma taxa que traz embutida em seu valor uma taxa de inflação. Ex.: quando afirmamos que o ganho em uma aplicação foi de 230% a.a. e que a inflação do período foi de 200%, chamamos a taxa de 230% a.a. de taxa nominal no sentido econômico. Duzentos e trinta por cento ao ano (230% a.a.) representa um ganho nominal (ou seja, ganho total inclusive inflação).

Cálculo Da Taxa Real

Taxa Real de juros $\rightarrow i_r$.

Taxa Nominal ou Aparente $\rightarrow i_n$.

Montante $\rightarrow C(1+i_r)$.

Montante (considerando somente a inflação) $C(1+i_{nf})$.

$$C(1+i_n) = C(1+i_r).(1+i_{nf})$$

$$(1+i_r) = (1+i_n)/(1+i_{nf})$$

$$i_r = [(1+i_n)/(1+i_{nf})] - 1$$

JUROS SIMPLES

Para que possamos estabelecer as fórmulas necessárias para resolver problemas referentes ao regime de capitalização de juros simples, precisamos inicialmente definir alguns conceitos básicos:

Capital inicial (C) é a quantidade monetária inicialmente empregada pelo investidor;

Juros (J) pode ser entendido como sendo a remuneração do capital empregado ou o aluguel pago por uma determinada pessoa que usa o capital de outra por algum tempo;

Taxa de juros (i) é um coeficiente que serve de base para se calcular o valor dos juros. Pode ser expresso de forma percentual ou unitária;

Montante (M) corresponde à soma do capital inicialmente empregado e dos juros recebidos;

Número de períodos (t ou n) pode ser entendido como sendo o prazo de contratação do regime de capitalização que pode ser em dias, meses, trimestres, semestres, anos etc.

JURO EXATO (ANO CIVIL DE 365 DIAS OU DE 366 DIAS QUANDO BISSEXTO)

De maneira geral, embora as taxas muitas vezes sejam expressas em termos anuais, os prazos são fixados em dias. Dessa forma, dependendo do número de dias adotado para o ano, poderemos ter o chamado juro exato ou comercial (ou ordinário).

Entende-se por juro exato como sendo aquele em que o período t ou n é em dias, e é adotada a convenção do ano civil que é de 365 dias ou 366 dias (bissexto). Assim:

$$J = \frac{C.i.t}{365}$$

Juro Comercial ou Ordinário (Ano Civil De 360 Dias)

Entende-se por juro comercial ou ordinário como sendo aquele em que o período t ou n é em dias, e é adotada a convenção do ano comercial, que é de 360 dias. Assim:

$$J = \frac{C.i.t}{360}$$

Como 365 é maior que 360, podemos concluir que, nas mesmas condições, o juro comercial é maior que o juro exato. Na prática, o juro exato tem aplicação bastante restrita.

J= C.i.t ; J= (C.i.t)/100 ; J= (C.i.t)/1200 ; J= (C.i.t)/36000; J= (C.i.t)/36500; M= C(1+i.t).

Desconto Simples

(Por Fora, Comercial, Irracional).

D_f = N.i.t; A= N.(1- i.t), i.t <1; N= [A/(1-i.t)]; D_f = D_d.(1+i.t); $D_{bancário}$ = D_f + comissão.

Obs.: o desconto simples quando nada é falado é por fora.

Desconto Simples

(Por Dentro, Matemático Ou Racional).

D_d= A.i.t; A= N/(1+ i.t); D_d = N.i.t/(100+i.t).

Juros Compostos

J= C_o.[(1+i)^n – 1]; M= C(1+i)^n; M= C.e^{4i}, onde ln 2= log$_e$ 2 para o cálculo com uma capitalização contínua nos juros compostos.

Desconto Composto

(Por Fora, Comercial Ou Irracional).

$A = N.(1- i)^n$, $i < 1$.

Desconto Composto

(Por Dentro, Racional Ou Matemático).

$A = N/(1+ i)^n$.

Exercícios Propostos

1. (Conc. B.B./Fort.) Passando 4/5 para a forma percentual encontramos: **(R- 80%)**

2. Ache a razão correspondente: **(R- 2/5, 6/5, 1/125)**

a) 40%   b) 120%   c) 0,8%

3. Participaram de um congresso 648 homens, sabendo-se que 46% dos congressistas são mulheres, qual o percentual de homens e quantos são os congressistas? **(R- 54%, 1.200)**

4. A porcentagem de fumantes de uma cidade é 32%. Se 3 em cada 11 fumantes deixarem de fumar, o número de fumantes ficará reduzido a 12.800. Calcule: **(R- 17.600, 55.000)**

a) O número de fumantes da cidade.

b) O número de habitantes da cidade.

5. Dos 400 operários de uma fábrica, 80 são mulheres. Quanto por cento representa o outro sexo? **(R- 80%)**

6. Um firma oferece 25% de desconto para pagamentos a vista. Comprei uma geladeira e paguei R$ 375,00. Qual o preço nominal da geladeira? **(R- R$ 500,00)**

7. (B.B. Fort./85) Numa cidade, existem 45% de veículos à álcool, 35% a diesel e o restante a gasolina. Sabendo que a população é de 10.000 habitantes e que, em média, entre 20 moradores 1 tem veículo, pergunta-se: Quantos carros a gasolina utilitários existem se 40% dos carros a gasolina são automóveis? **(R- 60)**

8. (Rec. Fed. Fort./85) Um comerciante comprou mercadorias, pagando o total de R$ 72.000,00. Sabendo-se que sobre o valor mencionado está embutido o valor do imposto "ad valorem" de 20%. O preço da mercadoria, sem imposto foi de: **(R- R$ 60.000,00)**

9. O professor Almir foi contratado por uma organização educacional recebendo R$ 9,00 por aula. No contrato foi estabelecida uma multa de R$ 2,00 por aula que faltasse. Depois de 18 aulas decorridas dentro do planejamento normal, o professor foi chamado para prestação de contas, recebendo R$ 108,56 descontado 8% do imposto de renda. Quantas faltas teve o professor? **(R- 04)**

10. (B.B. Franca/SP) Certa mercadoria foi vendida por R$ 20.602,80, com prejuízo de 12,7% sobre o preço de compra. Por quanto deveria ser vendida para dar o lucro de 15% sobre o custo? **(R- R$ 27.140,00)**

11. (B.B. Teresina/PI) Um ferragista tem arados que lhe custaram R$ 32.000,00 cada. Por quanto deverá vendê-los (cada um), para ganhar 20% sobre o preço de venda? **(R- R$ 40.000,00)**

12. (Rec. Fed. Fort.) João vendeu ações com o ganho de 40% sobre o preço de venda. Sabendo-se que o preço de aquisição foi de R$ 150.000,00. O preço de venda foi de: **(R- R$ 250.000,00)**

13. Certa mercadoria foi vendida por R$ 6.000,00, com lucro de 20% sobre o custo. Se o lucro tivesse sido sobre o preço de venda, por quanto teria sido vendida a mercadoria? **(R- R$ 6.250,00)**

14. Certa pessoa vendeu um objeto por R$ 1.140,00, com prejuízo de 5% sobre o custo, se esse objeto tivesse sido vendido com o lucro de 15%, qual teria sido o preço de venda? **(R- R$ 1.380,00)**

15. Um lucro de 20% sobre o preço de venda de certa mercadoria, a quantos correspondem se calculado sobre o custo? **(R- 25%)**

58 ♦ Quatro em Um: Para uma Excelente Base e Aprovação em Concursos Públicos

16.(AFTN) Indique, nas opções abaixo, qual a taxa unitária anual equivalente à taxa de juros simples de 5% ao mês.

a) 60,0

b) 1,0

c) 12,0

d) 0,6

e) 5,0

17.(TTN) Calcular os juros simples que um capital de 10.000,00 rende em um ano e meio aplicando à taxa de 6% a.a. Os juros são de:

a) 700,00

b) 1.000,00

c) 1.600,00

d) 600,00

e) 900,00

18.(TTN) Quanto se deve aplicar a 12% ao mês, para que se obtenha os mesmos juros simples que os produzidos por R$ 400.000,00 emprestados a 15% ao mês, durante o mesmo período?

a) R$ 420.000,00

b) R$ 450.000,00

c) R$ 480.000,00

d) R$ 520.000,00

e) R$ 500.000,00

19.(AFTN) A quantia de R$ 10.000,00 foi aplicada a juros simples exatos do dia 12 de abril ao dia 5 de setembro do corrente ano. Calcule os juros obtidos, a taxa de 18% ao ano, desprezando os centavos.

a) R$ 720,00

b) R$ 725,00

c) R$ 705,00

d) R$ 715,00

e) R$ 735,00

20.(ISS) Um capital de R$ 10.000,00 foi aplicado à taxa de juros simples de 9% ao semestre, ao final de 1 ano e 9 meses produzirá o montante de:

a) R$ 11.080,00

b) R$ 12.800,00

c) R$ 13.150,00

d) R$ 18.750,00

e) R$ 20.800,00

21.(TTN) O capital que, investido hoje a juros simples de 12% a.a., se elevará a R$ 1.296,00 no final de 8 meses, é de:

a) R$ 1.100,00   b) R$ 1.000,00

c) R$ 1.392,00   d) R$ 1.200,00

e) R$ 1.399,68

22.(ICMS) O tempo que um capital deve ficar empregado à taxa de 12% a.m., juros simples, para que tenha dobrado o seu valor é:

a) 1 ano e 2 m.   b) 8 meses e 10 d.   c) 9 meses e 10 d.

d) 6 meses e meio.   e) 240 dias.

23.(AFTN) Um capital no valor de 50, aplicado a juros simples à uma taxa de 3,6% ao mês, atinge, em 20 dias, um montante de:

a) 51.   b) 51,2.

c) 52.   d) 53,6.

e) 68.

24.(ISS) Um capital aplicado de R$ 15.000,00 foi aplicado a juros simples e, no final de 2 bimestres, produziu o montante de R$ 16.320,00. A taxa mensal dessa aplicação foi de:

a) 2,2%   b) 3,6%

c) 4,2%   d) 4,8%

e) 6,6%

25.(AFTN) O preço à vista de uma mercadoria é de R$ 100.000,00. O comprador pode, entretanto, pagar 20% de entrada no ato e o restante em uma única parcela de R$ 100.160,00 vencível em 90 dias. Admitindo-se o regime de juros simples comerciais, a taxa de juros anuais cobrada na venda a prazo é de:

a) 98,4%   b) 99,6%

c) 100,8%   d) 102,0%

e) 103,2%

60 ♦ Quatro em Um: Para uma Excelente Base e Aprovação em Concursos Públicos

26.(BANESPA) Paulo empresta a Carlos R$ 1.000,00, à taxa de juros simples de 21,5% pelo prazo de 1 ano. Porém, antes do encerramento do prazo, no fim do nono mês, Carlos resolve saldar a dívida. Qual o total de juros pagos por Carlos?

a) R$ 88.400,00

b) R$ 102.300,00

c) R$ 119.900,00

d) R$ 145.300,00

e) R$ 161.250,00

27.(BACEN) Na capitalização simples, a taxa que faz duplicar um capital, em 2 meses, vale:

a) 100%

b) 50%

c) 40%

d) 30%

e) 10%

28.(AFTN) João colocou metade do seu capital a juros simples pelo prazo de 6 meses e o restante, nas mesmas condições, pelo período de 4 meses. Sabendo-se que ao final das aplicações os montantes eram de R$ 117.000,00 e R$ 108.000,00, respectivamente, o capital inicial do capitalista era de:

a) R$ 150.000,00

b) R$ 160.000,00

c) R$ 170.000,00

d) R$ 180.000,00

e) R$ 200.000,00

29.(AFTN) Um capital é aplicado do dia 5 de maio ao dia 25 de novembro do mesmo ano, a uma taxa de juros simples ordinário de 36% ao ano, produzindo um montante de R$ 4.800,00. Nessas condições, calcule o capital aplicado, desprezando os centavos.

a) R$ 4.067,00

b) R$ 4.000,00

c) R$ 3.996,00

d) R$ 3.986,00

e) R$ 3.941,00

30.(ICMS) Antônio empresta de Pedro R$ 1.000,00 à taxa de juros simples de 20% a.a., pelo prazo de 2 anos. Porém após 8 meses de economia, Antônio resolve saldar sua dívida e, para tanto, deverá desembolsar:

a) R$ 1.133,33

b) R$ 133,33

c) R$ 1.000,00

d) R$ 200,00

e) R$ 2.000,00

31.(AFTN) À uma taxa de 25% ao período, uma quantia de 100 no fim do período t, mais uma quantia de 200 no fim do período t+2, são equivalentes, no fim do período t+1, à uma quantia de:

a) R$ 406,25   b) R$ 352,50   c) R$ 325,00

d) R$ 300,00   e) R$ 285,00

32.(AFTN) Os capitais de R$ 20.000,00, R$ 30.000,00 e R$ 50.000,00 foram aplicados à mesma taxa de juros simples mensal durante 4, 3 e 2 meses respectivamente. Obtenha o prazo médio de aplicação desses capitais.

a) dois meses e meio;   b) três meses;   c) dois meses e vinte e um dias;

d) três meses e nove dias;   e) três meses e dez dias

33.(AFTN) Dois capitais foram aplicados à uma taxa de 72% a.a., sob regime de juros simples. O primeiro pelo prazo de 4 meses e o segundo por 5 meses. Sabendo-se que a soma dos juros totalizou R$ 39.540,00 e que os juros do segundo capital excederam os juros do primeiro em R$ 12.660,00, a soma dos dois capitais iniciais era de:

a) R$ 140.000,00   b) R$ 143.000,00

c) R$ 145.000,00   d) R$ 147.000,00

e) R$ 115.000,00

34.(ISS) Dois capitais foram investidos a juros simples em uma mesma data: um, no valor de R$ 6.250,00, foi aplicado à taxa de 2% a.m. e outro, no valor de R$ 6.000,00, à taxa de 2,5% a.m.. Os montantes produzidos por esses capitais serão iguais ao completar-se um período de:

a) 6 meses   b) 8 meses   c) 10 meses   d) 1 ano   e) 1 ano e 3 meses

35. Qual o valor atual de uma duplicata que sofre um desconto por dentro de R$ 500,00 a 50 dias de seu vencimento à taxa de 3% a.m.?

a) R$ 9.500,00   b) R$ 9.550,00

c) R$ 10.000,00   d) R$ 10.050,00

e) R$ 10.500,00

62 ◆ Quatro em Um: Para uma Excelente Base e Aprovação em Concursos Públicos

36. Qual o valor nominal de uma nota promissória, a vencer em 30 de maio, que, descontada por fora no dia 3 de abril do mesmo ano, à taxa de 6% a.m., produziu um desconto de R$ 1.881,00?

a) R$ 15.600,00

b) R$ 16.500,00

c) R$ 17.750,00

d) R$ 18.550,00

e) R$ 18.900,00

37. O desconto comercial simples de um título quatro meses antes do seu vencimento é de R$ 600,00. Considerando uma taxa de 5% ao mês, obtenha o valor correspondente no caso de um desconto racional simples.

a) R$ 400,00

b) R$ 600,00

c) R$ 800,00

d) R$ 700,00

e) R$ 500,00

38. Um título de R$ 8.000,00 sofreu um desconto racional de R$ 2.000,00, 8 meses antes do vencimento. Qual a taxa anual empregada?

a) 28%

b) 37,5%

c) 45%

d) 50%

e) 52,5%

39. Um título de R$ 3.000,00 vencível daqui à 20 dias é descontado hoje, à taxa de desconto comercial de 4,5% ao mês. O valor descontado do título é de:

a) R$ 2.950,00

b) R$ 2.910,00

c) R$ 2.850,00

d) R$ 2.800,00

e) R$ 2.810,00

40. O valor atual de uma duplicata é cinco vezes o de seu desconto comercial simples. Sabendo-se que a taxa de juros adotada é de 60% a.a., o vencimento do título expresso em dias é:

a) 100

b) 120

c) 130

d) 140

e) 150

41. Sabendo-se que foi de R$ 224,00 o desconto por dentro de um título à 160 dias do vencimento e à 7% a.a., pede-se o valor nominal.

a) R$ 7.200,00   b) R$ 224,00   c) R$ 720,00   d) R$ 7.424,00   e) R$ 2.224,00

42. Certo banco, para descontar notas promissórias, cobra uma taxa de juros simples de 15% ao mês sobre seu valor nominal. Qual é o valor nominal de uma nota promissória, com vencimento em 60 dias, para que ao descontá-la hoje se receba um líquido de R$ 280,00?

a) R$ 350,00   b) R$ 360,00

c) R$ 380,00   d) R$ 400,00

e) R$ 420,00

43. O desconto comercial de um título foi de R$ 150,00, adotando-se um taxa de juros simples de 30% ao ano. Quanto tempo faltaria para o vencimento do título, se o valor nominal do referido título fosse de R$ 4.000,00?

a) 45 dias   b) 40 dias   c) 35 dias   d) 30 dias   e) 25 dias

44. Uma empresa descontou em um banco uma duplicata de R$ 6.000,00, recebendo o líquido de R$ 5.160,00. Sabendo-se que o banco cobra comissão de 2% sobre o valor do título e que o regime é de juros simples comerciais, sendo a taxa de juros de 96% a.a., o prazo do desconto da operação foi de:

a) 30 dias   b) 40 dias

c) 45 dias   d) 50 dias   e) 60 dias

45. Qual o valor hoje de um título de valor nominal de R$ 24.000,00 vencível ao fim de seis meses, a uma taxa de 40% ao ano, considerando um desconto simples comercial?

a) R$ 19.200,00   b) R$ 20.000,00

c) R$ 20.400,00   d) R$ 21.000,00

e) R$ 21.600,00

64 ◆ Quatro em Um: Para uma Excelente Base e Aprovação em Concursos Públicos

46. O valor nominal de um título de crédito descontado quatro meses e meio antes de seu vencimento, à uma taxa de desconto de 6% ao ano que sofreu um desconto simples por fora no valor de R$ 225,00, vale:

a) R$ 100.000,00

b) R$ 1.000,00

c) R$ 10.000,00

d) R$ 40.000,00

e) R$ 30.000,00

47. Uma nota promissória no valor nominal de R$ 50.000,00 vence no dia 30 de abril. Uma negociação para resgatá-la no dia 10 de abril, à uma taxa de desconto comercial simples de 4,5% ao mês, implicaria num desembolso de:

a) R$ 44.000,00
b) R$ 45.500,00
c) R$ 47.000,00
d) R$ 48.500,00
e) R$ 50.000,00

48. Utilizando o desconto racional, o valor que devo pagar por um título com vencimento daqui a seis meses, se o seu valor nominal for de R$ 29.500,00 e eu desejo ganhar 36% ao ano, é de:

a) R$ 25.000,00

b) R$ 55.000,00

c) R$ 27.500,00

d) R$ 18.800,00

e) R$ 24.190,00

49. O valor atual racional de um título cujo valor de vencimento é de R$ 256.000,00, daqui a sete meses, sendo a taxa de juros simples, utilizada para o cálculo, de 4% ao mês, é:

a) R$ 200.000,00

b) R$ 220.000,00

c) R$ 180.000,00

d) R$ 190.000,00

e) R$ 195.000,00

50. Uma empresa, em 24/07/88, descontou em um banco uma duplicata de R$ 60.000,00 com vencimento para 24/10/88. Sabendo-se que o banco adota desconto simples, comercial ou por fora, à uma taxa de 96% a.a., o líquido creditado na conta-corrente da empresa, na data do desconto, foi de:

a) R$ 45.000,00
b) R$ 45.600,00
c) R$ 45.900,00
d) R$ 46.000,00
e) R$ 46.200,00

51. Determinar a taxa de juros mensal para que sejam equivalentes, hoje, os capitais de R$ 1.000,00 vencível em dois meses e R$ 1.500,00 vencível em três meses, considerando-se o desconto simples comercial.

a) 15%

b) 20%

c) 25%

d) 30%

e) 33,33%

52. O desconto simples racional de um título descontado à taxa de 24% ao ano, três meses antes do seu vencimento, é de R$ 720,00. Calcular o valor do desconto correspondente caso fosse um desconto simples comercial.

a) R$ 43,20

b) R$ 676,80

c) R$ 720,00

d) R$ 763,20

e) R$ 12.000,00

53. Qual a diferença entre os descontos por fora e por dentro de um título de valor nominal de R$ 5.508,00 pago a dois meses do vencimento, à taxa de 12% a.a.?

a) R$ 2,16

b) R$ 0,24

c) R$ 2,24

d) R$ 0,16

e) R$ 1,53

54. (BACEN) Desconto composto por fora à uma taxa de 20% ao mês é equivalente a um desconto composto por dentro à uma taxa mensal de:

a) 10%;

b) 15%;

c) 17%;

d) 20%;

e) 25%.

55. (ESAF) A aplicação de um capital de R$ 10.000,00, no regime de juros compostos, pelo período de três meses, à uma taxa de 10% ao mês, resulta, no final do terceiro mês, num montante acumulado:

a) de R$ 3.000,00

b) de R$ 13.000,00

c) inferior a R$ 13.000,00

d) superior a R$ 13.000,00

e) menor do que aquele que seria obtido pelo regime de juros simples.

66 ♦ Quatro em Um: Para uma Excelente Base e Aprovação em Concursos Públicos

56. (CEDAE) Uma pessoa aplicou R$ 50.000,00 a juros compostos, à taxa de 10% ao mês, durante três meses. Recebeu de juros a seguinte quantia:

a) R$ 66.500,00;

b) R$ 55.000,00;

c) R$ 18.500,00;

d) R$ 16.550,00;

e) R$ 15.000,00.

57. (TCDF) Um investidor aplicou uma quantia de R$ 100.000,00 à taxa de juros compostos de 10% a.m.. Que montante este capital irá gerar após 4 meses?

a) R$ 140.410,00

b) R$ 142.410,00

c) R$ 144.410,00

d) R$ 146.410,00

e) R$ 148.410,00

58. (ESAF) Se um capital cresce sucessiva e cumulativamente durante 3 anos, na base de 10% a.a., seu montante final é de:

a) 30% superior ao capital inicial;

b) 130% do valor do capital inicial;

c) aproximadamente 150% do capital inicial;

d) aproximadamente 133% do capital inicial;

59. (BANESPA) Se você depositar R$ 150.000,00 em um banco que lhe pague juros compostos de 6% a.a., quais serão, respectivamente, os juros e o montante dele após 1 ano?

a) R$ 900,00 e R$ 150.900,00;

b) R$ 6.000,00 e R$ 156.000,00;

c) R$ 8.500,00 e R$ 158.500,00;

d) R$ 9.000,00 e R$ 159.000,00;

e) R$ 9.000,00 e R$ 160.000,00

60. (AFTN) Uma aplicação é realizada no dia primeiro de um mês, rendendo uma taxa de 1% ao dia útil, com capitalização diária. Considerando que o devido mês possui 18 dias úteis, no fim do mês o montante será o capital aplicado mais:

a) 20,324%;

b) 19,6147%;

c) 19,196%;

d) 18,174%;

e) 18%.

61. (IPRJ) O capital de R$ 100.000,00, colocado a juros compostos, capitalizados mensalmente, durante 8 meses, elevou-se no final desse prazo a R$ 170.000,00. A taxa de juros, ao mês, corresponde aproximadamente a:

(considere $(1,70)^{1/8} = 1,068578$)

a) 3,42%;

b) 5,15%;

c) 6,85%;

d) 8,55%;

e) 10,68%.

62. (AA) A juros compostos, um capital C, aplicado a 3,6% ao mês, quadruplicará no seguinte número aproximado de meses:
Dados: $\log 2 = 0,30103$
$\log 1,036 = 0,01536$

a) 30;

b) 33;

c) 36;

d) 39;

e) 42.

63. (BANERJ) O montante produzido por R$ 10.000,00 aplicados a juros compostos, a 1% ao mês, durante 3 meses, é igual a:

a) R$ 10.300,00;

b) R$ 10.303,01;

c) R$ 10.305,21;

d) R$ 10.321,05;

e) R$ 10.325,01.

68 ♦ Quatro em Um: Para uma Excelente Base e Aprovação em Concursos Públicos

64. (BANESPA) Qual o montante de R$ 50.000,00, aplicado à taxa de juros compostos a 3% a.m., por dois meses?

a) R$ 53.045,00;

b) R$ 57.045,00;

c) R$ 71.000,00;

d) R$ 64.750,00;

e) R$ 77.000,00.

65. (CESGRANRIO) Uma pessoa deposita R$ 100.000,00 em uma caderneta de poupança que rende 10% a cada mês. Se não fez qualquer retirada, ao final de 3 meses, ela terá na sua caderneta:

a) R$ 132.000,00;

b) R$ 133.100,00;

c) R$ 134.200,00;

d) R$ 134.500,00;

e) R$ 134.800,00.

66. (BC) Numa financeira, os juros são capitalizados trimestralmente. Quanto renderá de juros, ali, um capital de R$ 145.000,00, em um ano, a uma taxa de 40% ao trimestre?

a) R$ 557.032,00;

b) R$ 542.880,00;

c) R$ 412.032,00;

d) R$ 337.000,00;

e) R$ 397.998,00.

67. (BC) Se aplicarmos R$ 25.000,00 a juros compostos, rendendo 7% cada bimestre, quanto teremos após 3 anos?

a) R$ 25.000,00 x $(1,70)^6$;

b) R$ 25.000,00 x $(1,07)^{18}$;

c) R$ 25.000,00 x $(0,93)^3$;

d) R$ 25.000,00 x $(0,07)^{18}$;

e) R$ 25.000,00 x $(0,70)^{18}$.

68. (BANERJ) O capital de R$ 10.000,00, colocado a juros compostos, capitalizados mensalmente, durante 8 meses, elevou-se no final desse prazo a R$ 14.800,00. Com auxílio de uma calculadora eletrônica verifica-se que:

$(1,48)^{1/8} = 1,050226$

A taxa mensal de juros a que foi empregado este capital vale, aproximadamente:

a) 1,05%;

b) 1,48%;

c) 2,26%;

d) 4,80%;

e) 5,02%.

69. (ALERJ) Um capital de R$ 100.000,00, aplicando a juros compostos, à taxa de 3% ao mês, duplica de valor após um certo número n que está compreendido entre:

a) 8 e 12;

b) 12 e 16;

c) 16 e 20;

d) 20 e 24.

Dados:

$\log 2 = 0,30103$

$\log 1,03 = 0,015$

70. (ALERJ) Um capital C foi aplicado, a juros compostos, a uma taxa i dada para um certo período. O montante no fim de **n** períodos é **M**. O capital C pode ser determinado pela seguinte expressão:

a) $M (1-i)^n$;

b) $M (1+i)^n$;

c) $M/ (1-i)^n$;

d) $M/ (1+i)^n$;

e) $M [(1+i)^n-1]$.

71. (BACEN) Um capital de R$ 4.000,00, aplicado à taxa de 2% ao mês, durante 3 meses, na capitalização composta, gera um montante de:

a) R$ 6.000,00;

b) R$ 4.240,00;

c) R$ 5.500,00;

d) R$ 4.244,83.

72. (BACEN) Tomei emprestados R$ 1.000.000,00 a juros compostos de 10% ao mês. Um mês após o empréstimo, paguei R$ 500.000,00 e dois meses após esse pagamento, liquidei a dívida. O valor desse último pagamento foi de:

a) R$ 660.000,00;

b) R$ 665.000,00;

c) R$ 700.000,00;

d) R$ 726.000,00;

e) R$ 831.000,00.

70 ♦ Quatro em Um: Para uma Excelente Base e Aprovação em Concursos Públicos

73. (AFTN) Um "Commercial Paper" com valor de face de US$ 1,000,000.00 e vencimento daqui três anos deve ser resgatado hoje. À uma taxa de juros compostos de 10% ao ano e considerando o desconto racional, obtenha o valor do resgate.

a) US$ 751,314.80;

b) US$ 750,000.00;

c) US$ 748,573.00;

d) US$ 729,000.00;

e) US$ 700,000.00.

74. (BACEN) O valor do desconto composto racional de um título no valor de R$ 20.000,00, com prazo para 30 dias para vencimento e taxa cobrada de 4% ao mês, é, em reais:

a) R$ 620,00;

b) R$ 850,00;

c) R$ 950,00;

d) R$ 769,00;

e) R$ 820,00.

75. (CEB-IDR) Antecipando em dois meses o pagamento de um título, obtive um desconto racional composto, que foi calculado com base na taxa de 20% a.m.. Sendo R$ 31.104,00 o valor nominal do título, quanto paguei por ele?

a) R$ 21.600,00;

b) R$ 21.700,00;

c) R$ 21.800,00;

d) R$ 21.900,00;

76. (TCDF-IDR) Uma empresa tomou emprestados de um banco R$ 1.000.000,00 à taxa de juros compostos de 19,9% a.m., por 6 meses. No entanto, 1 mês antes do vencimento, a empresa decidiu liquidar a dívida. Qual o valor a ser pago, em R$, se o banco opera com uma taxa de desconto racional composto de 10% a.m? Considere $(1,199)^6 = 2,97$

a) R$ 2.400.000,00;

b) R$ 2.500.000,00;

c) R$ 2.600.000,00;

d) R$ 2.700.000,00.

77. (TCDF) Uma duplicata no valor de R$ 2.000,00 é resgatada dois meses antes do vencimento, obedecendo ao critério de desconto comercial composto. Sabendo-se que a taxa de desconto é de 10% ao mês, o valor descontado e o valor do desconto são, respectivamente, de:

a) R$ 1.600,00 e R$ 400,00;

b) R$ 1.620,00 e R$ 380,00;

c) R$ 1.640,00 e R$ 360,00;

d) R$ 1.653,00 e R$ 360,00;

e) R$ 1.666,67 e R$ 333,33.

78. (TCDF) Uma empresa estabelece um contrato de "leasing" para o arrendamento de um equipamento e recebe como pagamento uma promissória no valor nominal de R$ 1.166,40, descontada dois meses antes de seu vencimento, à taxa de 8% a.m.. Admitindo-se que foi utilizado o sistema de capitalização composta, o valor do desconto racional será de:

a) R$ 194,09;

b) R$ 186,62;

c) R$ 166,40;

d) R$ 116,64.

79. (AFTN) Obtenha o valor hoje de um título de R$ 10.000,00 de valor nominal, vencível ao fim de três meses, à uma taxa de juros de 3% ao mês, considerando um desconto racional composto e desprezando os centavos.

a) R$ 9.140,00;

b) R$ 9.126,00;

c) R$ 9.151,00;

d) R$ 9.100,00;

e) R$ 9.174,00.

80. (ESAF) João tem um compromisso representado por 2 (duas) promissórias: uma de R$ 200.000,00 e outra de R$ 150.000,00, vencíveis em quatro e seis meses, respectivamente. Prevendo que não disporá desses valores nas datas estipuladas, solicita ao banco credor substituição dos dois títulos por um único a vencer em 10 (dez) meses. Sabendo-se que o banco adota juros compostos de 5% a.m., o valor da nova nota promissória é de (desprezar os centavos no resultado final):

a) R$ 420.829,00;

b) R$ 430.750,00;

c) R$ 445.723,00;

d) R$ 450.345,00;

e) R$ 456.703,00.

Gabarito

1. X	2. X	3. X	4. X
5. X	6. X	7. X	8. X
9. X	10. X	11. X	12. X
13. X	14. X	15. X	16. D
17. E	18. E	19. A	20. C
21. D	22. B	23. B	24. A
25. C	26. E	27. B	28. D
29. B	30. A	31. E	32. C
33. B	34. C	35. C	36. B
37. E	38. D	39. B	40. A
41. D	42. D	43. A	44. C
45. A	46. C	47. D	48. A
49. A	50. B	51. B	52. D
53. A	54. E	55. D	56. D
57. D	58. D	59. D	60. B
61. C	62. D	63. B	64. A
65. B	66. A	67. B	68. E
69. D	70. D	71. D	72. D
73. A	74. D	75. A	76. D
77. B	78. C	79. C	80. D

Equações E Inequações De 1º E 2º Graus

Introdução

Equação é toda sentença matemática aberta que exprime uma relação de igualdade. A palavra equação tem o prefixo **equa**, que em latim quer dizer "igual".

Exemplos:

2x + 8 = 0.

5x - 4 = 6x + 8.

3a - b - c = 0.

Não são equações:

4 + 8 = 7 + 5. **(Não é uma sentença aberta).**

x - 5 < 3. **(Não é igualdade).**

5 - 2. **(Não é sentença aberta, nem igualdade).**

A equação geral do primeiro grau: **ax + b = 0**, onde a e b são números conhecidos e a > 0, se resolve de maneira simples: subtraindo b dos dois lados, obtemos:

ax = - b

dividindo agora por a (dos dois lados), temos:

$$x = -\frac{b}{a}$$

Considera a equação **2x – 8 = 3x – 10.**

A letra é a **incógnita** da equação.

A palavra **incógnita** significa "desconhecida".

Na equação acima a incógnita é x; tudo que antecede o sinal da igualdade denomina-se 1º membro, e o que sucede, 2º membro.

$$\underbrace{2x - 8}_{1^\circ\ membro} = \underbrace{3x - 10}_{2^\circ\ membro}$$

74 ◆ Quatro em Um: Para uma Excelente Base e Aprovação em Concursos Públicos

Qualquer parcela, do $1°$ ou do $2°$ membro, é um termo da equação.

$$2x - 8 = 3x - 10$$

Termos da Equação

> Equação do $1°$ grau na incógnita x é toda equação que pode ser escrita na forma $ax=b$, sendo a e b números racionais, com a diferente de zero.

Conjunto Verdade E Conjunto Universo De Uma Equação

Considere:

o conjunto $A = \{0, 1, 2, 3, 4, 5\}$ e a equação $x + 2 = 5$.

Observe que o número 3 do conjunto A é denominado **conjunto universo** da equação e o conjunto $\{3\}$ é o **conjunto verdade** dessa mesma equação.

Observe Este Outro Exemplo:

Determine os números inteiros que satisfazem a equação:

$x^2 = 25$.

O conjunto dos números inteiro é o conjunto universo da equação.

Os números -5 e 5, que satisfazem a equação, formam o conjunto verdade, podendo ser indicado por: $V = \{-5, 5\}$.

Daí concluímos que:

> **Conjunto Universo** é o conjunto de todos os valores que uma variável pode assumir. Indica-se por **U**.

> **Conjunto Verdade** é o conjunto dos valores de **U**, que tornam verdadeira a equação. Indica-se por **V**.

OBSERVAÇÕES:

O conjunto verdade é subconjunto do conjunto universo. $V \subset U$

Não sendo citado o conjunto universo, devemos considerar como conjunto universo o conjunto dos números racionais: **U = Q**

O conjunto verdade é também conhecido por **conjunto solução** e pode ser indicado por **S**.

RAÍZES DE UMA EQUAÇÃO

Os elementos do conjunto verdade de uma equação são chamados raízes da equação.

Para verificar se um número é raiz de uma equação, devemos obedecer à seguinte seqüência:

1. Substituir a incógnita por esse número.

2. Determinar o valor de cada membro da equação.

3. Verificar a igualdade, sendo uma sentença verdadeira, o número considerado é raiz da equação.

EXEMPLOS: Verifique quais dos elementos do conjunto universo são raízes das equações abaixo, determinando em cada caso o conjunto verdade.

· Resolva a equação $x - 2 = 0$, sendo $U = \{0, 1, 2, 3\}$.

Para $x = 0$ na equação $x - 2 = 0$

Temos: $0 - 2 = 0 \Rightarrow -2 = 0$. (F)

Para $x = 1$ na equação $x - 2 = 0$

Temos: $1 - 2 = 0 \Rightarrow -1 = 0$. (F)

Para $x = 2$ na equação $x - 2 = 0$

Temos: $2 - 2 = 0 \Rightarrow 0 = 0$. (V)

Para $x = 3$ na equação $x - 2 = 0$

Temos: $3 - 2 = 0 \Rightarrow 1 = 0$. (F)

Verificamos que 2 é raiz da equação $x - 2 = 0$, logo $V = \{2\}$.

Resolva a equação $2x - 5 = 1$, sendo $U = \{-1, 0, 1, 2\}$.

Para $x = -1$ na equação $2x - 5 = 1$

Temos: $2 \cdot (-1) - 5 = 1 \Rightarrow -7 = 1$. (F)

Para $x = 0$ na equação $2x - 5 = 1$

Temos: $2 \cdot 0 - 5 = 1 \Rightarrow -5 = 1$. (F)

Para $x = 1$ na equação $2x - 5 = 1$

Temos: $2 \cdot 1 - 5 = 1 \Rightarrow -3 = 1$. (F)

Para $x = 2$ na equação $2x - 5 = 1$

Temos: $2 \cdot 2 - 5 = 1 \Rightarrow -1 = 1$. (F)

A equação $2x - 5 = 1$ não possui raiz em U, logo $V = \emptyset$.

Resolução De Uma Equação

Resolver uma equação consiste em realizar uma espécie de operações que nos conduzem à equações equivalentes cada vez mais simples e que nos permitem, finalmente, determinar os elementos do **conjunto verdade** ou as **raízes da equação**. Resumindo:

> Resolver uma equação significa determinar o seu conjunto verdade, dentro do conjunto universo considerado.

Na resolução de uma equação do 1° grau com uma incógnita, devemos aplicar os princípios de equivalência das igualdades (aditivo e multiplicativo). Exemplos:

Sendo U = Q, resolva a equação $\dfrac{-3x}{4} = \dfrac{5}{6}$

MMC $(4, 6) = 12$

$$\frac{-9x}{12} = \frac{10}{12}$$

$- 9x = 10 \Rightarrow$ **Multiplicado por (– 1)**

$9x = - 10$

$$x = \frac{-10}{9}$$

Como $\dfrac{-10}{9} \in Q$, então $V = \left\{ \dfrac{-10}{9} \right\}$.

Sendo U = Q, resolva a equação:

$2 . (x - 2) - 3 . (1 - x) = 2 . (x - 4).$

Iniciamos aplicando a propriedade distributiva da multiplicação:

$2x - 4 - 3 + 3x = 2x - 8$

$$2x + 3x - 2x = -8 + 4 + 3$$

$$3x = -1$$

$$x = \frac{-1}{3}$$

Como $\dfrac{-1}{3} \in Q$, então $V = \left\{ \dfrac{-1}{3} \right\}$.

EQUAÇÕES IMPOSSÍVEIS E IDENTIDADES

Sendo $U = Q$, considere a seguinte equação:

$2 . (6x - 4) = 3 . (4x - 1)$.

Observe, agora, a sua resolução:

$2 . 6x - 2 . 4 = 3 . 4x - 3 . 1$

$12x - 8 = 12x - 3$

$12x - 12x = -3 + 8$

$0 . x = 5$

Como nenhum número multiplicado por zero é igual a 5, dizemos que a equação é **impossível** e, portanto, não tem solução. Logo, $V = \emptyset$.

Assim, uma equação do tipo $ax + b = 0$ é impossível quando a = 0 e b 0.

Sendo $U = Q$, considere a seguinte equação:

$10 - 3x - 8 = 2 - 3x$.

Observe a sua resolução:

$-3x + 3x = 2 - 10 + 8$

$0 . x = 0$

Como todo número multiplicado por zero é igual a zero, dizemos que a equação possui **infinitas soluções**.

Equações desse tipo, em que qualquer valor atribuído à variável torna a equação verdadeira, são denominadas **identidades**.

Pares Ordenados

Muitas vezes, para localizar um ponto num plano, utilizamos dois números racionais, numa certa ordem.

Denominamos esses números de **par ordenado**.

Exemplos:

$$(3, 4)$$

1º elemento ⟵⎤ ⎣⟶ 2º elemento

$$\left(-2, \frac{1}{2} \right)$$

1º elemento ⟵⎤ ⎣⟶ 2º elemento

Assim:

> Indicamos por (x, y) o par ordenado formado pelos elementos x e y, onde x é o 1º elemento e y é o 2º elemento.

Observações

1. De um modo geral, sendo x e y dois números racionais quaisquer, temos: $(x, y) \neq (y, x)$.

Exemplos: $(1, 3) \neq (3, 1)$

2. Dois pares ordenados (x, y) e (r, s) são iguais somente se $x = r$ e $y = s$.

Representação Gráfica De Um Par Ordenado

Podemos representar um par ordenado através de um ponto num plano. Esse ponto é chamado de **imagem** do par ordenado.

COORDENADAS CARTESIANAS

Os números do par ordenados são chamados **coordenadas cartesianas**.

Exemplos: A (3, 5) $\Rightarrow$ 3 e 5 são as coordenadas do ponto A.

Denominamos de **abscissa** o 1º número do par ordenado, e **ordenada**, o 2º número desse par. Assim

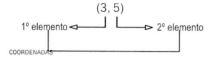

PLANO CARTESIANO

Representamos um par ordenado num plano cartesiano.

Esse plano é formado por duas retas, x e y perpendiculares entre si.

· reta horizontal é o eixo das abscissas (eixo x);

· reta vertical é o eixo das ordenadas (eixo y);

· ponto comum dessas duas retas é denominado **origem**, que corresponde ao par ordenado (0, 0).

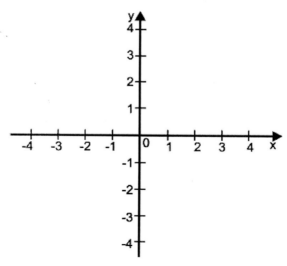

Localização De Um Ponto

Para localizar um ponto num plano cartesiano, utilizamos a seqüência prática:

1. O 1º número do par ordenado deve ser localizado no eixo das abscissas.

2. O 2º número do par ordenado deve ser localizado no eixo das ordenadas.

No encontro das perpendiculares aos eixos x e y, por esses pontos, determinamos o ponto procurado.

Exemplo: Localize o ponto (4, 3).

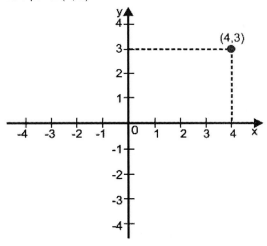

Produto Cartesiano

Sejam os conjuntos $A = \{1, 2, 3\}$ e $B = \{3, 4\}$.

Com auxílio do diagrama de flechas ao lado formaremos o conjunto de todos os pares ordenados em que o 1º elemento pertença ao conjunto A e o 2º pertença ao conjunto B.

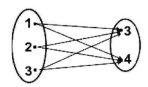

Assim , obtemos o conjunto:

$\{(1, 3), (1, 4), (2, 3), (2, 4), (3, 3), (3, 4)\}$

Esse conjunto é denominado **produto cartesiano de A por B**, e é indicado por: $x \in$ A e $y \in$ B.

Logo:

Dados dois conjuntos A e B, não-vazios, denominamos produtos cartesiano $A \times B$ o conjunto de todos os pares ordenados (x, y) onde $x \in$ A e $y \in$ B.

$$A \times B = \{(x, y)\} \mid x \in A \text{ e } y \in B\}$$

Equações De Primeiro Grau

(com duas variáveis)

Considere a equação: $2x - 6 = 5 - 3y$

Trata-se de uma equação com duas variáveis, x e y, pode ser transformada numa equação equivalente mais simples.

Assim:

$2x + 3y = 5 + 6$

$2x + 3y = 11 \Rightarrow$ **Equação do 1º grau na forma $ax + by = c$.**

Denominando equação de 1º grau com duas variáveis, x e y, a toda equação que pode ser reproduzida a forma $ax + by = c$, sendo a e b números diferentes de zero, simultaneamente.

Na equação $ax + by = c$, denominamos:

$x + y \rightarrow$ variáveis ou incógnitas
$a \rightarrow$ coeficiente de x
$b \rightarrow$ coeficiente de y
$c \rightarrow$ termo independente

EXEMPLOS:

$x + y = 30$ $\qquad$ $x - 4y = 10$ $\qquad$ $2x - 3y = 0$

$2x + 3y = 15$ $\qquad$ $-3x - 7y = 1 - 48$ $\qquad$ $x - y = 8$

SOLUÇÃO DE UMA EQUAÇÃO DE 1º GRAU COM DUAS VARIÁVEIS

Quais os valores de x e y que tornam a sentença $x - 2y = 4$ verdadeira?

Observe os pares abaixo:

$x = 6$, $y = 1$	$x = 8$, $y = 2$	$x = -2$, $y = -3$
$x - 2y = 4$	$x - 2y = 4$	$x - 2y = 4$
$6 - 2 \cdot 1 = 4$	$8 - 2 \cdot 2 = 4$	$-2 - 2 \cdot (-3) = 4$
$6 - 2 = 4$	$8 - 4 = 4$	$-2 + 6 = 4$
$4 = 4$ (V)	$4 = 4$ (V)	$4 = 4$ (V)

Verificamos que todos esses pares são **soluções** da equação $x - 2y = 4$.

Assim, os pares $(6, 1)$; $(8, 2)$; $(-2, -3)$ são algumas das soluções dessa equação.

Uma equações do 1º grau com duas variáveis tem **infinitas soluções** - infinitos (x, y) -, sendo, portanto, seu conjunto universo Q x Q.

Podemos determinar essas soluções, atribuindo-se valores quaisquer para uma das variáveis, calculando a seguir o valor da outra.

EXEMPLO:

Determine uma solução para a equação $3x - y = 8$.

Atribuímos para 0 x 0 valor 1, e calculamos o valor de y. Assim:

$3x - y = 8$

$3 . (1) - y = 8$

$3 - y = 8$

$- y = 5 \Rightarrow$ **(Multiplicamos por -1)**

$y = - 5$

O par $(1, - 5)$ é uma das soluções dessa equação.

$V = \{(1, - 5)\}$

Resumindo:

> Um par ordenado (r, s) é solução de uma equação $ax + by = c$ (a e b não-nulos simultaneamente), se para $x = r$ e $y = s$ a sentença é verdadeira.

GRÁFICO DE UMA EQUAÇÃO DE 1º GRAU COM DUAS VARIÁVEIS

Sabemos que uma equação do 1º grau com duas variáveis possui infinitas soluções.

Cada uma dessas soluções pode ser representada por um par ordenado (x, y).

Dispondo de dois pares ordenados de uma equação, podemos representá-los graficamente num plano cartesiano, determinando, através da reta que os une, o conjunto das soluções dessa equação.

EXEMPLO:

Construir um gráfico da equação $x + y = 4$.

Inicialmente, escolhemos dois pares ordenados que solucionam essa equação.

1º par: A (4, 0)

2º par: B (0, 4)

A seguir, representamos esses pontos num plano cartesiano.

x	y
4	0
0	4

Finalmente, unimos os pontos A e B, determinando a reta r, que contém todos os pontos soluções da equação.

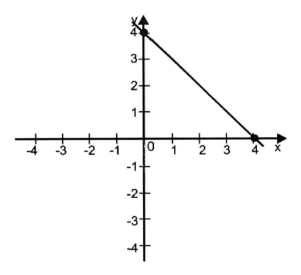

A reta r é chamada **reta suporte** do gráfico da equação.

Sistemas De Equações

Considere o seguinte problema:

Pipoca, em sua última partida, acertou x arremessos de 2 pontos e y arremessos de 3 pontos. Ele acertou 25 arremessos e marcou 55 pontos. Quantos arremessos de 3 pontos ele acertou?

Podemos traduzir essa situação através de duas equações, a saber:

$x + y = 25$ **(total de arremessos certo)**

$2x + 3y = 55$ **(total de pontos obtidos)**

Essas equações contêm um **sistema de equações**.

Costuma-se indicar o sistema usando **chave**.

$$\begin{cases} x + y = 25 \\ 2x + 3y = 55 \end{cases}$$

O par ordenado (20, 5), que torna ambas as sentenças verdadeiras, é chamado **solução do sistema**.

Um sistema de duas equações com duas variáveis possui uma **única solução**.

Resolução De Sistemas

A resolução de um sistema de duas equações com duas variáveis consiste em determinar um par ordenado que torne verdadeiras, ao mesmo tempo, essas equações.

Estudaremos a seguir alguns métodos:

Método De Substituição

$$\begin{cases} x + y = 4 \\ 2x - 3y = 3 \end{cases}$$

Solução:

Determinamos o valor de x na 1ª equação: $x = 4 - y$

Substituímos esse valor na 2ª equação. $2 . (4 - y) - 3y = 3$

Resolvemos a equação formada.

$8 - 2y - 3y = 3$

$8 - 2y - 3y = 3$

$-5y = -5 \Rightarrow$ **Multiplicamos por – 1**

$5y = 5$

$y = \dfrac{5}{5}$

$y = 1$

Substituímos o valor encontrado de y, em qualquer das equações, determinando x.

$x + 1 = 4$

$x = 4 - 1$

$x = 3$

A solução do sistema é o par ordenado $(3, 1)$.

$V = \{(3, 1)\}$

Método Da Adição

Sendo $U = Q \times Q$, observe a solução de cada um dos sistemas a seguir, pelo método da adição.

Resolva o sistema $\begin{cases} x + y = 10 \\ x - y = 6 \end{cases}$

Solução:

Adicionamos membros a membros das equações:

$$\begin{cases} x + \cancel{y} = 10 \\ x - \cancel{y} = 6 \end{cases}$$

2x = 16

$$x = \frac{16}{2}$$

$x = 8$

Substituímos o valor encontrado de x, em qualquer das equações, determinado y:

8 + y = 10

y = 10 - 8

y = 2

A solução do sistema é o par ordenado (8, 2)

V = {(8, 2)}

Inequações de Primeiro Grau

Introdução

Denominamos **inequação** toda sentença matemática aberta por uma desigualdade.

As inequações do 1° grau com uma variável podem ser escritas numa das seguintes formas: ax + b > 0, ax + b < 0, ax + b $\geq$ 0, ax + b $\leq$ 0, com **a** e **b** reais (a 0)

Exemplos:

$$2x - 7 \geq 0 \; ; \; \frac{3x}{5} + \frac{7}{2} < 0 \; ; \; 2x - \frac{1}{2} \leq 0$$

Representação Gráfica de uma Inequação do 1º Grau com Duas Variáveis

Método prático

– Substituímos a desigualdade por uma igualdade;

– Traçamos a reta no plano cartesiano;

– Escolhemos um ponto auxiliar, de preferência o ponto (0, 0) e verificamos se o mesmo satisfaz ou não a desigualdade inicial;

– Em caso positivo, a solução da inequação corresponde ao semiplano ao qual pertence o ponto auxiliar;

– Em caso negativo, a solução da inequação corresponde ao semiplano oposto aquele ao qual pertence o ponto auxiliar.

Exemplo: represente graficamente a inequação $2 \cdot x + y \leq 4$:

Tabela

x	y	(x, y)
0	4	(0, 4)
2	0	(2, 0)

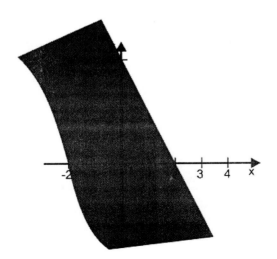

Substituindo o **ponto auxiliar** (0, 0) na inequação:

$2 \cdot x + y \leq 4$,

Verificamos:

$2 \cdot 0 + 0 \leq 4$

$0 \leq 4$ (**Afirmativa positiva, o ponto auxiliar satisfaz a inequação**)

A solução da inequação corresponde ao semiplano ao qual pertence o ponto auxiliar (0, 0).

INEQUAÇÕES DE PRIMEIRO GRAU

RESOLUÇÃO GRÁFICA DE UM SISTEMA DE INEQUAÇÕES DO 1º GRAU

Para resolver um sistema de inequações do 1º grau graficamente, devemos:

1- Traçar num mesmo plano o gráfico de cada inequação;

2- Determinar a região correspondente à intersecção dos dois semiplanos.

EXEMPLOS: Dê a resolução gráfica do sistema: $\begin{cases} -x + y \leq 4 \\ 3x + 2y \leq 6 \end{cases}$

SOLUÇÃO:

Traçando as retas $- x + y = 4$ e $3x + 2y = 6$.

Tabela

x	y	(x, y)
0	4	(0, 4)
-4	0	(-4, 0)

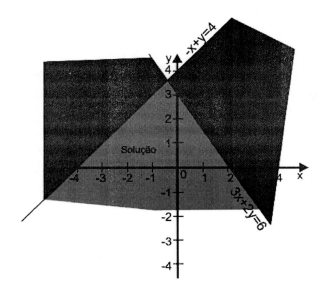

Equações de 2º Grau

Definições

Denomina-se equação do 2º grau na incógnita x, toda equação da forma:

$$ax^2 + bx + c = 0;\ a, b, c \in \mathbb{R}\ e\ a \neq 0$$

Exemplos:

$x^2 - 5x + 6 = 0$

é um equação do 2º grau com a = 1, b = -5 e c = 6.

$6x^2 - x - 1 = 0$

é um equação do 2º grau com a = 6, b = -1 e c = -1.

$7x^2 - x = 0$

é um equação do 2º grau com a = 7, b = -1 e c = 0.

$x^2 - 36 = 0$

é um equação do $2°$ grau com a = 1, b = 0 e c = -36.

Nas equações escritas na forma $ax^2 + bx + c = 0$ (**forma normal** ou **forma reduzida** de uma equação do $2°$ grau na incógnita x) chamamos a, b e c de **coeficientes**.

a é sempre o coeficiente de x^2;

b é sempre o coeficiente de x;

c é o coeficiente ou termo independente.

Equação Completas e Incompletas

Uma equação do $2°$ grau é **completa** quando b e c são diferentes de zero.

Exemplos: $x^2 - 9x + 20 = 0$ e $-x^2 + 10x - 16 = 0$ são equações completas.

Uma equação do $2°$ grau é **incompleta** quando b ou c é igual a zero, ou ainda quando ambos são iguais a zero.

Exemplos:

$x^2 - 36 = 0$

$(b = 0)$ $x^2 - 10x = 0$

$(c = 0)$ $4x^2 = 0$

$(b = c = 0)$

Raízes de uma Equação do $2°$ Grau

Resolver uma equação do $2°$ grau significa determinar suas **raízes**.

Raiz é o número real que, ao substituir a incógnita de uma equação, transforma-a numa sentença verdadeira.

O conjunto formado pelas raízes de uma equação denomina-se **conjunto verdade** ou **conjunto solução**.

Exemplo:

Dentre os elementos do conjunto A= $\{-1, 0, 1, 2\}$, quais são raízes da equação $x^2 - x - 2 = 0$?

Solução:

Substituímos a incógnita x da equação por cada um dos elementos do conjunto e verificamos quais as sentenças verdadeiras.

Para $x = -1$	$(-1)^2 - (-1) - 2 = 0$ $1 + 1 - 2 = 0$ $0 = 0$	(V)
Para $x = 0$	$0^2 - 0 - 2 = 0$ $0 - 0 - 2 = 0$ $-2 = 0$	(F)
Para $x = 1$	$1^2 - 1 - 2 = 0$ $1 - 1 - 2 = 0$ $-2 = 0$	(F)
Para $x = 2$	$2^2 - 2 - 2 = 0$ $4 - 2 - 2 = 0$ $0 = 0$	(V)

Logo, -1 e 2 são raízes da equação.

Determine p sabendo que 2 é raiz da equação:

$(2p - 1) x^2 - 2px - 2 = 0.$

Solução

Substituindo a incógnita x por 2, determinamos o valor de p.

$$(2p-1)\cdot 2^2 - 2p\cdot 2 - 2 = 0$$

$$(2p-1)\cdot 4 - 4p - 2 = 0$$

$$8p - 4 - 4p - 2 = 0$$

$$4p - 6 = 0$$

$$4p = 6$$

$$p = \frac{6}{4} \Rightarrow p = \frac{3}{2}$$

Logo, o valor de p é $\dfrac{3}{2}$.

Resolução de Equações Incompletas

Resolver uma equação significa determinar o seu **conjunto verdade**.

Utilizamos na resolução de uma equação incompleta as técnicas da fatoração e duas importantes propriedades dos números reais:

1ª Propriedade:

Se $x \in$ IR, $y \in$ IR e $x\cdot y = 0$, então, x = 0 ou y = 0

2ª Propriedade:

Se $x \in$ IR, $y \in$ IR e $x^2 = y$, então, $x = \sqrt{y}$ ou $x = -\sqrt{y}$

1º Caso: Equação do tipo $ax^2 + bx = 0$.

Exemplo: Determine as raízes da equação:

$x^2 - 8x = 0$, sendo U = IR..

Solução:

Inicialmente, colocamos x em evidência: $x \cdot (x - 8) = 0$.

Para o produto ser igual a zero, basta que um dos fatores também o seja. Assim: x = 0 ou x - 8 = 0 $\Rightarrow$ x = 8.

Obtemos dessa maneira duas raízes que formam o conjunto verdade: V = {0, 8}.

De modo geral, a equação do tipo ax^2 + bx = 0 tem para soluções

x = 0 e $x = -\dfrac{b}{a}$.

2º Caso: Equação do tipo ax^2 + c = 0.

Exemplo:

Determine as raízes da equação $2x^2$ - 72 = 0., sendo U = IR.

Solução:

$$2x^2 = 72$$
$$x^2 = 36$$
$$x = \sqrt{36} \text{ ou } x = -\sqrt{36}$$
$$x = \pm\sqrt{36}$$

$x = \pm 6 \rightarrow$ A equação tem duas raízes simétricas

De modo geral, a equação do tipo ax^2 + c = 0 possui duas raízes reais se $-\dfrac{c}{a}$ for um número positivo, não tendo raiz real caso $-\dfrac{c}{a}$ seja um número negativo.

RESOLUÇÃO DE EQUAÇÕES COMPLETAS

Para solucionar equações completas do 2º grau utilizaremos a **fórmula de Bhaskara**.

A partir da equação ax^2 + bx +c = 0, em que $a, b, c \in$ IR e a $\neq$ 0, desenvolveremos passo a passo a dedução da fórmula de Bhaskara (ou fórmula resolutiva).

1º passo: multiplicaremos ambos os membros por $4a$.

$$(4a) \cdot (ax^2 + bx + c) = 0 \cdot (4a)$$

$$4a^2x^2 + 4abx + 4ac = 0$$

2º passo: passar $4ac$ par o 2º membro.

$$4a^2x^2 + 4abx = -4ac$$

3º passo: adicionar b2 aos dois membros.

$$\underbrace{4a^2x^2 + 4abx + b^2}_{\text{trinômio quadrado perfeito}} = b^2 - 4ac$$

4º passo: fatorar o 1º elemento.

$$(2ax + b)^2 = b^2 - 4ac$$

5º passo: extrair a raiz quadrada dois membros.

$$\sqrt{(2ax + b)^2} = \pm\sqrt{b^2 - 4ac}$$

$$2ax + b = \pm\sqrt{b^2 - 4ac}$$

6º passo: passar b para o 2º membro.

$$2ax = -b \pm \sqrt{b^2 - 4ac}$$

7º passo: dividir os dois membros por $2a$ $(a \neq 0)$.

$$\frac{2ax}{2a} = \frac{-b \pm \sqrt{b^2 - 4ac}}{2a}$$

Assim, encontramos a fórmula resolutiva da equação do 2º grau:	Podemos representar as duas raízes reais por x' e x", assim:
$$x = \frac{-b \pm \sqrt{b^2 - 4ac}}{2a}$$	$$\begin{cases} x' = \dfrac{-b + \sqrt{b^2 - 4ac}}{2a} \\ x'' = \dfrac{-b - \sqrt{b^2 - 4ac}}{2a} \end{cases}$$

Exemplo: Resolvamos a equação: $7 \cdot x^2 + 13 \cdot x - 2 = 0$, onde temos: a = 7, b = 13 e c = - 2.

$$x = \frac{-13 \pm \sqrt{13^2 - 4 \cdot 7 \cdot (-2)}}{2 \cdot 7}$$

$$\Rightarrow x = \frac{-13 \pm \sqrt{169 + 56}}{14} \Rightarrow$$

$$x = \frac{-13 \pm \sqrt{255}}{14} \Rightarrow x = \frac{-13 \pm 15}{14}$$

Portanto:
$$\begin{cases} x' = \dfrac{-13 + 15}{14} = \dfrac{2}{14} = \dfrac{1}{7} \\ x'' = \dfrac{-13 - 15}{14} = \dfrac{-28}{14} = -2 \end{cases}$$

$$\Rightarrow V = \left\{ -2, \ \frac{1}{7} \right\}$$

DISCRIMINANTE

Denominamos **discriminante** o radical $b^2 - 4ac$ que é representado pela letra grega Δ (delta).

$$\Delta = b^2 - 4ac$$

Podemos agora escrever deste modo a fórmula de Bhaskara:

$$x = \frac{-b \pm \sqrt{\Delta}}{2a}$$

De acordo com o discriminante, temos três casos a considerar:

1º Caso: O discriminante é positivo ($\Delta > 0$).

O valor de $\sqrt{\Delta}$ é real e a equação tem duas raízes reais diferentes, assim representadas:

$$x = \frac{-b + \sqrt{\Delta}}{2a} \qquad x = \frac{-b - \sqrt{\Delta}}{2a}$$

Exemplo:

Para quais valores de k a equação $x^2 - 2x + k - 2 = 0$ admite raízes reais e desiguais?

Solução:

Para que a equação admita raízes reais e desiguais, devemos ter

$\Delta > 0$.

$b^2 - 4ac > 0$

$(-2)^2 - 4 \cdot 1 \cdot (k - 2) > 0$

$4 - 4k + 8 > 0$

$-4k + 12 > 0 \rightarrow$ **Multiplicamos ambos os membros por – 1.**

$4k - 12 < 0$

$4k < 12$

$k < 3$

Logo, os valores de k devem ser menores que 3.

2º Caso: O discriminante é nulo $(\Delta = 0)$.

O valor de $\sqrt{\Delta}$ é nulo e a equação tem duas raízes reais e iguais, assim representadas:

$$x' = x'' = \frac{-b}{2a}$$

Exemplo:

Determine o valor de p, para que a equação:

$x^2 - (p - 1)x + p - 2 = 0$ possua raízes iguais.

Solução:

Para que a equação admita raízes iguais é necessário que $\Delta=0$.

$$b^2 - 4ac = 0$$

$$[-(p-1)]^2 - 4 \cdot 1(p-2) = 0$$

$$p^2 - 2p + 1 - 4p + 8 = 0$$

$$p^2 - 6p + 9 = 0$$

$$(p-3)^2 = 0$$

p = 3

Logo, o valor de *p* é 3.

3º Caso: O discriminante é negativo $(\Delta < 0)$.

O valor de $\sqrt{\Delta}$ não existe em **IR**, não existindo, portanto, raízes reais. As raízes da equação são **número complexos**.

Exemplo:

Para quais valores de m a equação $3x^2 + 6x + m = 0$ não admite nenhuma raiz real?

Solução:

Para que a equação não tenha raiz real devemos ter $\Delta < 0$.

$$b^2 - 4ac < 0$$

$$6^2 - 4 \cdot 3 \cdot m < 0$$

$$36 - 12m < 0$$

$$-12m < -36 \rightarrow$$ **Multiplicamos ambos os membros por – 1.**

$$12m > 36$$

m > 3

Logo, os valores de *m* devem ser maiores que 3.

Relações entre os Coeficientes e as Raízes

Considere a equação $ax^2 + bx + c = 0$, com $a \neq 0$ e sejam x' e x" as raízes reais dessa equação.

Logo: $x' = \dfrac{-b + \sqrt{\Delta}}{2a}$ e $x'' = \dfrac{-b - \sqrt{\Delta}}{2a}$

Observe as seguintes relações:

Soma das raízes (S)

$$x' + x'' = \frac{-b + \sqrt{\Delta}}{2a} + \frac{-b - \sqrt{\Delta}}{2a} = \frac{-b + \sqrt{\Delta} - b - \sqrt{\Delta}}{2a} = \frac{-2b}{2a} = \frac{-b}{a} \Rightarrow$$

$$S = x' + x'' = \frac{-b}{a}$$

Produto das raízes $(P) \longrightarrow$

$$x' \cdot x'' = \frac{-b + \sqrt{\Delta}}{2a} \cdot \frac{-b - \sqrt{\Delta}}{2a} = \frac{(-b + \sqrt{\Delta}) \cdot (-b - \sqrt{\Delta})}{4a^2}$$

$$= \frac{(-b^2) - (\sqrt{\Delta})^2}{4a^2} = \frac{b - \Delta}{4a^2}$$

como $\Delta = b^2 - 4ac$, temos:

$$x' \cdot x'' = \frac{b^2 - (b^2 - 4ac)}{4a^2} = \frac{b^2 - b^2 + 4ac}{4a^2} = \frac{4ac}{4a^2} = \frac{c}{a} \Rightarrow$$

$$P = x' \cdot x'' = \frac{c}{a}$$

Denominamos essas relações de **relações de Girard**.

Verifique alguns exemplos de aplicação dessas relações.

►Determine a soma e o produto das raízes da equação:

$10x^2 + x - 2 = 0$.

Solução:

Nesta equação, temos: a = 10, b = 1 e c = – 2.

A soma das raízes é igual a $-\dfrac{b}{a}$. Assim: $S = -\dfrac{1}{10}$

O produto das raízes é igual a $\dfrac{c}{a}$. Assim: $P = -\dfrac{2}{10} : \dfrac{2}{2} = -\dfrac{1}{5}$

▶ Determine o valor de **k** na equação $x^2 + (2k - 3)x + 2 = 0$, de modo que a soma de suas raízes seja igual a 7.

Solução:

Nesta equação, temos: a = 1, b = 2k – 3 e c = 2.

$S = x_1 + x_2 = 7$

$$S = -\frac{b}{a} = \frac{-(2k-3)}{1} = 7 \Rightarrow -2k + 3 = 7 \Rightarrow$$

$$\Rightarrow -2k = 7 - 3 \Rightarrow -2k = 4 \Rightarrow k = -2$$

Logo, o valor de *k* é – 2.

▶ Determine o valor de **m** na equação $4x^2 - 7x + 3m = 0$, para que o produto das raízes seja igual a – 2.

Solução:

Nesta equação, temos: a = 4, b = – 7 e c = 3*m*.

$$P = x_1 \cdot x_2 = -2$$

$$P = \frac{c}{a} = \frac{3m}{4} = -2 \Rightarrow 3m = -8 \Rightarrow -\frac{8}{3}$$

Logo, o valor de *m* é $-\dfrac{8}{3}$.

▶ Determine o valor de **k** na equação $15x^2 + kx + 1 = 0$, para que a soma dos inversos de suas raízes seja igual a 8.

102 ◆ Quatro em Um: Para uma Excelente Base e Aprovação em Concursos Públicos

Solução:

Considere x_1 e x_2 as raízes da equação.

A soma dos inversos das raízes corresponde a $\dfrac{1}{x_1} + \dfrac{1}{x_2}$.

Assim:

$$\frac{1}{x_1} + \frac{1}{x_2} = 8 \Rightarrow \frac{x_2 + x_1}{x_1 x_2} = 8 \Rightarrow \frac{soma\ das\ raízes}{produto\ das\ raízes} = 8$$

$$\Rightarrow \frac{\dfrac{-b}{\cancel{a}}}{\dfrac{c}{\cancel{a}}} = 8 \Rightarrow \frac{-b}{c} = 8 \Rightarrow \frac{-k}{1} = 8 \Rightarrow k = -8$$

Logo, o valor de **k** é - 8.

▶ Determine os valores de **m** para os quais a equação $(2m - 1)x^2 + (3m - 2)x + m + 2 = 0$ admita:

a) raízes simétricas;

b) raízes inversas.

Solução:

Se as raízes são simétricas, então S = 0.

$$S = \frac{-b}{a} = \frac{-(3m - 2)}{2m - 1} = 0 \Rightarrow -3m + 2 = 0 \Rightarrow -3m = -2 \Rightarrow m = \frac{2}{3}$$

Se as raízes são inversas, então P = 1.

$$P = \frac{c}{a} = \frac{m + 2}{2m - 1} = 1 \Rightarrow m + 2 = 2m - 1$$
$$\Rightarrow m - 2m = -1 - 2 \Rightarrow -m = -3 \Rightarrow m = 3$$

Composição de uma Equação do 2º Grau, Conhecidas as Raízes

Considere a equação do 2º grau $ax^2 + bx + c = 0$.

Dividindo todos os termos por a $(a \neq 0)$, obtemos:

$$\frac{\cancel{a}x^2}{\cancel{a}} + \frac{bx}{a} + \frac{c}{a} = 0 \Rightarrow x^2 + \frac{b}{a}x + \frac{c}{a} = 0$$

Como $-\dfrac{b}{a} = S$ e $\dfrac{c}{a} = P$, podemos escrever a equação desta maneira.

$$\boxed{x^2 - \mathbf{S}x + \mathbf{P} = 0}$$

Exemplos:

Componha a equação do 2º grau cujas raízes são – 2 e 7.

Solução:

A soma das raízes corresponde a: $S = x_1 + x_2 = -2 + 7 = 5$.

O produto das raízes corresponde a: $P = x_1 \cdot x_2 = (-2) \cdot 7 = -14$.

A equação do 2º grau é dada por $x^2 - Sx + P = 0$, onde $S = 5$ e $P = -14$.

Logo, $x^2 - 5x - 14 = 0$ é a equação procurada.

▶ Formar a equação do 2º grau, de coeficientes racionais, sabendo-se que uma das raízes é $1 + \sqrt{3}$.

Solução:

Se uma equação do 2° grau, de coeficientes racionais, tem uma raiz $1+\sqrt{3}$, a outra raiz será $1-\sqrt{3}$.

Lembre-se que: $x' = \dfrac{-b+\sqrt{\Delta}}{2a}$ e $x'' = \dfrac{-b-\sqrt{\Delta}}{2a}$

Assim:

$$x_1 = 1+\sqrt{3} \qquad\qquad x_2 = 1-\sqrt{3}$$

$$S = (1+\sqrt{3})+(1-\sqrt{3}) \Rightarrow \qquad S = 2$$

$$P = (1+\sqrt{3})\cdot(1-\sqrt{3}) \Rightarrow \qquad P = 1-3 = -2$$

Logo, $x^2 - 2x - 2 = 0$ é a equação procurada.

Forma Fatorada

Considere a equação $ax^2 + bx + c = 0$.

Colocando a em evidência, obtemos: $a\left(x^2 + \dfrac{bx}{a} + \dfrac{c}{a}\right) = 0$.

Sabemos que: $x'+x'' = -\dfrac{b}{a}$ e $x'\cdot x'' = \dfrac{c}{a}$.

Então, podemos escrever:

$$a[x^2 - (x'+x'')x + (x'\cdot x'')] = 0 \Rightarrow a\left[\underbrace{x^2 - x'\cdot x}_{x\ \acute{e}\ fator\ comum} - \underbrace{x''\cdot x + x'\cdot x''}_{x''\ \acute{e}\ fator\ comum}\right] = 0 \Rightarrow$$

$$\Rightarrow a\left[\underbrace{x\underbrace{(x-x')} - x''\underbrace{(x-x')}}_{fator\ comum}\right] = 0 \Rightarrow a\cdot(x-x')(x-x'') = 0$$

Logo, a forma fatorada da equação $ax^2 + bx + c = 0$ é:

$$\boxed{a\cdot(x-x')\cdot(x-x'') = 0}$$

Exemplos:

Escreva na forma fatorada a equação $x^2 - 5x + 6 = 0$.

Solução:

Calculando as raízes da equação $x^2 - 5x + 6 = 0$,

Obtemos $x_1 = 2$ e $x_2 = 3$.

Sendo $a = 1$, $x_1 = 2$ e $x_2 = 3$, a forma fatorada de:

$x^2 - 5x + 6 = 0$ pode ser assim escrita: $(x - 2) \cdot (x - 3) = 0$

► Escreva na forma fatorada a equação $2x^2 - 20x + 50 = 0$.

Solução:

Calculando as raízes da equação $2x^2 - 20x + 50 = 0$, obtemos duas raízes reais e iguais a 5.

Sendo $a = 2$, $x_1 = x_2 = 5$,

a forma fatorada de $2x^2 - 20x + 50 = 0$

pode ser assim escrita: $2 \cdot (x - 5)(x - 5) = 0$ ou $2 \cdot (x - 5)^2 = 0$

► Escreva na forma fatorada a equação $x^2 + 2x + 2 = 0$.

Solução:

Como o $\Delta < 0$, a equação não possui raízes reais.

Logo, essa equação <u>não</u> possui forma fatorada em IR.

Resumindo:

I) Função do 1° grau

(o gráfico sempre será uma reta)

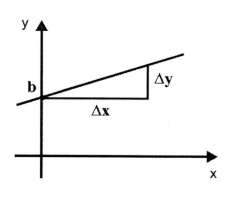

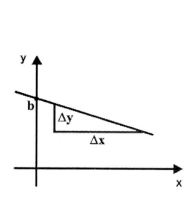

A equação que representa toda função do 1° grau tem a seguinte forma:

$$y = ax + b$$

y → são os valores do eixo vertical;

x → são os valores do eixo horizontal;

b → é o ponto onde o gráfico cruza o eixo vertical;

a → é numericamente igual a **Dy/Dx**.

II) Função do 2° grau

(o gráfico sempre será uma parábola)

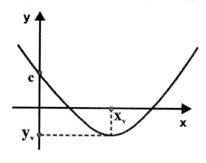
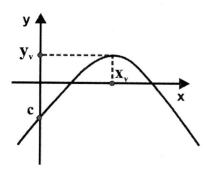

A equação que representa toda função do 2° grau tem a seguinte forma:

$$y = ax^2 + bx + c$$

y → são os valores do eixo vertical;

x → são os valores do eixo horizontal;

c → é o ponto onde o gráfico cruza o eixo vertical, e com dois pontos do gráfico determinamos **b** e **a**.

Algumas relações importantes para uma função do 2° grau:

$x_v = -\dfrac{b}{2a}$	$\Delta = b^2 - 4ac$
$y_v = -\dfrac{\Delta}{4a}$	$x = \dfrac{-b \pm \sqrt{\Delta}}{2a}$

Você sabia que os pontos x_1 e x_2 encontrados quando resolvemos equações do 2° grau representam os pontos onde o gráfico cruza o eixo x ? Se temos duas soluções, o gráfico cruza duas vezes o eixo x, se temos uma solução o gráfico cruza uma vez (ele somente encosta no eixo) e se não temos soluções é porque o gráfico não cruza o eixo x. Veja abaixo os três casos:

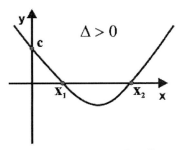

existe duas soluções

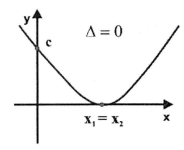

só existe uma solução

não existe solução

Exercícios Propostos

01. Sabendo que -1 é raiz da função f (x) = k.x² - 8.x + 3 então o valor de k² + 1 é:

a) 100   b) 111

c) 122   d) 108

e) 128

02. As raízes da função f (x) = x² + a.x + b são 4 e - 8 . Sendo assim o valor de a - b será:

a) 34   b) 36

c) 42   d) 44

e) 52

03. Dada a função f (x) = - x² + 2.x - 4 podemos afirmar corretamente que:

a) f possui mínimo.

b) f é par.

c) O ponto (1, - 3) é o vértice de f.

d) f (x) será sempre positivo.

e) O ponto (2, 4) pertence ao gráfico f.

04. O vértice do trinômio $f(x) = -x^2 + 2.x + 3$ é o ponto do plano:

a) $(1, 4)$

b) $(0, 3)$

c) $(2, 3)$

d) $(-1, 0)$

e) $(-3, 0)$

05. Determine o valor de k de modo que a função $f(x) = x^2 - 2.x + k$ tenha o real 2 como valor máximo:

a) -2

b) -1

c) 2

d) 1

e) 3

06. Para que valores de $x \in R$ a função $f(x) = x^2 - 2.x - 3$ é crescente?

a) $\{x \in R; x \geq 1\}$.

b) $\{x \in R; x < 1\}$.

c) $\{x \in R; x > 0\}$.

d) $\{x \in R; -2 < x < 2\}$.

e) $\{x \in R; x \leq 0\}$.

07. Dê o conjunto verdade da sentença: $x^2 - 3.x + 2 > 0$.

a) $\{x \in R; x < 0 \text{ ou } x > 2\}$

b) $\{x \in R; x < 1 \text{ ou } x > 2\}$

c) $\{x \in R; x \leq 4\}$

d) $\{x \in R; 1 \leq x \leq 2\}$

e) $\{x \in R; x > 3\}$

08. Resolver o sistema de inequações: $\begin{cases} 2x^2 + 8x \geq x^2 - 6x \\ x + 5 < 0 \end{cases}$

a) $S = \{x \in R; x < -1\}$

b) $S = \{x \in R; x > 5\}$

c) $S = \{x \in R; x < 5\}$

d) $S = \{x \in R; -2 < x \leq 3\}$

e) $S = \{x \in R; x < -5\}$

09. Se o ponto (a, b) é o vértice no trinômio $f(x) = x^2 - 2x - 3$, então o valor de $a^2 + b^2$ é:

a) 12

b) 14

c) 17

d) 19

e) 20

10. Sabendo que a e b são raízes da equação $x^2 - 13x + 36 = 0$, determine o valor de $ab\left(\dfrac{a}{b} + \dfrac{b}{a}\right)$:

a) 80

b) 90

c) 87

d) 97

e) 79

11. O maior valor inteiro de x que satisfaz a desigualdade:

$x - 4 < x^2 - 4 \leq x + 2$ é:

a) 02

b) 03

c) 04

d) 08

e) 10

12. Os gráficos das funções de R em R, definidos por $f(x) = x^2 + 2x$ e $g(x) = x^2 + 6x + 10$:

a) Não têm pontos em comum.

b) Têm dois pontos comuns.

c) Têm em comum um único ponto, pertencente ao $3°$ quadrante.

d) Têm em comum um único ponto, pertencente ao eixo das abscissas.

e) Têm em comum um único ponto, pertencente ao $2°$ quadrante.

13. O maior valor inteiro que satisfaz a desigualdade:

$(x^2 - 2.x - 3).(- x^2 - 3.x + 4) \geq 0$ é:

a) 4   b) 5

c) 3   d) 2

e) 7

14. O menor inteiro positivo que satisfaz a inequação $\dfrac{x^2 - x - 2}{x + 2} < 0$ é:

a) 1   b) 2

c) 4   d) 8

e) 5

15. Se p e q são as raízes da equação $x^2 - 2x + 8 = 0$, então calcule $p^2q + pq^2$.

GABARITO

01. C; **02.** B ; **03.** C ; **04.** A ; **05.** D ; **06.** A ; **07.** B ; **08.** E ; **09.** C ; **10.** D ; **11.** B ; **12.** E ; **13.** D ; **14.** A ; **15.** – 16

PRODUTOS NOTÁVEIS

QUADRADO DA SOMA:

$$(a+b)^2 = a^2 + 2 \cdot a \cdot b + b^2$$

QUADRADO DA DIFERENÇA:

$$(a-b)^2 = a^2 - 2 \cdot a \cdot b + b^2$$

PRODUTO DA SOMA PELA DIFERENÇA:

$$(a+b) \cdot (a-b) = a^2 - b^2$$

Diferença De Quadrados:

$$a^2 - b^2 = (a+b) \cdot (a-b)$$

Diferença E Soma De Cubos:

$$a^3 + b^3 = (a+b) \cdot (a^2 - a \cdot b + b^2)$$
$$a^3 - b^3 = (a-b) \cdot (a^2 + a \cdot b + b^2)$$

Sistema Legal de Medidas

O sistema métrico decimal é chamado assim porque 10 (dez) unidades de uma ordem formam 01 (uma) unidade de ordem imediatamente superior.

Exs.: 10mm = 1cm; 10cm = 1 dm; 10 dm = 1m.

Inicialmente devemos conhecer os prefixos:

Quilo, Hecto, Deca   múltiplos.

Deci, Centi, Mili   submúltiplos.

1. Devemos conhecer também as unidades fundamentais de algumas grandezas:

Comprimento (m): km, hm, dam, m, dm, cm, mm;

Massa (g): kg, hg, dag, g, dg, cg, mg;

Capacidade (l): Kl, hl, dal, l, dl, cl, ml;

Área (m²): km^2, hm^2, dam^2, m^2, dm^2, cm^2, mm^2;

Volume (m³): km^3, hm^3, dam^3, m^3, dm^3, cm^3, mm^3.

Fator pelo qual a unidade é multiplicada	Prefixo	Símbolo
$1000\ 000\ 000\ 000 = 10^{12}$	tera	T
$1000\ 000\ 000 = 10^{9}$	giga	G
$1000\ 000 = 10^{6}$	mega	M
$1\ 000 = 10^{3}$	quilo	K
$100 = 10^{2}$	hecto	H
$10 = 10^{1}$	deca	Da
$0,1 = 10^{-1}$	deci	D
$0,01 = 10^{-2}$	centi	C
$0,001 = 10^{-3}$	mili	M
$0,000\ 001 = 10^{-6}$	micro	μ
$0,000000001 = 10^{-9}$	nano	N
$0,000\ 000\ 000\ 001 = 10^{-12}$	pico	P

Na prova do concurso, deverá vir alguma questão envolvendo o dm^3. Mas Norton por que isto é certo? Muito bem pessoal! Eis a resposta: é porque $1dm^3$ corresponde à 1 litro e 1 litro de água pura contém 1kg. Esses dados são utilizados em questões de concursos, mas não são obviamente fornecidos, isto é, você já deve ir para a prova trazendo de memória.

CONVERSÃO

Para aprender a converter, isto é, passar de uma unidade para outra, preste atenção ao seguinte exemplo.

▶ Qual é, em bilhões de m^2, a extensão territorial do Brasil?

a) 8,5   b) 9,0

c) 7,0   d) 8500

e) 850

Solução:

Ora, sabemos que em Km², a superfície é 8.500.000 Km². Agora, conte quantos saltos existem de **Km** a **m** na seqüência:

Km   hm   dam   **m**   dm   cm   mm

Você contou 3 saltos duplos, porque se trata de área.

Temos portanto:

8.500.000.000.000 = 8,5 bilhões de m². Resposta: opção **a**.

OBS.: *quando a conversão é linear, isto é, quando se tratar de comprimento, os saltos serão simples; quando for bilinear ou bidimensional, isto é, quando se tratar de área, os saltos serão duplos e finalmente, quando for trilinear ou tridimensional, isto é, quando se tratar de volume, os saltos serão triplos.*

Medidas Agrárias

1 ha = 100 ares = 10.000 m²

1 are = 100 m²

1 ca = 1 m²

É bom saber:

1 tonelada = 1000 Kg.

1 arroba = 15 Kg.

1 grosa = 12 dúzias.

A prova informará:

1 alqueire = 2,72 ha.

1 jarda = 3 pés.

1 milha marítima = 1852 m.

1 milha terrestre = 1609 m.

1 légua = 6600 m.

1 pé = 12 polegadas.

1 polegada = 2,54 cm.

ÁREAS (A)

1) Área do triângulo: $A = \dfrac{(b \cdot h)}{2}$.

2) Área do retângulo: $A = b \cdot h$.

3) Área do paralelogramo: $A = b \cdot h$.

4) Área do losango: $A = \dfrac{(d \cdot D)}{2}$.

5) Área do trapézio: $A = \dfrac{[(b + B) \cdot h]}{2}$.

6) Área do quadrado: $A = l^2$.

7) Área da circunferência: $A = \pi \cdot R^2$.

Não esqueça que o comprimento é $C = 2 \cdot \pi \cdot R$.

VOLUMES

Use a seguinte orientação:

Quando o sólido não apresentar afunilamento, isto é, quando sua superfície é prismática, seu volume será:

$V = A_{base} \cdot H$

116 ♦ Quatro em Um: Para uma Excelente Base e Aprovação em Concursos Públicos

Quando o sólido afunila, como o cone, pirâmide, etc..., seu volume passa a ser:

$$V = \frac{(A_{base} \cdot H)}{3}.$$

Exceção Única:

A esfera, cujo volume é: $V = \frac{4}{3} \cdot \pi \cdot R^3$.

Exercícios Propostos

01. (TJE) Um recipiente com capacidade de 12m³ tem 3/5 de sua capacidade preenchida por um certo líquido. Quantos litros desse líquido serão necessários para completá-los?

a) 7.400   b) 3.600

c) 3.800   d) 4.800

e) 7.200

02. (TJE) Uma fazenda tem uma superfície de 6Km² + 150hm² + 2.500dam² + 35.000m² + 4.500.000dm² a sua área expressa em hectares é de:

a) 788   b) 795

c) 798   d) 767

e) 783

03. (TJE) Um tambor cheio de óleo pesa 2000hg e totalmente vazio pesa 150.000dg. Admitindo que a capacidade do tambor é de 20 dal, o peso de um litro do conteúdo é de (em gramas):

a) 920   b)925

c) 905   d) 910

e) 915

04. (TJE) Uma pedra de mármore de 4 m de comprimento, 120cm de largura e 40mm de espessura pesa 120Kg. Quanto pesará uma outra pedra do mesmo mármore, de forma quadrada com 2m de lado e 6cm de espessura?

a)50Kg   b)75Kg   c)120Kg   d)150Kg   e)200Kg

05. (TTN) Uma indústria possui em seu reservatório, $025dam^3 + 150m^3 + 22.000dm^3 + 3.000.000cm^3$ de óleo de soja. A empresa pretende embalar o produto em latas de 900ml. Sabendo-se que no processo de embalagem há uma perda de 1% do líquido, o número de latas de soja que a indústria produzirá será:

a) 425.300

b) 456.800

c) 459.500

d) 467.500

e) 460.300

06. (TTN) Se 300 cm^3 de uma substância tem uma massa de 500g. Quanto custarão 75dl dessa substância, sabendo-se que é vendido por R$ 25,50 o quilograma?

a) R$ 3.187,50

b) R$ 31,87

c) R$ 381,75

d) R$ 318,75

e) R$ 31.875,00

07. Uma caixa d'água de base quadrada de lado 4m e altura 2m está com 20.000 litros de água. Então para enchê-la está faltando?

a) 32.000 l

b) 10.000 l

c) 12.000 l

d) 8.000 l

e) 6.000 l

08. O lado de um terreno quadrado mede 80 metros. Calcular a área, em are, de um terreno retangular que tem o mesmo perímetro do terreno quadrado, e cuja largura é igual a 3/5 do comprimento.

a) 59a

b) 45a

c) 55a

d) 50a

e) 60a

09. Um campo retangular tem o perímetro igual a 780m. A diferença entre o comprimento e a largura é de 150m. Calcule a área desse campo em hectare.

a) 3,29ha

b) 12,3ha

c) 32,1ha

d) 3,24ha

e) 1,23ha

118 ♦ Quatro em Um: Para uma Excelente Base e Aprovação em Concursos Públicos

10. Calcule quantos metros andou uma pessoa que deu volta ao redor de um praça circular de 20m de diâmetro.

a) 82,6m

b) 6,28m

c) 62,8m

d) 8,26m

e) 628m

GABARITO

01	02	03	04	05	06	07	08	09	10
D	E	B	D	D	D	C	E	D	C

TESTES GERAIS

01. Três automóveis A, B e C partem, simultaneamente do ponto P de largada de uma pista de corrida. Sabendo-se que A faz 1 volta a cada 20s; B faz 1 volta a cada 40s e C faz 1 volta a cada 50s, quantas voltas darão, respectivamente, os carros A, B e C para serem vistos novamente juntos no ponto de largada?

a) 5, 10, 4

b) 4, 10, 5

c) 10, 5, 4

d) 20, 10, 8

e) 15, 10, 5

02. Um funcionário de uma repartição recebe relatórios de tipos A, B e C. A de 6 em 6 dias; B de 8 em 8 dias e C de 10 em 10 dias. Sabendo-se que ele trabalha inclusive aos sábados, domingos e feriados e que recebe os três tipos no dia 22/03/95, determine a data para que isto ocorra novamente.

a) 22/07/95

b) 20/07/95

c) 20/06/95

d) 22/06/95

e) 28/08/95

Norton González ◆ 119

03. Quantos símbolos numéricos são necessários para escrever todos os números inteiros positivos com 1, 2, 3 e 4 algarismos?

04. Quantos algarismos são necessários para numerar seguidamente, as 700 poltronas de um centro de convenções?

05. A diferença entre dois números é 24; o minuendo é 48, o subtraendo vale:

06. A diferença entre os termos de uma subtração é igual a 50; aumentando-se o minuendo de 12 e o subtraendo de 8, o novo resto será:

07. O resto de uma subtração vale 35; acrescentando-se 12 unidades ao minuendo e subtraindo-se 6 do subtraendo, a nova diferença será igual a:

08. A soma dos três termos que figuram numa subtração é 480; se o subtraendo for igual ao resto, este será:

09. O produto de dois números é 175. Multiplicando-se um dos fatores por 8 e dividindo-se o outro por 4, o novo produto será:

10. O produto de dois números é 320. Somando-se 4 unidades ao menor fator o novo produto será 400. Determine o maior fator.

11. Se o resto 35 de uma divisão é o maior possível, então o divisor vale:

12. Numa divisão temos: divisor 15, quociente 11 e o resto 6; o dividendo será:

13. A expressão que relaciona os números X, Y, Z e 0 em:

$$\begin{array}{c|c} X & \underline{Y} \\ \hline (0) & Z \end{array}$$

14. A soma de dois números é 43. Um deles excede o outro em 5 unidades. Calcule o menor.

15. Determine o maior de dois números sabendo-se que sua soma é 93 e a diferença 57.

16. A soma de dois números consecutivos é 79. Qual o maior?

17. (SELEÇÃO-BB) A soma de dois pares consecutivos é 22. Calcule o menor.

18. O quadrado da soma de dois números é 196 e o quadrado da diferença é 4. Um deles vale.

19. A terça parte da soma de dois números é 1. O dobro da diferença vale 1,92. Calcule o menor:

20. O quíntuplo da diferença de dois números é 1; o décuplo de sua soma é 3. Calcule o menor.

21. Sendo $E = \dfrac{0,2 \times 0,3}{3,2 - 2,0}$ e F = 0,36 : 0,018 então E x F vale:

22. Seja $G = 0,999\ldots + \dfrac{\dfrac{1}{2} + \dfrac{1}{3}}{1 - \dfrac{1}{6}}$ e $H = \dfrac{7}{1 + \dfrac{1}{\dfrac{1}{2} - \dfrac{1}{3}}}$,

Então: (2G – H) vale:

23. Para numerar seguidamente as cadeiras de um teatro foram utilizados 1692 algarismos; determinar quantas cadeiras foram numeradas.

24. Diferença entre dois números é 60. Reduzindo o minuendo de 15 unidades e o subtraendo de 10, o novo resto será:

25. A soma dos três termos de uma subtração é 140. O subtraendo excede o resto em 20 unidades. Ache o subtraendo:

26. O produto de dois números é 800. Subtraindo 7 unidades de um deles, o novo produto se reduzirá a 625. Qual o maior fator?

27. Qual o valor de "K" no produto (35.765 x k), sabendo-se que somando-se 6 unidades ao número 35.765, o produto aumentará de 90 unidades?

28. Número que dividido por 5 tenha quociente 60 e o resto mínimo possível (inteiro) será:

29. Sendo o quociente 25, divisor 12 e o resto maior possível, teremos dividendo igual a:

30. Que número devemos acrescentar ao dividendo da divisão de 320 por 19, para que o quociente seja 16 e o resto maior possível?

31. O dobro da soma de dois números é 42. O triplo da diferença é 9. Determine o menor.

32. O dobro da soma de dois números é 900; metade do quociente entre eles é 4. O maior vale:

33. A metade da soma de dois números é 25. O dobro do quociente entre eles é 18. O menor vale:

34. A soma de três números consecutivos pares é 66. Qual o menor?

35. Um queijo pesa 1kg mais meio queijo. Podemos afirmar corretamente que um queijo e meio pesará:

36. Efetuando as operações indicadas, encontraremos:

$$\frac{b}{a}\left[\left(1+\frac{a-b}{a+b}\right)\div\left(1-\frac{a-b}{a+b}\right)\right]$$

37. Seja $\dfrac{p}{q}$ a forma irredutível do número

$$\frac{2\dfrac{3}{4}+1\dfrac{1}{2}}{4\dfrac{1}{4}-1\dfrac{1}{2}}+1,2363636\ldots\text{. Calcule o valor p - q:}$$

38. Lúcia é 12 anos mais velha que Cláudia. Qual a idade da mais nova sabendo-se que Lúcia tem o triplo da idade de Cláudia?

39. Carolina e Marcela tem juntas 30 anos. Marcela tem a quarta parte da idade de Carolina. Calcule a idade da mais nova.

40. Se eu tivesse 4 rosas a mais do que tenho poderia dar-lhe 7 e ainda ficaria com 2. Quantas rosas possuo?

41. A diferença entre dois números é 84 e o quociente entre eles é 8. Determine o maior:

42. "X" dá a "Y" uma vantagem de 150 metros. Enquanto "Y" anda a uma velocidade de 9m/s, "X" anda a 12 m/s; se partirem num mesmo instante, em quanto tempo "X" alcançará "Y"?

43. Em um jardim há cisnes e coelhos, contando-se ao todo 58 cabeças e 178 pés. Quantos são os cisnes?

44. Quarenta pessoas, rapazes e moças, alugaram um ônibus para uma excursão por R$ 400,00. Os rapazes não permitiram que as moças pagassem a sua parte. Assim, a quantia de cada rapaz foi aumentada de R$ 30,00. Quantas eram as moças?

45. Um jardineiro planta 6 mudas de pinheiro por hora e o outro planta 3. Tendo o segundo um adiantamento de 18 pinheiros sobre o primeiro, no fim de quantas horas de trabalho terá ele plantado o mesmo número de pinheiros?

46. Em um cesto, numa caixa, existem 172 laranjas. Se tiramos 20 laranjas do cesto e pusermos 8 na caixa ficarão com quantidades iguais. Quantas laranjas há no cesto?

47. Achar o número de divisores comuns de 144 e 252:

48. Calcular o maior número pelo qual dividindo-se 220 e 324 encontramos, respectivamente, restos 10 e 30.

49. Calcular os três menores números pelos quais devemos multiplicar 20, 40 e 50 afim de que os produtos sejam iguais.

50. Calcular o menor número que, dividido por 15 e/ou 18 deixa sempre o mesmo resto 12.

51. Quantos números compreendidos entre 200 e 600 são divisíveis simultaneamente por 12, 18 e 20.

52. O produto de dois números é 576 e seu m.d.c. é 2. Calcular o m.m.c.

124 ◆ Quatro em Um: Para uma Excelente Base e Aprovação em Concursos Públicos

53. Um setor de uma repartição recebeu um lote de processos. Desse lote, cada funcionário arquivou 15 processos, restando 5 processos. Se cada funcionário tivesse arquivado 8 processos, restariam 33. O número de funcionários desse setor é:

a) 4   b) 6

c) 7   d) 8

e) 10

54. A associação de funcionários de certa empresa promove palestras regularmente: uma a cada 3 meses, outra a cada 6 meses e outra a cada 8 meses. Se, em 1990, as três palestras foram dadas em julho, a próxima coincidência de época das palestras será em:

a) junho de 1991   b) julho de 1991

c) abril de 1992   d) junho de 1992

e) julho de 1992

55. Uma pessoa tem duas folhas de cartolina, ambas quadradas e com superfície de 2.304 cm^2 e 1.296cm^2 e deseja recortá-las em quadrados, todos iguais e de maior área possível. O lado de cada quadrado medirá:

a) 10cm   b) 11cm

c) 12cm   d) 13cm

e) 14cm

56. No almoxarifado de certa repartição pública há três lotes de pastas iguais: o primeiro com 60, o segundo com 105 e o terceiro com 135 pastas. Um funcionário deve empilhá-las, colocando cada lote de modo que, ao final de seu trabalho, ele tenha obtido pilhas com igual quantidade de pastas. Nestas condições, o menor número de pilhas que ele poderá obter é:

a) 3   b) 15

c) 20   d) 60

e) 100

57. Um sitiante vendeu ao primeiro de seus fregueses a metade mais meia das maçãs do seu pomar; ao 2°, a metade das restantes mais meia maçã; ao 3°, metade de quantas ficaram, mais meia e assim por diante. Sabendo-se que o 7° comprador adquiriu metade das frutas que ainda restavam mais meia, com isto esgotando a mercadoria, pergunta-se: quantas maçãs possuía o sitiante?

a) 31　　　　　　　　　b) 64

c) 61　　　　　　　　　d) 125

e) 127

58. Se $E_1 = \left(\dfrac{4}{3} + \dfrac{7}{15}\right) \times \left(\dfrac{7}{5} + \dfrac{4}{15}\right)$, então o valor de E_1 é igual a:

59. Se $E_2 = \dfrac{2}{5} + \dfrac{3}{5} \times \dfrac{10}{9}$, então o valor de $30 \times E_2$ será:

60. Se $E_3 = \left(4 - \dfrac{5}{2}\right) \times \left(3 + \dfrac{1}{3}\right)$, então o valor de E_3 será:

61. Se $E_4 = \left[1 + \left(1 - \dfrac{1}{2}\right)\right] - \left[2 - \left(1 + \dfrac{1}{2}\right)\right]$, então o valor de E_4 será:

62. Se $E_5 = \dfrac{5}{2} - \dfrac{3}{2} \times \dfrac{4}{6} + \dfrac{1 - \dfrac{1}{2}}{1 + \dfrac{1}{2}}$, então o valor $12 \times E_5$ é:

63. Se $E_6 = 1,2 \times 0,05 + 0,04$, então o valor de $10 \times E_6$ é:

64. Se $E_7 = 1,44 \div 0,3 - 0,2 \div 0,05$, então o valor de $20 \times E_7$ é:

65. Se $E_8 = \dfrac{1}{0,2} + \dfrac{0,4}{2} + \sqrt{0,36}$, então o valor de $5 \times E_8$ será:

66. Se $E_9 = b - a$, onde $\dfrac{a}{b} = 0,3727272\ldots$, sendo a e b primos entre si, então o valor de E_9 é:

67. Se $E_{10} = \left(0,999\ldots + \dfrac{1}{\sqrt{0,25}}\right)^3$, então o valor de E_{10} será igual a:

126 ♦ Quatro em Um: Para uma Excelente Base e Aprovação em Concursos Públicos

68. Se um objeto custa R$ 18,00, então os $\dfrac{2}{3}$ do objeto custarão:

69. Se uma pessoa gastou os $\dfrac{2}{5}$ do que possuía e ficou com R$ 36,00, então tal pessoa possuía:

70. Se os $\dfrac{3}{4}$ de um número valem 15 então o número valerá:

71. Distribuiu-se certa quantia de lápis entre três alunos; o 1º ficou com $\dfrac{1}{3}$, o 2º com $\dfrac{1}{4}$ e o 3º com os 25 lápis restantes. Dê o número de lápis distribuídos.

72. Do vinho contido numa pipa, vendeu-se os $\dfrac{3}{7}$, a seguir $\dfrac{1}{4}$ do resto e finalmente os 15 litros que sobraram. Quantos litros de vinho continha a pipa?

73. A diferença entre os $\dfrac{4}{5}$ e os $\dfrac{2}{3}$ do preço de um objeto é R$ 12,00. Qual o preço do objeto?

74. Um pedreiro poderia fazer um muro em 40 dias e outro pedreiro em 60 dias. Trabalhando juntos, em quantos dias poderão concluir o muro?

75. Uma torneira enche um tanque em apenas 4 horas. O ralo do tanque pode esvaziá-lo em 3 horas. Estando o tanque cheio, abrimos simultaneamente, a torneira e o ralo. Então, em quantas horas o tanque esvazia-se?

76. A soma das idades de duas pessoas é 63 anos. A idade da primeira é $\dfrac{4}{5}$ da idade da segunda. Assim, a idade da segunda pessoa é:

77. Num avião da VARIG há 40 lugares. Estando já tomados mais de $\dfrac{1}{4}$ e menos de $\dfrac{3}{10}$ dos lugares, deseja-se saber quantos lugares vazios ainda existem.

78. Calculando em metros, o valor da expressão E = 0,4 dam + 20 cm + 8 dm, encontraremos:

79. Calculando, em centímetros, o perímetro do triângulo cujos lados medem 1,7dm; 160 mm e 0,21 m, encontraremos:

80. Calculando, em metros quadrados, o valor da expressão X = 860 dm^2 + 0,006 dam^2 + 0,8 m^2, encontraremos:

81. O valor da expressão: E = 2[3h m^2 + 300 m^2 – 300 dam^2], em ares, será:

82. Se o perímetro de um retângulo mede 4,6 dam e sua base 2 dam, então sua área, em metros quadrados, será:

83. Calculando, em metros cúbicos o valor da expressão, Y = 0,000016 hm^3 + 0,004 dam^3 + 1000 dm^3, encontraremos:

84. Determinando, em centímetros cúbicos, o volume do cubo cuja aresta mede 30 milímetros, encontraremos:

85. Calculando $\frac{3}{5}$ dal + $\frac{1}{10}$ hl , em litros, encontraremos:

86. O resultado expressão E = 2 [2dm^3 + 2l] + 3 [1000 cm^3 – 1000 ml] , em litros, será igual a:

87. Uma piscina contém 20kl de água. Admitindo que a água seja pura, qual é a sua massa em toneladas?

88. O valor da expressão

$$E = (-4) + (-2) \times (-3) + (+1) - (-1) \div (-1) \text{ é:}$$

a) +1   b) –1

89. O simétrico do valor da expressão

$$E = (-2) \times [(-1) + (-1) \times (-2)] \text{ é igual a:}$$

a) –2   b) +2

90. Calculando $P = \underbrace{(-1) \cdot (-1) \cdot (-1) \cdot \ldots \cdot (-1)}_{101 \text{ vezes}}$, encontraremos:

a) –1   b) +1

91. O valor de $[(-2)^3 + (-3)^2 - 2^2]^2$ é:

a) +9   b) +25

92. A soma dos elementos do conjunto A = {x ∈ Z; $-1 \leq x < 3$} é igual a:

a) 2   b) 3

93. A soma dos quadrados dos elementos do conjunto E = {x ∈ Z; | x | = 3} é:

a) zero   b) 18

94. Se A = {x ∈ Z; $x \leq 4$} e B = {x ∈ Z; x > -4} então a soma dos elementos do conjunto A ∩ B é igual a:

a) 4   b) –3

95. Calculando o valor numérico da expressão $2XY^2$ para X = –3 e Y = –2, encontraremos:

a) 24   b) –24

96. Um sábio nasceu 16 anos antes de Cristo e morreu no ano 64 da nossa Era. Quantos anos viveu?

a) 80   b) 48

97. Numa cidade o termômetro marcava 8°C abaixo de zero e à noite tinha descido 12°C. Quanto marcava à noite?

a) –20°   b) –4°

98. Num ônibus viaja um certo número de pessoas. Observou-se que se as pessoas se acomodarem sentando duas a duas sobram 26 em pé, mas se a acomodação ocorrer de três em três, sobram 2 cadeiras vazias. Quantos são os passageiros?

a) 90   b) 96

c) 132   d) 200

99. A razão entre o salário bruto e o salário líquido do professor PÁDUA no BB é 7/5. Que fração está sendo descontada do seu salário líquido?

a) 1/5

b) 3/10

c) 2/5

d) 1/2

100. Uma caixa de sabão em pó está completamente cheia e possui as seguintes dimensões: 5,5cm; 0,15m e 2,4dm. Maria utilizou 95% do sabão para a lavagem das roupas. Qual é, em cm^3, o volume remanescente do sabão?

a) 1980　　　　b)98　　　　c) 99　　　　d) 95

101. A secretária Frida retirou todo o dinheiro que estava aplicado numa caderneta de poupança e com 3/7 pagou suas despesas particulares; a seguir, com 1/4 do resto pagou o consórcio de seu carro; restando-lhe ainda R$ 1.500,00. Que quantia a secretária possuía na caderneta de poupança?

a) 2.500,00　　　　b) 4.000,00

c) 3.500,00　　　　d) 4.500,00

102. Num edifício de três andares havia 95 pessoas. Sabendo-se que o primeiro andar possui 3 vezes mais que o segundo e que o terceiro possui 2 vezes menos que o primeiro, quantas pessoas havia no 2º andar?

a) 10　　　　b)15　　　　c) 20　　　　d)25

103. São precisamente 16h, num relógio de ponteiros que marca horas, minutos e segundos. A que horas exatamente, entre 16 e 17 horas, o ponteiro dos minutos cruzará o das horas?

a) 16h e 22min　　　　b) 16h 21min e 50seg

c) 16h 21min e 49seg　　　　d) 16h e 30min

e) 16h e 23min

130 ♦ Quatro em Um: Para uma Excelente Base e Aprovação em Concursos Públicos

104. Com 1/8 do dobro de R$ 360,00, Sônia comprou o triplo de meia dezena de relógios. Determine o preço de uma dúzia de relógios, em R$:

a) 70   b) 72

c) 74   d) 76

105. Dispondo de $125,6m^2$ de chapa de ferro e desprezando as aparas, quantas latas cilíndricas de 10cm de raio e 30cm de altura podemos fabricar?

a) 300   b) 400

c) 500   d) 600

e) 700

106. Uma estrada está representada por 15 cm num mapa de escala $\dfrac{1}{20.000}$. O comprimento real da estrada é:

a) 3km   b) 30km

c) 300km   d) 30dam

107. O gol do Professor Jô pode andar, sem se abastecer, durante 6 horas. Tendo saído com um furo no tanque de gasolina, ele, andou apenas 2,4 horas. Sendo a capacidade do tanque igual a 48 litros, que quantidade de gasolina escoaria do tanque, se ficasse 15 minutos desligado?

a) 1 litro   b) 2 litros   c) 3 litros   d) 4 litros

108. Com a sexta parte do dinheiro que possui, o Lêucio compra duas fitas para seu vídeo. Quantas fitas poderá comprar com a metade do dinheiro que possui?

a) 2   b) 4   c) 6   d) 8

109. Se $\underline{A}$, $\underline{B}$ e $\underline{C}$ fazem uma obra em $\dfrac{42}{55}$ do dia. $\underline{A}$ sozinho faz em $2\dfrac{1}{3}$ dias. $\underline{B}$ pode fazê-la em $1\dfrac{5}{9}$ dias. Em quantos dias $\underline{C}$ poderá fazê-la?

a) $4\dfrac{1}{5}$ dias   b) $4\dfrac{1}{3}$ dias

c) $4\dfrac{1}{2}$ dias   d) N.R.A

110. Um caramujo encontra-se no pé de um muro de 12m de altura. Sabendo-se que durante o dia ele sobe 3m e durante a noite desce, 2m, quantos dias levará o caramujo para chegar ao topo do muro?

a) 8 dias

b) 9 dias

c) 9 dias e meio

d) 10 dias

e) 12 dias

111. A diferença entre os 4/5 e os 2/3 do preço de um objeto é de R$ 12,00. Qual o preço do objeto?

a) 80

b) 90

c) 100

d) 120

112. Comprou-se vinho a R$ 4,85 o litro e chope a R$ 2,50 o litro. O número de litros de chope ultrapassa o de vinho em 25 e a soma paga pelo vinho foi de R$ 19,75 a mais do que a paga pelo chope. A quantidade de litros de vinho comprada foi de:

a) 60

b) 40

c) 65

d) 35

e) 25

GABARITO

01	02	03	04
C	B	38.889	1992
05	**06**	**07**	**08**
24	54	53	120
09	**10**	**11**	**12**
350	20	36	171
13	**14**	**15**	**16**
X = Y . Z	19	75	40
17	**18**	**19**	**20**
10	6 ou 8	1,02	0,05
21	**22**	**23**	**24**
1	3	600	55
25	**26**	**27**	**28**

45	32	15	301
29	**30**	**31**	**32**
311	2	9	400
33	**34**	**35**	**36**
5	20	3 kg	1
37	**38**	**39**	**40**
98	6	6	5
41	**42**	**43**	**44**
96	50 s	27	30
45	**46**	**47**	**48**
6	100	9	42
49	**50**	**51**	**52**
10, 5, 4	102	2	288
53	**54**	**55**	**56**
A	E	C	C
57	**58**	**59**	**60**
E	03	32	05
61	**62**	**63**	**64**
01	22	01	16
65	**66**	**67**	**68**
29	69	27	12
69	**70**	**71**	**72**
60	20	60	35
73	**74**	**75**	**76**
90	24	12	35
77	**78**	**79**	**80**
29	05	54	10
81	**82**	**83**	**84**
06	60	30	27
85	**86**	**87**	**88**
16	08	20	A
89	**90**	**91**	**92**

B	A	A	A
93	94	95	96
B	A	B	A
97	98	99	100
A	A	C	C
101	102	103	104
C	B	C	B
105	106	107	108
C	C	C	C
109	110	111	112
A	C	B	D

RACIOCÍNIO LÓGICO

LÓGICA DE PRIMEIRA ORDEM

A lógica de primeira ordem (LPO), conhecida também como cálculo de predicados de primeira ordem (CPPO) é um sistema lógico que estende a lógica proposicional (lógica sentencial) e que é estendida pela lógica de segunda ordem.

ENUMERAÇÃO POR RECURSO

É a seqüência de pelo menos dois elementos de mesmo *status* sintático no discurso. Há três tipos de enumeração: aditiva (e); optativa exclusiva (ou) e optativa não exclusiva (e/ou).

PROPOSIÇÃO

É uma declaração afirmativa ou negativa. Uma proposição pode ser verdadeira (V) ou falsa (F). Quando verdadeira usaremos o valor lógico (V). Quando falsa usaremos o valor lógico (F).

AXIOMA

É uma sentença ou proposição que não é provada ou demonstrada e é considerada como óbvia ou como um consenso inicial necessário para a construção ou aceitação de uma teoria.

Sempre será possível atribuir um valor lógico (V) ou (F) à uma proposição.

São proposições:

1) **"Sete mais três é igual a dez"** – é uma declaração (afirmativa); portanto, uma proposição. Sabemos ser verdadeira (valor lógico V).

2) **"João Pessoa não é a capital do país"** – é uma declaração (negativa); portanto uma proposição. Sabemos ser verdadeira (valor lógico V).

3) **"Oito mais três é igual a quatorze"** – é uma declaração (afirmativa); portanto, uma proposição. Sabemos ser falsa (valor lógico F).

4) **"Brasília não é a capital do país"** – é uma declaração (negativa); portanto uma proposição. Sabemos ser falsa (valor lógico F).

<u>NÃO</u> são proposições:

1) O triplo de doze é trinta e seis? – é uma pergunta, e não uma declaração. Por tanto, não é uma proposição. Não se pode atribuir à ela um valor lógico (V ou F).

2) "Lia vá estudar sua lição" – é uma sentença imperativa, e não uma declaração. Portanto, não é uma proposição.

3) "5+3" – é indicação de uma operação matemática, e não uma declaração. Portanto não é uma proposição. Esperamos um resultado numérico, e não um resultado lógico (V ou F).

4) "5+3=7" – é uma declaração (afirmativa) e, portanto, uma proposição. Sabemos ser falsa (valor lógico F).

Proposições Abertas E Proposições Fechadas

Proposição Fechada – é aquela que podemos garantir como sendo verdadeira ou falsa. Todas as preposições vistas acima são fechadas.

Proposição Aberta – é aquela que contém uma variável, um elemento desconhecido, e, portanto, não podemos garantir que seja verdadeira ou falsa.

Ex.: "x+3 = 7"

"A cidade x é a capital da Argentina"

Essas proposições serão verdadeiras ou falsas, dependendo do valor que atribuirmos à variável x.

Proposições Simples E Proposições Compostas

Proposição Simples – como o próprio nome indica, é uma proposição única, isolada.

Proposição Composta – quando formada por duas ou mais proposições, ligadas entre si por conectivos operacionais (lógicos), os quais estudaremos com mais detalhes a frente.

Ex.: "Brasília é a capital do Brasil e Lima é a capital do Peru"

"3+5 = 8 ou 5+7 =12"

"Se 5+2 = 7 então 5 = 7-2"

No nosso material representaremos uma proposição simples qualquer por uma letra minúscula, preferindo "p", "q", "r" e "s". Sendo que, segundo o CESPE/UnB, as proposições na maioria das vezes são representadas por letras maiúsculas (A, B, C, D, etc...).

Princípios Que Não Devem Ser Esquecidos:

Princípio Do Terceiro Excluído: uma proposição só pode ser verdadeira ou falsa, não havendo outra alternativa.

Princípio Da Não Contradição: uma proposição não pode ser ao mesmo tempo **verdadeira** e **falsa**.

Símbolos utilizados na lógica:

~	não
∧	e
∨	ou
→	se...então
↔	se e somente se
|	tal que
⇒	implica
⇔	equivalente
∃	existe
∃|	existe um e somente um
∀	qualquer que seja

Modos De Negação De Uma Proposição

1. Antepondo-se a expressão "não" ao seu verbo.

Ex.: "João gosta de melancia".

"João não gosta de melancia".

2. Retirando-se a negação antes do verbo.

Ex.: "Sebastian não é primo de Nildo".

"Sebastian é primo de Nildo".

3. Substituindo-se um termo da preposição por um de seus antônimos.

Ex.: "Maria é feia".

"Maria é bonita".

Tabelas- Verdade

Representação literal das proposições p, q, r e s. É uma forma usual de representação das regras da Álgebra Booleana. Nela, é representado cada proposição (simples ou composta) e todos os seus valores lógicos possíveis.

São elas:

1) Negação:

não p; ~p ou ¬p;

2) Conjunção:

p E q (p∧q);

3) Disjunção:

p OU q (p∨q);

4) Disjunção exclusiva:

OU p OU q (p⊻q);

5) Implicação (condicional):

SE p ENTÃO q (p→q);

6) Dupla Implicação (Bi-condicional):

p SE e SOMENTE SE q (p↔q).

Negação

p	~p
V	F
F	V

Conjunção

p	Q	$p \wedge q$
V	V	V
V	F	F
F	V	F
F	F	F

Disjunção

p	q	$p \vee q$
V	V	V
V	F	V
F	V	V
F	F	F

Disjunção Exclusiva

P	q	$p \underline{\vee} q$
V	V	F
V	F	V
F	V	V
F	F	F

Implicação

P	q	$p \rightarrow q$
V	V	V
V	F	F
F	V	V
F	F	V

Dupla Implicação

P	q	p↔q
V	V	V
V	F	F
F	V	F
F	F	V

Condição Suficiente X Condição Necessária

$p \rightarrow q$: **p** é suficiente para q (basta p acontecer para que q aconteça).

$\sim q \rightarrow \sim p$: q é necessário para p (se q não acontecer, p não acontece).

Ex.: Se Carlos passou de ano, então Carlos passou em Matemática = Carlos passar de ano é condição suficiente para Carlos ter passado em Matemática = Carlos passar em Matemática é condição necessária para Carlos passar de ano = Carlos passou de ano somente se Carlos passou em Matemática.

Condição Necessária E Suficiente

A expressão "p é condição necessária e suficiente para q" significa exatamente a dupla implicação. Muitas vezes, essa expressão é dita como: p se e somente q.

Ex.: $p \rightarrow q$

$\sim q \rightarrow \sim p$ equiv 1

$q \rightarrow p$

$\sim p \rightarrow \sim q$ equiv 2

TAUTOLOGIA: é a proposição composta que em sua tabela-verdade resulta em valores lógicos todos verdadeiros, quaisquer que sejam os valores lógicos das proposições componentes.

CONTINGÊNCIA: é a proposição composta que em sua tabela-verdade resulta em valores lógicos verdadeiros e falsos.

CONTRADIÇÃO: é a proposição composta que em sua tabela-verdade resulta em valores lógicos todos **falsos**, quaisquer que sejam os valores lógicos das proposições componentes.

TIPOS DE RACIOCÍNIO:

POR ANALOGIA – raciocínio em que, comparando-se semelhanças entre situações diferentes, inferimos outras semelhanças;

POR INDUÇÃO – raciocínio em que, partindo-se de informações particulares, inferimos uma conclusão geral;

POR DEDUÇÃO – parte-se do geral para o particular.

SILOGISMO: é uma forma de raciocínio dedutivo em que, partindo-se de outras informações, infere-se uma determinada conclusão. Estrutura de um silogismo:

ESTRUTURA DE UM SILOGISMO

1. Premissas (maior e menor) e Conclusão;

2. Termos (maior, médio e menor).

Ex.: **Todos os homens são mortais.**

Carlos é um homem.

Logo, Carlos é mortal.

FALÁCIA: é um falso raciocínio lógico com aparência de verdadeiro.

1. Paralogismo (involuntária);

2. Sofisma (com o objetivo de confundir).

Paradoxo: são raciocínios em que se parte de enunciados não contraditórios, mas as conclusões feitas são contraditórias.

Ex.: O poeta cretense afirma que todos os cretenses são mentirosos. (não podemos analisar se esta afirmação é verdadeira ou falsa).

PROPOSIÇÃO CATEGÓRICA	DIAGRAMA DE VENN	REPRESENTAÇÃO SIMBÓLICA	NEGAÇÃO DA PROPOSIÇÃO CATEGÓRICA
Todo A é B		$\forall x\,(A(x) \to B(x))$	Algum A não é B; ou pelo menos um A não é B
Algum A é B		$\exists x \mid A(x) \wedge B(x)$	Nenhum A é B
Nenhum A é B		$\neg\exists x \mid A(x) \wedge B(x)$	Algum A é B; ou pelo menos um A é B
Algum A não é B		$\exists x \mid A(x) \wedge \neg B(x)$	Todo A é B

Exercícios:

01. Considere as proposições **p**: "Está quente". **q**: "Está frio" e **r**: "Está nevando", traduza para a linguagem natural as proposições.

a) ~p   b) ~q

c) p∨q   d) p∧q

e) p→~q   f) q→~p

g) ~~p   h) p↔q

i) p∨~q→r   j) (~p∧~q)→r

l) (~p∧~q)→~r m) ~(q∨r)→p

02. Sejam as proposições; **p**: "Thales é honesto", e **q**: "Thales é trabalhador", passe para a linguagem simbólica, as proposições:

a) Thales é honesto e trabalhador.

b) Thales é honesto, mas não é trabalhador.

c) Thales não é honesto ou trabalhador.

d) Thales é honesto ou trabalhador.

e) Thales não é honesto ou não é trabalhador.

f) Não é verdade que Thales é desonesto ou não é trabalhador.

g) Não é verdade que Thales é desonesto ou trabalhador.

03. Sejamos proposições **p**: "Leonardo é alegre", e **q**: "Fernanda é sorridente". Passe para a linguagem natural, as proposições:

a) p∨q   b) p∧q

c) p→q   d) q→~p

e) ~~q   f) p↔~q

g) (~p∧q)→~q

04. Sejam as proposições, **p**: "Fernando é bom" e **q**: "Fernando é alegre", passe para a linguagem simbólica.

a) Fernando é mau, mas é alegre.

b) Fernando é bom e é alegre.

c) Fernando é mau e é alegre.

d) Fernando é bom ou é triste.

e) Fernando é mau ou bom e é alegre.

f) Fernando é bom, mas não é triste ou alegre.

05. Sejam as proposições **p**: "Dada canta em Inglês", **q**: "Dada canta em Português" e **r**: "Dada canta em Espanhol", passe para a linguagem simbólica.

a) Dada canta em Inglês ou Português, mas não canta em Espanhol.

b) Dada canta em Espanhol e Inglês ou não canta em Inglês e Português.

c) É falso que Dada canta em Inglês, mas não canta em Espanhol.

d) É falso que Dada canta em Inglês e em Português, mas não canta em Inglês ou Espanhol.

06. Determine o valor lógico (V ou F) de cada uma das proposições compostas seguintes:

a) $1 + 2 = 3$ e $3 + 4 = 7$.

b) $3 + 3 = 4$ e $4 + 5 = 8$.

c) $2 - 5 = -3$ e $3 + 2 = 5$.

d) $4 - 7 = 3$ e $2 + 4 = 6$.

e) $5 + 1 = 6$ ou $3 + 2 = 5$.

f) $3 - 2 = 7$ ou $4 - 1 = 5$.

g) $3 - 7 = -4$ ou $2 + 3 = 6$.

h) $2 - 5 = 4$ ou $3 + 2 = 5$.

i) Se $5 + 2 = 7$ então $6 + 3 = 9$.

144 ♦ Quatro em Um: Para uma Excelente Base e Aprovação em Concursos Públicos

j) Se 2 – 4 = 5 então 3 – 2 = 1.

k) Se 3 + 4 =7 então 2 – 5 = –3.

l) É falso que 3 + 2 = 5 ou 3 + 1 = 5.

m) É falso que se 2 + 4 = 7 então Paris é capital da Inglaterra.

n) 4 + 3 = 7 se 2 + 3 = 5.

o) 3 – 4 = 2 se 4 – 3 =5.

p) 3 + 2= 5 se 2 < 4.

q) Não é verdade que 2 – 4 = – 2 ou 3 + 2 = 7.

r) Não é verdade que 3 + 2= 5 então 2 + 2 = 4 e 1 + 2 = 3.

s) Se 3 + 2 = 5 então não é verdade que 3 + 1 = 4 e 3 + 3 = 6.

t) Se 3 + 2 ≠ 5 então não é verdade que 3 + 1 = 4 e 2 + 4 = 6.

Obs.: o gabarito das questões 01 a 06 serão entregues aos alunos em sala ou por e-mail.

07. O número de cadeias distintas de 14 caracteres que podem ser formadas apenas com as letras da palavra **Papiloscopista** é inferior a 10^8. **(E)**

08. Considere a seguinte situação hipotética:

Uma grande empresa cataloga seus bens patrimoniais usando códigos formados por uma cadeia de 6 caracteres, sendo três letras iniciais, escolhidas em um alfabeto de 26 letras, seguidas de 3 dígitos, cada um escolhido no intervalo de 0 a 9, não se permitindo códigos com 3 letras iguais e(ou) 3 dígitos iguais.

Nessa situação, a empresa dispõe de até 10^7 códigos distintos para catalogar seus bens. **(E)**

Um líder criminoso foi morto por um de seus quatro asseclas: A, B, C e D. Durante o interrogatório, esses indivíduos fizeram as seguintes declarações:

• A afirmou que C matou o líder;

• B afirmou que D não matou o líder;

• C disse que D estava jogando dardos com A quando o líder foi morto e, por isso, não tiveram participação no crime;

• D disse que C não matou o líder.

Considerando a situação hipotética apresentada acima e sabendo que três dos comparsas mentiram em suas declarações, enquanto um deles falou a verdade, julgue os itens seguintes.

09. A declaração de C não pode ser verdadeira. **(C)**

10. D matou o líder. **(C)**

11. (CESPE/UnB - PRF/PROVA BRANCA - 2004) Além das perdas de vidas, o custo financeiro das guerras é astronômico. Por exemplo, um bombardeiro B-2, utilizado pela força aérea norte-americana na guerra do Iraque, tem um custo de R$ 6,3 bilhões. Se esse dinheiro fosse utilizado para fins sociais, com ele seria possível a construção de várias casas populares, escolas e postos de saúde. No Brasil, o custo de construção de uma casa popular, dependendo da sua localização, varia entre R$ 18 mil e R$ 22 mil. O custo de construção de uma escola adicionado ao de um posto de saúde equivale ao custo de construção de 20 casas populares. Além disso, o total de recursos necessários para a construção de duas casas populares e de dois postos de saúde é igual ao custo de construção de uma escola. Com base nesses dados e considerando que o governo brasileiro disponha de um montante, em reais, igual ao custo de um bombardeiro B-2 para a construção de casas populares, escolas ou postos de saúde, julgue os itens que se seguem.

(1) Com esse montante, seria possível construir mais de 280.000 casas populares. **(C)**

(2) Com o montante referido, seria possível construir, no máximo, 25.000 escolas. **(C)**

(3) O montante citado seria suficiente para se construir 100.000 casas populares e 30.000 postos de saúde. **(C)**

(4) O montante mencionado seria suficiente para a construção de 200.000 casas populares, 10.000 postos de saúde e 10.000 escolas. **(E)**

146 ◆ Quatro em Um: Para uma Excelente Base e Aprovação em Concursos Públicos

12. (CESPE/UnB - PRF/PROVA BRANCA - 2004).

Acidentes de trânsito custam R$ 5,3 bilhões por ano.

No Brasil, registra-se um alto número de mortes devido a acidentes de trânsito. Além da dor e do sofrimento das vítimas e de seus familiares, a violência no trânsito tem um custo social de R$ 5,3 bilhões por ano, segundo levantamento realizado pelo Instituto de Pesquisa Econômica Aplicada (IPEA), publicado em 2003. Desse total, 30% são devidos aos gastos com saúde e o restante é devido à previdência, à justiça, ao seguro e à infra-estrutura. De acordo com esse levantamento, de janeiro a julho de 2003, os acidentes de trânsito consumiram entre 30% e 40% do que o Sistema Único de Saúde (SUS) gastou com internações por causas externas, resultantes de acidentes e violência em geral (Internet:<http://noticias.terra.com.br>. Acesso em 10/12/2003 - com adaptações).

Considerando o texto acima e o tema por ele abordado, julgue os itens a seguir.

(1) Do "custo social de R$ 5,3 bilhões por ano", mencionado no texto, R$ 1,59 bilhão foi gasto com saúde. **(C)**

(2) Supondo que, em 2004, o gasto com cada um dos itens saúde, previdência, justiça, seguro e infra-estrutura seja reduzido em 10%, é correto concluir que o gasto total com o conjunto desses itens, em 2004, será superior a R$ 4,8 bilhões. **(E)**

(3) Considerando que, de janeiro a julho de 2003, o gasto total do SUS "com internações por causas externas, resultantes de acidentes e violência em geral" tenha sido entre R$ 2 bilhões e R$ 2,5 bilhões, é correto concluir que a parte desse gasto que foi consumida pelos acidentes de trânsito foi superior a R$ 500 milhões e inferior a R$ 1,1 bilhão. **(C)**

(4) Se os gastos, em reais, com previdência, justiça, seguro e infra-estrutura correspondem, respectivamente, a 25%, 20%, 15% e 10% do "custo social de R$ 5,3 bilhões", citado no texto, então os gastos com saúde, previdência, justiça, seguro e infra-estrutura formam, nessa ordem, uma progressão aritmética de razão igual a R$ 265 milhões. **(C)**

(5) Se os gastos com saúde, previdência e justiça totalizam 52,5% do "custo social de R$ 5,3 bilhões" e formam, nessa ordem, uma progressão geométrica de razão positiva, então o gasto correspondente à justiça foi superior a R$ 400 milhões na infração que originou a penalidade. **(E)**

13. (CESPE/UnB - PRF/PROVA BRANCA - 2004) Considere que a tabela abaixo mostra o número de vítimas fatais em acidentes de trânsito ocorridos em quatro estados brasileiros, de janeiro a junho de 2003.

Estado em que	Total de vítimas fatais	
ocorreu o acidente	sexo masculino	sexo feminino
Maranhão	225	81
Paraíba	153	42
Paraná	532	142
Santa Catarina	188	42

A fim de fazer um estudo de causas, a PRF elaborou 1.405 relatórios, um para cada uma das vítimas fatais mencionadas na tabela acima, contendo o perfil da vítima e as condições em que ocorreu o acidente. Com base nessas informações, julgue os itens que se seguem, acerca de um relatório escolhido aleatoriamente entre os citados acima.

(1) A probabilidade de que esse relatório corresponda a uma vítima de um acidente ocorrido no Estado do Maranhão è superior a 0,2. **(C)**

(2) A chance de que esse relatório corresponda a uma vítima do sexo feminino é superior a 23%. **(E)**

(3) Considerando que o relatório escolhido corresponda a uma vítima do sexo masculino, a probabilidade de que o acidente nele mencionado tenha ocorrido no Estado do Paraná é superior a 0,5. **(E)**

(4) Considerando que o relatório escolhido corresponda a uma vítima de um acidente que não ocorreu no Paraná, a probabilidade de que ela seja do sexo masculino e de que o acidente tenha ocorrido no Estado do Maranhão é superior a 0,27. **(C)**

Análise Combinatória.

Um motivo tão mundano quanto os jogos de azar é que acabou levando ao desenvolvimento da Análise Combinatória. A necessidade de calcular o número de possibilidades existentes nos jogos gerou o estudo dos métodos de contagem. Grandes matemáticos se ocuparam com o assunto: o italiano Niccollo Fontana (1500-1557), conhecido como Tartaglia, e os franceses Pierre de Fermat (1601-1665) e Blaise Pascal (1623-1662). A Análise Combinatória visa desenvolver métodos que permitam contar - de uma forma indireta - o número de elementos de um conjunto, estando esses elementos agrupados sob certas condições.

A Construção De Grupos

A Análise Combinatória é um conjunto de procedimentos que possibilita a construção, sob certas circunstâncias, de grupos diferentes formados por um número finito de elementos de um conjunto.

Na maior parte das vezes, tomaremos conjuntos Z com n elementos e os grupos formados com elementos de Z terão p elementos, isto é, p será a taxa do agrupamento, com $p \leq n$.

Dois conceitos são fundamentais para a análise combinatória: Fatorial de um número e o Princípio Fundamental da Contagem.

Os três tipos principais de agrupamentos são as Permutações, os Arranjos e as Combinações. Estes agrupamentos podem ser simples, com repetição ou circulares.

Fatorial De Um Número

Considere n um número inteiro não negativo. O fatorial de n, indicado por n!, é definido como sendo a seguinte multiplicação:

$$n! = n \cdot (n-1) \cdot (n-2) \cdot \ldots \cdot 3 \cdot 2 \cdot 1$$

A definição acima refere-se a números maiores ou igual a 2, ou seja, $n \geq 2$. Se n for igual a zero ou um, define-se:

$$0! = 1$$

$$1! = 1$$

Exemplo: $7! = 7 \cdot 6 \cdot 5 \cdot 4 \cdot 3 \cdot 2 \cdot 1 = 5\,040$

Princípio Fundamental Da Contagem

Se determinado acontecimento ocorre em n etapas diferentes, e se a primeira etapa pode ocorrer de k_1 maneiras diferentes, a segunda de k_2 maneiras diferentes, e assim sucessivamente, então o número total T de maneiras de ocorrer o acontecimento é dado por:

$$T = k_1 \cdot k_2 \cdot k_3 \cdot \ldots \cdot k_n$$

* O zero jamais encabeçará uma contagem.

Ex.: ao contarmos as cadeiras de um auditório não teremos a cadeira 0. As cadeiras de um dígito serão as de 1 a 9.

* O zero quando aparece nas terminações, sua contagem é feita em separado.

Ex.: quantos números pares de 5 algarismos distintos há em nosso sistema de numeração?

Números pares terminados em (2, 4, 6, 8) = 8.8.7.6.4= 10.752

Números pares terminados em (0) = 9.8.7.6.1= 3.024

Total de números: 13.776.

Princípio Aditivo

Exemplo:

O número de maneiras diferentes de irmos do ponto M ao ponto N, passando por A ou B é:

Obs.: sabemos que a distância de M até A é de 5 Km e a distância de M até B é de 3 Km. Já de A até N temos 4 Km e de B até N temos a distância de 6 Km.

Princípio Multiplicativo

Exemplo:

Considere 3 cidades A, B e C. Ligando as cidades A e B, há 7 linhas de ônibus e, ligando as cidades B e C há 6 linhas. Não há ligação entre A e C. Determine o número de modos de se ir de ônibus de A a C.

Princípio Das Gavetas

O **princípio do pombal** ou **princípio da casa dos pombos** é a afirmação de que se n pombos devem ser postos em m casas, e se $n > m$, então pelo menos uma casa irá conter mais de um pombo. Matematicamente falando, isto quer dizer que se o número de elementos de um conjunto finito A é maior do que o número de elementos de um outro conjunto B, então uma função de A em B não pode ser <u>injetiva</u>.

É também conhecido como **teorema de Dirichlet** *ou* **princípio das gavetas de Dirichlet**, pois supõe-se que o primeiro relato deste princípio foi feito por <u>Dirichlet</u> em <u>1834</u>, com o nome de *Schubfachprinzip* ("princípio das gavetas").

Embora se trate de uma evidência extremamente elementar, o princípio é útil para resolver problemas que, pelo menos à primeira vista, não são imediatos. Para aplicá-lo, devemos identificar, na situação dada, quem faz o papel dos objetos e quem faz o papel das gavetas.

Exemplo

• Quantas pessoas são necessárias para se ter certeza que haverá pelo menos duas delas que façam aniversário no mesmo mês?

Resposta: 13 pessoas. Pelo princípio da casa dos pombos se houver mais pessoas (13) do que meses (12) é certo que pelos menos duas pessoas terão nascido no mesmo mês.

Embora este princípio seja uma observação trivial, pode ser usado para demonstrar resultados possivelmente inesperados. Por exemplo, *em qualquer grande cidade (digamos com mais de 1 milhão de habitantes) existem pessoas com o mesmo número de fios de cabelo.* Demonstração: Tipicamente uma pessoa tem cerca de 150 mil fios de cabelo. É razoável supor que ninguém tem mais de 1.000.000 de fios de cabelo em sua cabeça. Se há mais habitantes do que o número máximo de fios de cabelo, necessariamente pelo menos duas pessoas terão precisamente o mesmo número de fios de cabelo.

Permutações

São agrupamentos com n elementos, de forma que os n elementos sejam distintos entre si pela **ordem**. As permutações podem ser simples, com repetição ou circulares.

PERMUTAÇÃO SIMPLES

Permutações simples de *n* elementos distintos são os agrupamentos formados com todos os *n* elementos e que diferem uns dos outros pela ordem de seus elementos. Veja o exemplo a seguir:

Conjunto Z	Z = {A, B, C}	n = 3
Grupos de Permutação Simples	{ABC,ACB,BAC,BCA,CAB,CBA}	P_n
Fórmula de Cálculo	$P_n = n!$	$P_3 = 3! = 6$

PERMUTAÇÃO COM REPETIÇÃO

Se entre os *n* elementos de um conjunto existem a elementos repetidos, *b* elementos repetidos, *c* elementos repetidos e assim sucessivamente, o número total de permutações que podemos formar é dado por:

Conjunto Z	Z = {B, A, B, A}	n = 4
Repetição de elementos	B = 2, A = 2	a = 2, b = 2
Permutação com Repetição	{BABA, BAAB, BBAA, AABB, ABAB, ABBA}	$P_n^{(a,b,c,\ldots)}$
Fórmula de Cálculo	$P_n^{(a,b,c,\ldots)} = n! / a!b!c!\ldots$	$P_4^{(2,2)} = 4! / 2!2! = 6$

PERMUTAÇÃO CIRCULAR

$$\left(P_c\right)_n = (n-1)!$$

Exemplo: De quantas maneiras diferentes é possível colocar 4 pessoas ao redor de uma mesa?

$$\left(P_c\right)_4 = (4-1)! = 3! = 3 \cdot 2 \cdot 1 = 6.$$

ARRANJOS

Agrupamentos formados com *p* elementos, de forma que os *p* elementos sejam distintos entre si pela **ordem** ou pela **natureza**. Os arranjos podem ser simples ou com repetição.

Arranjo Simples

Não ocorre a repetição de qualquer elemento em cada grupo de p elementos. Considerando um conjunto com n elementos, chama-se arranjo simples de taxa p todo agrupamento de p elementos distintos dispostos numa certa ordem. Dois arranjos diferem entre si, pela ordem de colocação dos elementos. Veja um exemplo abaixo:

Conjunto Z	Z = {A, B, C}	n = 3
N° de elementos dos Grupos	p = 2	Taxa de 2 elementos
Grupos de Arranjo Simples	{AB, AC, BA, BC, CA, CB}	$A_{n,p}$
Fórmula de Cálculo	$A_{n,p} = n! / (n-p)!$	$A_{3,2} = 3! / (3-2)! = 6$

Arranjo Com Repetição

Todos os elementos podem aparecer repetidos em cada grupo de p elementos. Veja o exemplo a seguir:

Conjunto Z	Z = {A, B, C}	n = 3
N° de elementos dos Grupos	p = 2	Taxa de 2 elementos
Arranjos com Repetição	{AA,AB,AC,BA,BB,BC,CA,CB,CC}	$A_n^{(p)}$
Fórmula de Cálculo	$A_n^{(p)} = n^p$	$A_3^{(2)} = 3^2 = 9$

Combinações

São agrupamentos de p elementos, de forma que os p elementos sejam distintos entre si apenas pela **natureza**. A posição dos elementos não importa e não os distingue.

Combinação Simples

Combinações simples de n elementos distintos tomados p a p são subconjuntos formados por p elementos distintos escolhidos entre os n elementos dados. Duas combinações são diferentes quando possuem elementos distintos, não importando a ordem em que os elementos são colocados.

Conjunto Z	Z = {A, B, C}	n = 3
N° de elementos dos Grupos	p = 2	Taxa de 2 elementos
Grupos de Combinação Simples	{AB, AC, BC}	$C_{n,p}$
Fórmula de Cálculo	$C_{n,p}$ = n! / p!(n-p)!	$C_{3,2}$ = 3! / 2!(3-2)! = 3

O número acima também é conhecido como Número binomial. O **número binomial** é indicado por:

$$\binom{n}{p} = \frac{n!}{p!(n-p)!}$$

Combinação Com Repetição

$(CR)_{n,p} = C_{n+p-1,p}$

Exemplo:

Temos 4 bolas e 2 cores. De quantas maneiras é possível pintar todas as bolas com a condição de que cada bola seja pintada de uma única cor?

Resposta:

$(CR)_{2,4} = C_{2+4-1,4} = C_{5,4} = 5$

Aplicação Na Criptologia

Uma das grandes aplicações da análise combinatória na criptologia, e talvez a primeira que nos ocorre, é o número de alfabetos cifrantes possíveis. Se considerarmos o alfabeto ocidental da atualidade, com 26 letras, quantos alfabetos cifrantes podem ser obtidos?

Sabemos que um alfabeto cifrante não pode ter letras repetidas e precisa conter todas letras do alfabeto original. Se apenas as posições das letras são alteradas, sabemos que se trata de uma **permutação simples**. Então vamos ao cálculo das possibilidades:

$$P_{26} = 26!$$

$$P_{26} = 26 \cdot 25 \cdot 24 \cdot ... \cdot 3 \cdot 2 \cdot 1$$

$$P_{26} = 403.291.461.126.605.635.584.000.000$$

Ou seja, o número de alfabetos cifrantes possíveis é maior que espantosos 400 septilhões! Se alguém quiser encontrar um determinado alfabeto cifrante através da "força bruta", ou seja, tentando cada uma das possibilidades, e gastar apenas 1 minuto para cada possibilidade, precisaria de pelo menos... a eternidade para encontrar o alfabeto cifrante correto.

$$403.291.461.126.605.635.584.000.000 \text{ min} =$$

$$6.721.524.352.110.093.926.400.000 \text{ horas}$$

$$6.721.524.352.110.093.926.400.000 \text{ horas} =$$

$$280.063.514.671.253.913.600.000 \text{ dias}$$

$$280.063.514.671.253.913.600.000 \text{ dias} =$$

$$9.335.450.489.041.797.120.000 \text{ meses}$$

$$9.335.450.489.041.797.120.000 \text{ meses} =$$

$$777.954.207.420.149.760.000 \text{ anos}$$

Se considerarmos que a solução seja encontrada no "meio do caminho", ainda restam cerca de 390 quatrilhões (388.977.103.710.074.880) de milênios! É claro que a força bruta, neste caso, é uma sandice.

Relação Entre Arranjo, Combinação E Permutação

$$A_{n,p} = C_{n,p} \cdot P_p$$

Anagrama

Palavra formada pela transposição das letras de uma outra palavra. Ex.: quantos anagramas têm a palavra CAPÍTULO? Resposta: $P_8 = 8! = 8.7.6.5.4.3.2.1 = 40.320$.

Anagrama Com Repetição

Palavra formada pela transposição das letras de uma outra palavra observando as repetições das letras encontradas nesta.

Ex.: quantos anagramas têm a palavra MATEMÁTICA?

Resposta: $\dfrac{P_{10}}{P_2 \cdot P_3 \cdot P_2} = \dfrac{10 \cdot 9 \cdot 8 \cdot 7 \cdot 6 \cdot 5 \cdot 4 \cdot 3 \cdot 2 \cdot 1}{2 \cdot 1 \cdot 3 \cdot 2 \cdot 1 \cdot 2 \cdot 1} = 151.200$

Exercícios Propostos

01. (ESAF-MPU-2004) Quatro casais compram ingressos para oito lugares contíguos em uma mesma fila no teatro. O número de diferentes maneiras em que podem sentar-se de modo que: a) homens e mulheres sentem-se em lugares alternados; b) todos os homens sentem-se juntos e que todas as mulheres sentem-se juntas, são, respectivamente:

a) 1.112 e 1.152;

b) 1.152 e 1.100;

c) 1.152 e 1.152;

d) 384 e 1.112;

e) 112 e 384.

156 ♦ Quatro em Um: Para uma Excelente Base e Aprovação em Concursos Públicos

02. Ana guarda suas blusas em uma única gaveta em seu quarto. Nela, encontram-se sete blusas azuis, nove amarelas, duas pretas, três verdes e três vermelhas. Uma noite, no escuro, Ana abre a gaveta e pega algumas blusas. O número mínimo de blusas que Ana deve pegar para ter certeza de ter pegado ao menos duas blusas na mesma cor é:

a) 6;　　　　b) 4;　　　　c) 2;　　　　d) 8;　　　　e)10.

03. Em uma sala de aula estão quatro meninas e seis meninos. Três das crianças são sorteadas para constituírem um grupo de dança. A probabilidade de as três crianças escolhidas serem do mesmo sexo é:

a) 0,10;　　b) 0,12;

c) 0,15;　　d) 0,20;

e) 0,24.

04. (ESAF-MRE-2002) Chico, Caio e Caco vão ao teatro com suas amigas Biba e Beti, e desejam sentar-se, os cinco, lado ao lado, na mesma fila. O número de maneiras pelas quais eles podem distribuir-se nos assentos de modo que Chico e Beti fiquem sempre juntos, um ao lado do outro, é igual a:

a) 16;　　　b) 24;

c) 32;　　　d) 46;

e) 48.

05. (ESAF-AFC-2002) Na Mega-Sena, são sorteadas seis dezenas de um conjunto de sessenta possíveis sorteios (as dezenas sorteáveis são 01, 02, ..., 60). Uma aposta simples (ou aposta mínima), na Mega-Sena, consiste em escolher seis dezenas. Pedro sonhou que as seis dezenas que serão sorteadas no próximo concurso da Mega-Sena estarão entre as seguintes: 01, 02, 05, 10, 18, 32, 35, 45. O número mínimo de apostas simples para o próximo concurso da Mega-Sena que Pedro deve fazer para ter certeza matemática de que será um dos ganhadores, caso o seu sonho esteja correto é:

a) 8;　　　b) 28;

c) 40;　　　d) 60;

e) 84.

06. (ESAF-AFTN-98) Uma empresa possui vinte funcionários, dez homens e dez mulheres. Desse modo, o número de comissões de cinco pessoas que se pode formar com três homens e duas mulheres é:

a) 1.650;   b) 165;

c) 5.830;   d) 5.400;

e) 5.600.

07. (ITA) Considere os números de 2 a 6 algarismos distintos formados utilizando-se apenas 1, 2, 4, 5, 7 e 8. Quantos destes números são ímpares e começam com um dígito par?

a) 216;   b) 685;

c) 585;   d) 532;

e) 353.

08. Sabendo-se que um baralho tem cinqüenta e duas cartas, das quais doze são figuras, assinale a alternativa que corresponde ao número de agrupamentos de cinco cartas que podemos formar com cartas deste baralho, tal que cada agrupamento contenha pelo menos três figuras.

a) 10;   b) 100.000;

c) 192.192;   d) 171.600;

e) 191.400.

09. Os alunos de um curso terão que escolher seis das nove questões de um teste e respondê-las . Sabendo que não houve na turma dois alunos que escolheram as mesmas questões, podemos afirmar que o máximo de alunos que poderia haver nesta turma é:

a) 60.480;   b) 30.240;

c) 720;   d) 84;

e) 1.440.

158 ♦ Quatro em Um: Para uma Excelente Base e Aprovação em Concursos Públicos

10. São cinco médicos e 10 enfermeiras. Quantos plantões com 4 profissionais, sendo 1 médico e 3 enfermeiras, de sorte que o médico Jorge e a enfermeira Leda nunca fiquem juntos, podemos observar?

a) 500;   b) 465;

c) 645;   d) 564;

e) 546.

11. Quantos por cento é a redução do número de modos de tomar assento para 5 pessoas (1 casal e seus três filhos), sendo que o casal fica sempre junto, quando experimentarem I e II respectivamente:

I → Em cinco cadeiras enfileiradas;

II → Em uma mesa circular de cinco assentos.

a) 25%;   b) 35%;   c) 45%;   d) 50%;   e) 75%.

► Assinale nas questões seguintes **(C) Certo** ou **(E) Errado**.

12. (   ) Sobre uma reta marcou-se 5 pontos e sobre outra paralela à primeira, marcam-se 8 pontos. O número de triângulos que obteremos unindo quaisquer destes 13 pontos é superior a 210.

13. (   ) Para arrumar 7 livros em uma estante, de sorte que dois deles fiquem sempre juntos, teremos mais de 1.400 possibilidades.

14. (   ) Para arrumar seis livros de matemática, cinco de Português e três de Inglês em uma estante e desejando que os livros de uma mesma matéria fiquem sempre juntos, teremos mais de 3,1 milhões de possibilidades.

15. (   ) Os números menores do que 400 e que não possuem algarismos repetidos, são em nº de 61, desde que obtidos a partir dos 5 primeiros algarismos significativos.

16. (   ) O número de modos que podemos dispor 4 damas e 4 cavalheiros numa fila, de forma que não fiquem juntos dois cavalheiros e duas damas, é exatamente 1.152.

17. (   ) O número de anagramas da palavra "ALMIR" que começou por A e acabou por R é 6.

18. (   ) Se numa fábrica trabalham 8 brasileiros e 6 italianos, o número de comissões de 5 funcionários, devendo cada comissão ser constituída de 3 brasileiros e 2 italianos, é superior a 830.

19. (   ) O número de comissões de 8 pessoas que podemos formar com 10 deputados e 6 senadores, que em cada comissão tenhamos pelo menos 3 senadores, é superior a 8.950.

20. (   ) Com os algarismos do número 992992 podemos formar 15 números de 6 algarismos.

GABARITO

01	02	03	04	05	06	07	08	09	10
C	A	D	E	B	D	C	C	D	D
11	12	13	14	15	16	17	18	19	20
E	C	C	C	C	C	C	C	C	C

PROBABILIDADE.

1) **Fenômenos aleatórios** ou **experimentos aleatórios** $\longrightarrow$ são fenômenos que, mesmo repetidos várias vezes sob condições semelhantes, apresentam resultados imprevisíveis.

2) **Espaço amostral, espaço-de-prova** ou **conjunto universo** $\longrightarrow$ é o conjunto **S** de todos os possíveis resultados de um fenômeno aleatório.

3) **Ponto amostral** $\longrightarrow$ é qualquer elemento do espaço amostral **S**.

160 ◆ Quatro em Um: Para uma Excelente Base e Aprovação em Concursos Públicos

4) **Evento** → é qualquer subconjunto do espaço amostral **S**.

5) **Evento certo** → é o próprio conjunto universo **S**. Intuitivamente, é o fato que ocorre sempre, com certeza.

6) **Evento impossível** → é o subconjunto vazio de **S**.

7) **Evento-soma** → é a reunião de dois eventos.

8) **Evento-produto** → é a intersecção de dois eventos.

9) **Eventos mutuamente exclusivos** → são dois eventos que nunca ocorrem simultaneamente.

10) **Eventos complementares** ou **contrários** → são dois eventos **A** e $\bar{A}$, tais que $A \cup \bar{A} = S$ (o evento-soma é o próprio espaço amostral) $A \cap \bar{A} = \emptyset$ (o evento-produto é o conjunto vazio).

Definição: Probabilidade de um evento **E** é um **número** associado ao evento, com as seguintes propriedades:

P_1) Está sempre compreendido entre 0 e 1:

$0 \leq P(E) \leq 1 \rightarrow$ para qualquer **E** contido em **S**.

P_2) A probabilidade do evento certo é igual a 1:

$P(S) = 1$

P_3) A probabilidade do evento impossível é zero:

$P(\emptyset) = 0$

P_4) A probabilidade do evento-soma é igual à soma das probabilidades menos a probabilidade do evento-produto:

$$P(A \cup B) = P(A) + P(B) - P(A \cap B)$$

Se **A** e **B** forem mutuamente exclusivos, ou seja, **A** $\cap$ **B** $= \emptyset$, temos:

$$P(A \cap B) = 0 \text{ ou } P(A \cup B) = P(A) + P(B)$$

P_5) A probabilidade do evento-produto é igual ao produto de P(A) por P(B/A), onde P(B/A) é a **probabilidade condicional do evento B, tendo ocorrido o evento A:**

$$P(A \cap B) = P(A) \cdot P(B/A)$$

Se **A** e **B** forem eventos independentes, temos P(B/A) = P(B) e, portanto:

$$P(A \cap B) = P(A) \cdot P(B)$$

Quando o espaço amostral **S** for eqüiprobabilístico, ou seja, quando todos os elementos de **S** tiverem a mesma probabilidade, temos a seguinte definição de probabilidade:

Definição: Se, num fenômeno aleatório, o número de elementos do conjunto universo é **n(S)** e o número de elementos do evento **E** é **n(E)**, então a probabilidade de ocorrer o evento **E** é o número **P(E)**, tal que:

$$P(E) = \frac{n(E)}{n(S)}$$

LEI BINOMIAL DAS PROBABILIDADES

$$P(E) = \binom{n}{p} \cdot P(A)^p \cdot P(\overline{A})^{n-p}, \text{ onde } \overline{A} = 1 - A \text{ e } \binom{n}{p} = C_{n,p} = \frac{n!}{p!(n-p)!}$$

$\overline{A}$ = % do insucesso e A = % do sucesso do evento.

EXERCÍCIOS PROPOSTOS

01. Das dez alunas de uma classe, três têm olhos azuis. Se duas delas são escolhidas ao acaso, qual é a probabilidade de ambas terem os olhos azuis?

a) 1/16;   b) 1/17;

c) 1/18;   d) 3/43;

e) 1/15.

162 ♦ Quatro em Um: Para uma Excelente Base e Aprovação em Concursos Públicos

02. Uma moeda é viciada, de forma que as caras são três vezes mais prováveis de aparecer do que as coroas. Determine a probabilidade de, num lançamento, sair coroa.

a) 25%;   b) 10%;   c) 50%;   d) 33,33%;   e)60%.

03. Carlos sabe que Ana e Beatriz estão viajando pela Europa. Com as informações de que dispõe, ele estima corretamente que a probabilidade de Ana estar hoje em Paris é $3/7$, que a probabilidade de Beatriz estar hoje em Paris é $2/7$ e que a probabilidade de ambas, Ana e Beatriz, estarem hoje em Paris é $1/7$. Carlos, então, recebe um telefonema de Ana informando que ela está hoje em Paris. Com a informação recebida pelo telefonema de Ana, Carlos agora estima corretamente que a probabilidade de Beatriz também estar hoje em Paris é igual a:

a) $1/7$;   b) $1/3$;

c) $2/3$;   d) $5/7$;

e) $4/7$.

04. Em dois lançamentos de um dado não-viciado, a probabilidade que se obtenham os números 4 e 6 em qualquer ordem é:

a) $1/18$;   b) $1/3$;

c) $1/10$;   d) $1/12$;

e) $3/5$.

05. (ESAF-TCU-2002) Um dado de seis faces numeradas de 1 a 6 é viciado, de modo que, quando lançado, a probabilidade de ocorrer uma face par qualquer é 300% maior do que a probabilidade de ocorrer uma face ímpar qualquer. Em dois lançamentos desse dado, a probabilidade de que ocorram exatamente uma face par e uma face ímpar (não necessariamente nesta ordem) é igual a:

a) 0,1600;   b) 0,1875;   c) 0,3200;   d) 0,3750;   e) 1,0000.

06. Uma companhia, preocupada com sua produtividade, costuma oferecer cursos de treinamento a seus operários. A partir da experiência, verificou-se que um operário, recentemente admitido, que tenha freqüentado o curso de treinamento, tem 82% de probabilidade de cumprir sua quota de produção. Por outro lado, um operário, também recentemente admitido, que não tenha freqüentado o mesmo curso de treinamento, tem apenas 35% de probabilidade de cumprir com sua quota de produção. Dos operários recentemente admitidos, 80% freqüentaram o curso de treinamento. Selecionando-se, aleatoriamente, um operário recentemente admitido na companhia, a probabilidade de que ele não cumpra sua quota de produção é:

a) 11,70%;   b) 27,40%;

c) 35,00%;   d) 83,00%;

e) 85,00%.

07. Carlos diariamente almoça um prato de sopa no mesmo restaurante. A sopa é feita de forma aleatória por um dos três cozinheiros que lá trabalham: 40% das vezes a sopa é feita por João; 40% das vezes por José e 20% das vezes por Maria. João salga demais a sopa 10% das vezes, José o faz em 5% das vezes e Maria 20% das vezes. Como de costume, um dia qualquer Carlos pede a sopa e, ao experimentá-la, verifica que está salgada demais. A probabilidade de que essa sopa tenha sido feita por José é igual a:

a) 0,15;   b) 0,25;

c) 0,30;   d) 0,20;

e) 0,40.

08. Há apenas dois modos, mutuamente excludentes, de Genésio ir para Genebra participar de um congresso: ou de navio ou de avião. A probabilidade de Genésio ir de navio é de 40% e de ir de avião é de 60%. Se ele for de navio, a probabilidade de chegar ao congresso com dois dias de atraso é de 8,5%. Se ele for de avião a probabilidade de chegar ao congresso com dois dias de atraso é de 1%. Sabe-se que Genésio chegou com dois dias de atraso para participar do congresso em Genebra. A probabilidade de ele ter ido de avião é:

a) 5%;   b) 8%;

c) 10%;   d) 15%;

e) 18%.

164 ♦ Quatro em Um: Para uma Excelente Base e Aprovação em Concursos Públicos

09. Os registros mostram que a probabilidade de um vendedor fazer uma venda a um cliente potencial é 0,4. Supondo que as decisões de compra dos clientes são eventos independentes, então a probabilidade de que o vendedor faça no mínimo uma venda em três visitas é igual a:

a) 0,624;   b) 0,064;

c) 0,216;   d) 0,568;

e) 0,784.

10. Quando Ligia pára em um posto de gasolina, a probabilidade de ela pedir para verificar o nível de óleo é 0,28; a probabilidade de ela pedir para verificar a pressão dos pneus é 0,11 e a probabilidade dela pedir para verificar ambos, óleo e pneus, é 0,04. Portanto, a probabilidade de Ligia parar em um posto de gasolina e não pedir nem para verificar o nível de óleo e nem verificar a pressão dos pneus é igual a:

a) 0,25;   b) 0,35;   c) 0,45;   d) 0,15;   e) 0,65.

11. André está realizando um teste de múltipla escolha, em que cada questão apresenta cinco alternativas, sendo uma e apenas uma correta. Se André sabe resolver a questão, ele marca a resposta correta. Se ele não sabe, ele marca aleatoriamente uma das alternativas. André sabe 60% das questões do teste. Então, a probabilidade dele acertar uma questão qualquer do teste (isto é, de uma questão escolhida ao acaso) é igual a:

a) 0,62;   b) 0,60;

c) 0,68;   d) 0,80;

e) 0,56.

12. Qual a probabilidade de, em dois lançamentos de um dado, se obter número par no 1º lançamento e ímpar no 2º?

a) 0,40;   b) 0,30;

c) 0,20;   d) 0,25;

e) 0,22.

13. Em uma competição participam três pessoas, A, B e C. Sendo que as duas primeiras têm a mesma probabilidade de ganhar e a terceira, C, tem o dobro das chances das outras duas, qual a probabilidade de A ou C vencerem?

a) 75%;   b) 65%;

c) 60%;   d) 70%;

e) 63%.

14. (ESAF-MPOG-2002) Um juiz de futebol possui três cartões no bolso. Um todo amarelo, o outro é todo vermelho e o terceiro é vermelho de um lado e amarelo do outro. Num determinado jogo, o juiz retira, ao acaso, um cartão do bolso e mostra, também ao acaso, uma face do cartão a um jogador. Assim, a probabilidade de a face que o juiz vê ser vermelha e de a outra face, mostrada ao jogador, ser amarela é igual a:

a) 1/6;   b) 1/3;

c) 2/3;   d) 4/5;

e) 5/6.

15. Uma urna possui três bolas pretas e cinco bolas brancas. Quantas bolas azuis devem ser colocadas nessa urna, de modo que, retirando-se uma bola ao acaso, a probabilidade de ela ser azul seja igual a 2/3?

a) 15;   b) 25;

c) 30;   d) 16;

e) 20.

16. (ESAF-MRE-2002) Em um grupo de cinco crianças, duas delas não podem comer doces. Duas caixas de doces serão sorteadas para duas diferentes crianças desse grupo (uma caixa para cada uma das crianças). A probabilidade de que as duas caixas de doces sejam sorteadas, exatamente, para duas crianças que podem comer doces é:

a) 0,15;   b) 0,25;

c) 0,20;   d) 0,30;

e) 0,40.

166 ♦ Quatro em Um: Para uma Excelente Base e Aprovação em Concursos Públicos

17. De um grupo de duzentos estudantes, oitenta estão matriculados em Francês, cento e dez em Inglês e quarenta não estão matriculados nem em Inglês, nem em Francês. Seleciona-se ao acaso um dos duzentos estudantes. A probabilidade de que o estudante selecionado seja matriculado, em pelo menos, uma dessas disciplinas (isto é, em Inglês ou Francês) é igual a:

a) 30/200; b) 130/200;

c) 150/200; d) 160/200;

e) 190/200.

GABARITO

01	02	03	04	05	06	07	08	09	10	11	12	13	14	15	16	17
E	A	B	C	A	B	D	D	E	E	C	D	A	A	D	D	D

EQUAÇÃO EXPONENCIAL

São equações cuja incógnita aparece no expoente.

Para resolver uma equação exponencial devemos, basicamente:

• Reduzir os dois membros da equação à mesma base;

• Igualar os expoentes e resolver a equação resultante.

EXEMPLOS:

Resolver, em R, as seguintes as equações exponenciais:

a) $5^{x-2} - 5^x + 5^{x-1} = 505$

$\Rightarrow 5^x \cdot 5^{-2} - 5^x + 5^x \cdot 5^1 = 505$

$\Rightarrow \dfrac{5^x}{5^2} - 5^x + 5^x \cdot 5 = 505$

$\Rightarrow 5^x \cdot \left(\dfrac{1}{25} - 1 + 5 \right) = 505$

$$\Rightarrow 5^x \cdot \frac{101}{25} = 505$$

$$\Rightarrow 5^x = \frac{25.505}{101}$$

$$\Rightarrow 5^x = 125 = 5^3$$

$$\Rightarrow S = \{3\}$$

b) $2^{2x} + 2^{x+1} = 80$

$\Rightarrow (2^x)^2 + 2^x \cdot 2 - 80 = 0$, fazendo $2^x = y$ vem:

$y^2 + 2y - 80 = 0$ que tem como soluções $y_1 = 8$ e $y_2 = -10$.

Assim, $y_1 = 2^x = 8 \Rightarrow x = 3$ e $y_2 = 2^x = -10 \Rightarrow \nexists |x$, isto é,

$\Rightarrow S = \{3\}$.

c) $7^x + 7^{x-1} = 8^x - 8^{x-1}$

$\Rightarrow 7^x + 7^x \cdot 7^{-1} = 8^x - 8^x \cdot 8^{-1}$

$$\Rightarrow 7^x + \frac{7^x}{7} = 8^x - \frac{8^x}{8}$$

$$\Rightarrow 7^x \left(1 + \frac{1}{7}\right) = 8^x \left(1 - \frac{1}{8}\right) \Rightarrow 7^x \cdot \frac{8}{7} = 8^x \cdot \frac{7}{8}$$

$$\Rightarrow \frac{8^x}{7^x} = \frac{8^2}{7^2} \Rightarrow \left(\frac{8}{7}\right)^x = \left(\frac{8}{7}\right)^2 \Rightarrow x = 2$$

$$\Rightarrow S = \{2\}$$

d) $3^{x^2-1} = 9^{x+1}$

$3^{x^2-1} = 9^{x+1} \Leftrightarrow 3^{x^2-1} = (3^2)^{x+1}$

$\Leftrightarrow 3^{x^2-1} = 3^{2x+2} \Leftrightarrow x^2 - 1 = 2x + 2$

$\Leftrightarrow x^2 - 2x - 3 = 0 \Leftrightarrow x = -1$ ou $x = 3$

$\Rightarrow S = \{-1, 3\}$.

e) $3 \cdot \left(\dfrac{2}{3}\right)^x = 2 \cdot \left(\dfrac{3}{2}\right)^{x-\frac{1}{2}}$

$\Rightarrow 3 \cdot \left(\dfrac{2}{3}\right)^x = 2 \cdot \left(\dfrac{3}{2}\right)^{x-\frac{1}{2}} \Leftrightarrow \left(\dfrac{2}{3}\right)^x = \dfrac{2}{3} \cdot \left[\left(\dfrac{2}{3}\right)^{-1}\right]^{x-\frac{1}{2}}$

$\Leftrightarrow \left(\dfrac{2}{3}\right)^x = \dfrac{2}{3} \cdot \left(\dfrac{2}{3}\right)^{-x+\frac{1}{2}} \Leftrightarrow \left(\dfrac{2}{3}\right)^x = \left(\dfrac{2}{3}\right)^{-x+\frac{3}{2}}$

$\left(\dfrac{2}{3}\right)^x = \left(\dfrac{2}{3}\right)^{-x+\frac{3}{2}} \Leftrightarrow x = -x + \dfrac{3}{2} \Leftrightarrow 2x = \dfrac{3}{2} \Rightarrow x = \dfrac{3}{4}$

$\Rightarrow S = \left\{\dfrac{3}{4}\right\}$.

f) $4^x - 2^{x+2} = 2^5$

$\Rightarrow 4^x = (2^2)^x = (2^x)^2$ e $2^{x+2} = 2^x \cdot 2^2 = 4 \cdot 2^x$

$\Rightarrow 4^x - 2^{x+2} = 2^5 \Leftrightarrow (2^x)^2 - 4 \cdot 2^x = 32$

$\Leftrightarrow (2^x)^2 - 4 \cdot 2^x - 32 = 0$.

Resolvendo a equação do 2º grau em 2ˣ, obtemos:

$2^x = -4$ (não tem solução, pois $2^x > 0$, $\forall x \in R$) ou

$2^x = 8 \Leftrightarrow 2^x = 2^3 \Leftrightarrow x = 3$

$\Rightarrow S = \{3\}$

Inequações Exponenciais

Definição:

São inequações cuja incógnita aparece no expoente.

Para resolver uma inequação exponencial devemos, basicamente:

- Reduzir os dois membros da inequação à mesma base;
- Comparar os expoentes usando:

    Mesmo sinal da inequação, se a base é maior que um;

    Sinal contrário ao sinal da inequação, se a base é entre zero e um.

Exemplos

Resolver, em R, as seguintes as inequações exponenciais:

a) $3^{2x+3} > 729 \Rightarrow 3^{2x+3} > 3^6$.

Como a base da inequação é igual a 3, portanto, maior que 1, conservamos o sinal da inequação.

$$2x + 3 > 6 \Rightarrow 2x > 3 \Rightarrow x > \frac{3}{2}$$

$$\Rightarrow S = \left\{ x \in R \mid x > \frac{3}{2} \right\}.$$

b) $(0,3)^{x-5} \le (0,09)^{2x+3}$

$(0,3)^{x-5} \le (0,3)^{2x+3} \Rightarrow (0,3)^{x-5} \le (0,3)^{4x+6}$.

170 ♦ Quatro em Um: Para uma Excelente Base e Aprovação em Concursos Públicos

Como a base da inequação é igual a 0,3, portanto, menor que 1, invertemos o sinal da inequação.

$$\Rightarrow x - 5 \geq 4x + 6 \Rightarrow -11 \geq 3x \Rightarrow x \leq -\frac{11}{3}$$

$$\Rightarrow S = \left\{ x \in R \mid x \leq -\frac{11}{3} \right\}.$$

c) $\left(\dfrac{3}{4}\right)^x < \left(\dfrac{9}{16}\right)$

$$\left(\frac{3}{4}\right)^x < \frac{9}{16} \Leftrightarrow \left(\frac{3}{4}\right)^x < \left(\frac{3}{4}\right)^2 \Leftrightarrow x > 2.$$

inverte-se

pois $0 < $ base $= \dfrac{3}{4} < 1$,

logo a função f(x) $f(x) = \left(\dfrac{3}{4}\right)^x$ é estritamente decrescente.

Então, o conjunto solução é $S = \{x \in R \mid x > 2\} = \,]2, +\infty[$.

conserva-se

d) $10^{4-2x} \geq 1000$

$$\Rightarrow 10^{4-2x} \geq 1000 \Leftrightarrow 10^{4-2x} \geq 10^3 \Leftrightarrow 4 - 2x \geq 3$$

$$\Rightarrow 2x \leq 1 \Leftrightarrow x \leq \frac{1}{2}$$

$$S = \left\{ x \in R \mid x \leq \frac{1}{2} \right\} = \left] -\infty, \frac{1}{2} \right].$$

e) $2^{x-8} < \left(\dfrac{1}{2}\right)^{x^2} \cdot \left(\dfrac{1}{2}\right)^x.$

Observe que:

$$2^{x-8} < \left(\frac{1}{2}\right)^{x^2} \cdot \left(\frac{1}{2}\right)^{x} \Leftrightarrow \left(\frac{1}{2}\right)^{-x+8} < \left(\frac{1}{2}\right)^{x^2+x}$$

Como a base da inequação é igual a $\frac{1}{2}$, portanto, menor que 1, invertemos o sinal da inequação.

$$\Rightarrow -x + 8 > x^2 + x \Leftrightarrow x^2 + 2x - 8 < 0.$$

Fazendo o estudo do sinal na função do 2º grau:

f(x) = x² + 2x − 8, teremos:

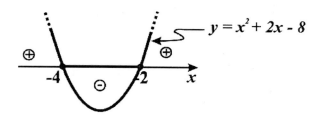

O intervalo que nos interessa é dado por $-4 \leq x \leq 2$.

Portanto, obtemos: S = {x ∈ R | −4 ≤ x ≤ 2 } = [-4, 2].

f) $2^x - 4^x + 12 \leq 0$.

Sendo $4^x = (2^2)^x = (2^x)^2$ temos:

$$2^x - 4^x + 12 \leq 0 \Leftrightarrow 2^x - (2^x)^2 + 12 \leq 0 \underset{\times(-1)}{\Leftrightarrow}$$

$$\Rightarrow (2^x)^2 - 2^x - 12 \geq 0 \Leftrightarrow (2^x + 3) \cdot (2^x - 4) \geq 0 \Leftrightarrow$$

$$\Rightarrow 2^x \leq -3 \text{ ou } 2^x \geq 4.$$

Como $2^x \leq -3$ é impossível ($2^x > 0$, $\forall x \in R$), segue que:

$$2^x - 4^x + 12 \leq 0 \iff \underset{\text{conserva-se}}{2^x \geq 4} \iff 2^x \geq 2^2 \iff x \geq 2$$

O conjunto solução é S = $\{x \in R \mid x \geq 2\}$ = $[2, +\infty[$.

Função Exponencial

É toda função da forma **f(x) = a^x**, sendo a > 0 e a ≠ 1.

- Se a > 1, a função exponencial é crescente, isto é,

$\forall x_1 > x_2 \Rightarrow f(x_1) > f(x_2)$;

- Se 0 < a < 1, a função exponencial é decrescente, isto é,

$\forall x_1 > x_2 \Rightarrow f(x_1) > f(x_2)$;

Exemplo para **a > 1**:

Seja a função f(x) = 2^x. Teremos:

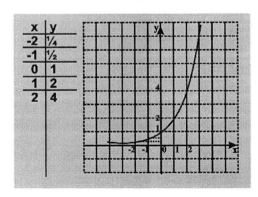

x	y
-2	¼
-1	½
0	1
1	2
2	4

Exemplo para **0 < a < 1:**

Seja a função $f(x) = \left(\dfrac{1}{2}\right)^x$. Teremos:

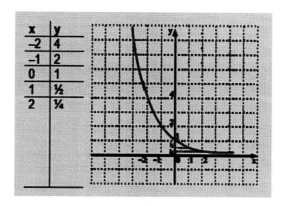

Logaritmo

Definição:

Sejam **a**, **b** e **c** números reais, tais que **b > 0** e **1 ≠ a > 0**. Definimos, então:

$\log_a b = c \Leftrightarrow a^c = b$.

Em que:

b → é o logaritimando ou antilogaritimo;

a → é a base;

c → é o logaritmo.

174 ◆ Quatro em Um: Para uma Excelente Base e Aprovação em Concursos Públicos

OBSERVAÇÕES:

(1) Na definição de logaritmo de **b** na base **a** exigimos que o logaritmando **b** fosse um número real positivo, pois caso contrário teríamos, por exemplo, a seguinte situação: $\log_2(-8)$, o qual não tem solução real, já que $\log_2(-8) = x$ nos daria $2^x = -8$ e sabemos que $2^x > 0$, $\forall x \in R$.

(2) Ainda, na definição de logaritmo de **b** na base **a** nós pedimos que a fosse um número real positivo e diferente de 1.

O fato de exigirmos que a base **a** seja diferente de 1 é clara, dado que $1^x = 1$, $\forall x \in R$. Assim, não existiria, por exemplo, logaritmos do tipo $\log_1 b$, $\forall b \in R_+^* - \{1\}$.

Agora, a exigência de que a base **a** seja um número positivo é imposta por definição para que não tenhamos situações, como por exemplo, $\log_{(-2)} 8$, a qual não tem solução real e nem complexa, já que $\log_{(-2)} 8 = x$ é equivalente a $(-2)^x = 8$, e esta igualdade não tem significado nenhum para nós na Matemática. (Não definimos potência real para bases negativas.)

(3) É importante observar que a escrita **log$_a$b** ainda tem significado quando $a \in R_+^* - \{1\}$ e $b \in R_-^*$, pois neste caso, o número $\log_a b$ é um número complexo e o seu estudo é um pouco abstrato, sendo assim, é deixado para um estudo completo em um curso avançado de Matemática.

(4) É claro que as escritas **log$_0$a** e **log$_b$0** não têm significado nenhum em Matemática, $\forall a \in R_+^*$ e $\forall b \in R_+^* - \{1\}$, já que $\log_0 a = x \Leftrightarrow a = 0^x$ e $\log_b 0 = x \Leftrightarrow 0 = b^x$.

EXEMPLOS:

1. $\log_3 27 = 3$, pois $3^3 = 27$;

2. $\log_6 1 = 0$, pois $6^0 = 1$;

3. $\log_9 9 = 1$, pois $9^1 = 9$;

4. $\log_5 \dfrac{1}{25} = -2$, pois $5^{-2} = \dfrac{1}{25}$.

Sistemas De Logaritmos

Há dois sistemas de logaritmos: o sistema de logaritmos DECIMAIS (base 10) e o sistema de logaritmos NEPERIANOS ou NATURAIS (base e).

Suas representações são:

$$\log_{10} x = \log x \ \text{ e } \ \log_e x = \ln x \ .$$

Conseqüências Da Definição:

· $\log_a a = 1\,(\forall a > 0 \text{ e } a \neq 1)$

· $\log_a 1 = 0\,(\forall a > 0 \text{ e } a \neq 1)$

· $\log_a a^n = n\,(\forall a > 0 \text{ e } a \neq 1)$

· $\log_c a = \log_c b \Leftrightarrow a = b\,(a > 0, b > 0 \text{ e } 1 \neq c > 0)$

· $a^{\log_a b} = b\,(b > 0 \text{ e } 1 \neq a > 0)$

Observe o exemplo seguinte:

Ex$_1$: Como achar o valor da incógnita **t** na equação **3 = 5^t**?

Vamos aplicar logaritmo, na base dez, nos dois membros da equação:

$$\Rightarrow \log 3 = \log 5^t \Rightarrow \log 3 = t \cdot \log 5$$

$$\Rightarrow t = \frac{\log 3}{\log 5} \Rightarrow t = \frac{0,47712}{0,69897} \approx 0,6826$$

Agora, ao invés de usarmos a base dez, vamos usar a base neperiana de logaritmos (**e**):

$$\Rightarrow \ln 3 = \ln 5^t \Rightarrow \ln 3 = t \cdot \ln 5$$

$$\Rightarrow t = \frac{\ln 3}{\ln 5} \Rightarrow t = \frac{1,09861}{1,60943} \Rightarrow t \approx 0,6826$$

Conclusão: a resposta será a mesma, qualquer que seja a base utilizada!!!

Veja esse outro exemplo:

Ex$_2$: Como isolar uma incógnita exponencial em uma equação?

Vamos isolar a variável **t** na seguinte equação:

$$y(t) = (y_0 - T)e^{-kt} + T \ .$$

Observe que a base é a neperiana (**e**).

$$\Rightarrow y(t) - T = (y_0 - T)e^{-kt} \Rightarrow y(t) - T = \frac{y_0 - T}{e^{kt}}$$

$$\Rightarrow e^{kt} = \frac{y_0 - T}{y(t) - T} \Rightarrow \ln e^{kt} = \ln \frac{y_0 - T}{y(t) - T}$$

Usando a propriedade de potência no lado esquerdo da equação e como ln e = 1, vem:

$$\Rightarrow kt \cdot \ln e = \ln \frac{y_0 - T}{y(t) - T} \Rightarrow t = \frac{1}{k} \cdot \frac{y_0 - T}{y(t) - T} \ .$$

COLOGARITMO

$$co \log_b a = -\log_b a = \log_b \left(\frac{1}{a} \right).$$

0Exemplo: $co \log_3 7 = -\log_3 7$.

PROPRIEDADES OPERATÓRIAS

Considerando satisfeitas as condições de existência, são válidas as seguintes propriedades operatórias dos logaritmos:

P$_1$ $\log_c(ab) = \log_c a + \log_c b$;

P_2 $\log_c \left(\dfrac{a}{b} \right) = \log_c a - \log_c b$;

P_3 $\log_c a^n = n \cdot \log_c a$;

P_4 mudança de base: $\log_b(a) = \dfrac{\log_c a}{\log_c b}$.

CONSEQÜÊNCIAS DAS PROPRIEDADES

Das propriedades operatórias, considerando satisfeitas as condições de existência, pode-se concluir que:

- $\log_b a = \dfrac{1}{\log_a b}$;

- $\log_{b^n} a^n = \log_b a$;

- $\log_{b^n} a = \dfrac{1}{n} \log_b a$;

- $\log_{\sqrt[n]{b}} a = n \cdot \log_b a$

- $\log_c \sqrt[n]{a} = \dfrac{1}{n} \log_c a = \dfrac{\log_c a}{n}$.

FUNÇÃO LOGARÍTMICA

Definição:

Dado um numero real **a**, $a > 0$ e $a \neq 1$, chamamos FUNÇÃO LOGARÍTMICA de base **a**, a função $f : R_+^* \to R$ definida por:

$$f(x) = \log_a x$$

EXEMPLOS

Ex$_1$: $f : R_+^* \to R$ dada por $f(x) = \log_{\frac{1}{2}} x$.

$\left(\text{aqui temos a base } \dfrac{1}{2} \right)$.

Ex$_2$: $g : R_+^* \to R$ dada por $g(x) = \log_3 x$.

(aqui temos base =3).

O esboço do gráfico de uma função logarítmica

Vejamos inicialmente, alguns exemplos particulares de esboços de gráficos de funções logarítmicas, para que possamos, a partir desses, tirar conclusões para o caso geral.

EXEMPLOS:

Ex$_1$: Faça um esboço do gráfico da função logarítmica:

$g : R_+^* \to R$ dada por $g(x) = \log_{\frac{1}{2}} x$.

RESOLUÇÃO:

Como a base da função logarítmica é $\dfrac{1}{2}$, para obtermos alguns pontos do gráfico de g é conveniente que escolhamos para x algumas potências inteiras de 2. Veja a tabela abaixo:

x	$g(x) = \log_{\frac{1}{2}} x$
$\dfrac{1}{4}$	$g\left(\dfrac{1}{4}\right) = \log_{\frac{1}{2}} \dfrac{1}{4} = 2$
$\dfrac{1}{2}$	$g\left(\dfrac{1}{2}\right) = \log_{\frac{1}{2}} \dfrac{1}{2} = 1$
1	$g(1) = \log_{\frac{1}{2}} 1 = 0$
2	$g(2) = \log_{\frac{1}{2}} 2 = -1$

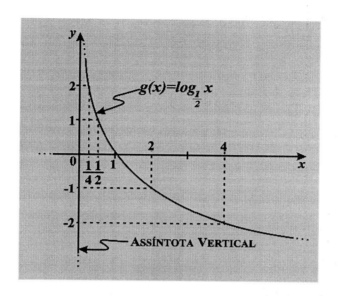

- $g(x) = \log_{\frac{1}{2}} x$ é uma função estritamente decrescente;
- $g(x) = \log_{\frac{1}{2}} x$ é uma função bijetora;
- $\lim_{x \to 0^+} g(x) = +\infty$ e $\lim_{x \to +\infty} g(x) = -\infty$.

Ex₂: Faça um esboço do gráfico da função logarítmica:

$h : R_+^* \to R$ dada por $h(x) = \log_2 x$.

Resolução:

Como a base da função logarítmica é igual a 2, segue que para obtermos alguns pontos do gráfico de **h** é interessante atribuir a **x** algumas potências inteiras de 2. Veja a tabela a seguir:

x	$h(x) = \log_2 x$

$\dfrac{1}{4}$	$h\left(\dfrac{1}{4}\right) = \log_2 \dfrac{1}{4} = -2$
$\dfrac{1}{2}$	$h\left(\dfrac{1}{2}\right) = \log_2 \dfrac{1}{2} = -1$
1	$h(1) = \log_2 1 = 0$
2	$h(2) = \log_2 2 = 1$

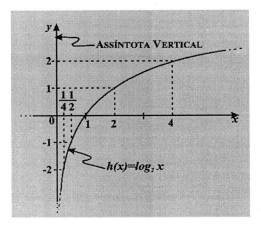

- $h(x) = \log_2 x$ é uma função estritamente crescente;

- $h(x) = \log_2 x$ é uma função bijetora;

- $\lim\limits_{x \to 0^+} h(x) = -\infty$ e $\lim\limits_{x \to +\infty} h(x) = +\infty$.

A partir dos exemplos anteriores nós podemos concluir que os possíveis esboços para o gráfico de uma função logarítmica $f : R_+^* \to R$ dada por $f(x) = \log_a x$, onde $a \in R_+^* - \{1\}$, podem ser divididos em dois casos:

1º. Base entre 0 e 1, ou seja, 0 < a < 1;

2º. Base maior que 1, ou seja, a > 1.

a) 1º caso: Base entre 0 e 1 (0 < a < 1),

o esboço do gráfico de f tem o aspecto dado a seguir:

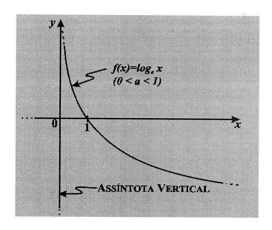

b) 2º caso: Base maior do que 1 (a > 1):

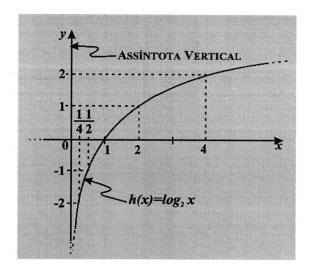

Assim, com base nos possíveis esboços para o gráfico de uma função logarítmica $f : R_+^* \to R$ dada por $f(x) = \log_a x$, onde $a \in R_+^* - \{1\}$, concluímos que:

182 ♦ Quatro em Um: Para uma Excelente Base e Aprovação em Concursos Públicos

- A função $f(x) = \log_a x$ é injetora, isto é:

$$(\forall x_1, x_2 \in R_+^*)(f(x_1) = f(x_2) \Rightarrow x_1 = x_2) \Leftrightarrow$$

$$\Leftrightarrow (\forall x_1, x_2 \in R_+^*)(\log_a x_1 = \log_a x_2 \Rightarrow x_1 = x_2);$$

- A função $f(x) = \log_a(x)$ é sobrejetora, isto é:

$\forall y \in R, \exists x \in R_+^*$, tal que $\log_a x = y$;

- Quando $0 < a < 1$ a função $f(x) = \log_a x$ é estritamente decrescente, isto é:

$$(\forall x_1, x_2 \in R_+^*)(x_1 < x_2 \Leftrightarrow f(x_1) > f(x_2)) \Leftrightarrow$$

$$\Leftrightarrow (\forall x_1, x_2 \in R_+^*)(x_1 < x_2 \Leftrightarrow \log_a^{x_1} > \log_a^{x_2}) \quad ;$$

- Quando $a > 1$, a função $f(x) = \log_a x$ é estritamente crescente, isto é:

$$(\forall x_1, x_2 \in R_+^*)(x_1 < x_2 \Leftrightarrow f(x_1) < f(x_2)) \Leftrightarrow$$

$$\Leftrightarrow (\forall x_1, x_2 \in R_+^*)(x_1 < x_2 \Leftrightarrow \log_a^{x_1} < \log_a^{x_2}) \quad ;$$

- O ponto $(1, 0)$ pertence ao gráfico de $f(x) = \log_a x$ qualquer que seja a base $a \in R_+^* - \{1\}$.

OBSERVAÇÃO:

A figura abaixo nos mostra o comportamento do esboço do gráfico de uma função logarítmica $f : R_+^* \to R$ dada por: $f(x) = \log_a x$, onde $a \in R_+^* - \{1\}$:

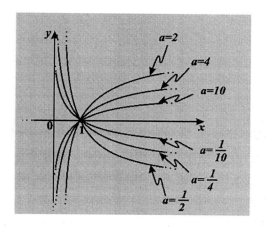

Função logarítmica como função inversa

Consideremos as funções $f : \mathbb{R}_+^* \to \mathbb{R}$ dada por $f(x) = \log_a x$ e $g : \mathbb{R} \to \mathbb{R}_+^*$ dada por $g(x) = a^x$, onde $a \in \mathbb{R}_+^* - \{1\}$. As funções **f** e **g** são bijetoras e, portanto, são funções inversíveis.

Agora, vejamos como ficam os esboços dos gráficos da função logarítmica e da função exponencial no mesmo plano cartesiano.

Existem dois casos possíveis:

1º caso: BASE MAIOR QUE 1 (a > 1):

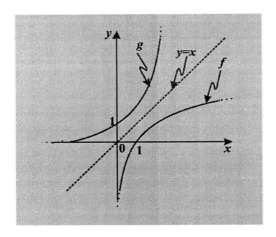

2º caso: BASE ENTRE 0 E 1 (0 < a < 1):

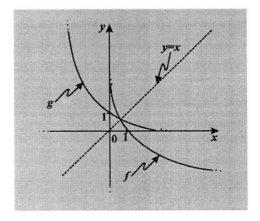

Equações Logarítmicas

Chamamos de EQUAÇÕES LOGARÍTMICAS às equações que apresentam logaritmos com incógnita (ou incógnitas) no logaritmando, no logaritmo ou na base.

São exemplos de equações logarítmicas:

- $\log_2(x^2 + 1) = 3$;

- $\log_x(2x - 13) = 1$;

- $\log_{\frac{1}{3}}(5) = x$;

- $\log_5(2x + 1) + \log_{\frac{2}{5}}(x - 2) = -1$.

Observações:

Princípios básicos para a resolução de equações logarítmicas.

(1) Primeiramente, nós devemos nos preocupar com a condição de existência da equação logarítmica dada, impondo para cada logaritmo que a figura da equação tenha:

- o logaritmando positivo;

- a base positiva e diferente de 1.

(2) Toda equação logarítmica pode ser reduzida (através de propriedades) a uma equação equivalente, onde ambos os membros, têm logaritmos de mesma base.

(3) A partir da observação (2) acima atingimos o seguinte estágio na resolução da equação logarítmica dada: $\log_a x_1 = \log_a x_2$ e então, pela injetividade da função logarítmica, obtemos: $x_1 = x_2$

Exemplos:

Ex$_1$: Resolver, em R, a equação logarítmica:

$$\log_4(x^3 + 3x) = 1.$$

RESOLUÇÃO:

Condição de existência:

$$x^2 + 3x > 0 \Leftrightarrow x \cdot (x+3) > 0 \Leftrightarrow x < -3 \text{ ou } x > 0 \ (*)$$

Agora, da definição de logaritmo temos:

$$\log_4(x^2 + 3x) = 1 \Leftrightarrow x^2 + 3x = 4^1 \Leftrightarrow$$

$$\Leftrightarrow x^2 + 3x - 4 = 0 \Rightarrow x = -4 \text{ ou } x = 1 \ (**)$$

Portanto, confrontando $(*)$ com $(**)$ conclui-se que $x = -4$ e $x = 1$ são raízes da equação dada, ou seja, $S = \{-4, 1\}$.

Ex$_2$.: Resolver, em R, a equação logarítmica.

$$\log_{(x-3)}(x-1) = 2 \cdot$$

RESOLUÇÃO:

Condição de existência:

$$x - 1 > 0, \ x - 3 > 0 \text{ e } x \neq 4 \Leftrightarrow$$

$$\Leftrightarrow x > 1, x > 3 \text{ e } x \neq 4 \Rightarrow x > 3 \text{ e } x \neq 4 \cdot$$

Por outro lado, temos;

$$\log_{(x-3)}(x-1) = 2 \Leftrightarrow x - 1 = (x-3)^2 \Rightarrow$$

$$\Rightarrow x - 1 = x^2 - 6x + 9 \Leftrightarrow x^2 - 7x + 10 = 0 \Leftrightarrow$$

$$x = 2 \text{ ou } x = 5 \ (**)$$

De $(*)$ e $(**)$ segue que a única raiz da equação logarítmica dada é $x = 5$, e portanto, $S = \{5\}$.

Ex$_3$: Resolver, em R, a equação logarítmica:

$$2 \cdot \log_3(x-1) = 1 + \log_3(7-x) \,.$$

RESOLUÇÃO:

Condição de existência:

$$x - 1 > 0 \text{ e } 7 - x > 0 \Leftrightarrow$$

$$\Leftrightarrow x > 1 \text{ e } x < 7 \Leftrightarrow 1 < x < 7 \ (*)$$

Por outro lado, usando as propriedades operatórias dos logaritmos, vem:

$$2 \cdot \log_3(x-1) = 1 + \log_3(7-x)$$

$$\Rightarrow \log_3(x-1)^2 = \log_3 3 + \log_3(7-x)$$

$$\Leftrightarrow \log_3(x-1)^2 = \log_3[3 \cdot (7-x)]$$

$$\Rightarrow (x-1)^2 = 3 \cdot (7-x) \Leftrightarrow x^2 + x - 20 = 0 \,.$$

Resolvendo a equação do 2° grau em x, obtemos:

x = – 5 ou x = 4 (**).

Confrontando (*) e (**) obtemos: S = {4}.

INEQUAÇÕES LOGARÍTMICAS

Definição:

Chamamos de inequações logarítmicas as inequações que apresentam logaritmos com incógnita (ou incógnitas) no logaritman-do, no logaritmo ou na base.

188 ◆ Quatro em Um: Para uma Excelente Base e Aprovação em Concursos Públicos

São exemplos de inequações logarítmicas:

- $\log_5(x^2 - 6x + 2) > 2$;

- $\log_{(x^2-2x)} 9 \leq 1 + \log_{\frac{1}{3}}(-x)$;

- $3\log(x+1) - \log_4 x^3 \geq -\log_2(x^2 + 4x + 1)$.

OBSERVAÇÕES:

Princípios básicos para a resolução de inequações logarítmicas:

1. Inicialmente, exigir que cada logaritmo que participa da inequação dada tenha:

- o logaritmando positivo;

- a base positiva e diferente de 1.

2. Toda inequação logarítmica pode ser reduzida (por meio de propriedades) a uma inequação equivalente, onde em ambos os membros, têm logaritmos de mesma base.

Aplicadas as condições dadas nas observações **1** e **2** chegamos em:

$\log_a x_1 < \log_a x_2$ ou $\log_a x_1 \leq \log_a x_2$ ou $\log_a x_1 > \log_a x_2$, ou ainda, $\log_a x_1 \geq \log_a x_2$, onde $x_1, x_2 \in R_+^*$ e $a \in R_+^* - \{1\}$.

Usando a monotonicidade da função logarítmica teremos as seguintes possibilidades:

Para $0 < a < 1$ (base entre 0 e 1):

- $\log_a x_1 < \log_a x_2 \Leftrightarrow x_1 > x_2$

- $\log_a x_1 \leq \log_a x_2 \Leftrightarrow x_1 \geq x_2$

- $\log_a x_1 > \log_a x_2 \Leftrightarrow x_1 < x_2$

- $\log_a x_1 \geq \log_a x_2 \Leftrightarrow x_1 \leq x_2$

pois a função $f(x) = \log_a x$, com $0 < a < 1$, é uma função estritamente decrescente em R_+^*.

Para $a > 1$ (base maior do que 1):

- $\log_a x_1 < \log_a x_2 \Leftrightarrow x_1 < x_2$
- $\log_a x_1 \leq \log_a x_2 \Leftrightarrow x_1 \leq x_2$
- $\log_a x_1 > \log_a x_2 \Leftrightarrow x_1 > x_2$
- $\log_a x_1 \geq \log_a x_2 \Leftrightarrow x_1 \geq x_2$

pois a função $f(x) = \log_a x$, com $a > 1$, é uma função estritamente decrescente em R_+^*.

Exemplos:

Ex$_1$: Resolver, em R, a inequação logarítmica:

$\log_3(2x + 1) < -1$.

Resolução:

Condição de existência: $2x + 1 > 0 \Leftrightarrow x > -\dfrac{1}{2} \cdot (*)$

Por outro lado, temos:

$$\log_3(2x + 1) < -1 \Leftrightarrow \log_3(2x + 1) < \log_3 3^{-1}$$

$$\Leftrightarrow 2x + 1 < 3^{-1} \Leftrightarrow 2x + 1 < \dfrac{1}{3} \Leftrightarrow x < -\dfrac{1}{3} \cdot (**)$$

De (∗) e (∗∗) segue que:

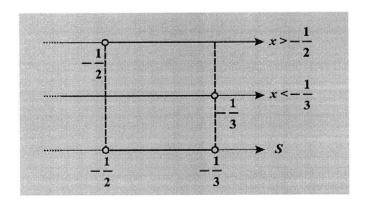

Logo:

$$S = \left\{ x \in R \mid -\frac{1}{2} < x < -\frac{1}{3} \right\} = \left] -\frac{1}{2}, -\frac{1}{3} \right[= \left(-\frac{1}{2}, -\frac{1}{3} \right)$$

Ex$_2$: Resolver, em R, a inequação logarítmica:

$$\log_{\frac{1}{2}} (3x-4) \geq -2 \ .$$

Resolução:

Condição de existência: $3x - 4 > 0 \Leftrightarrow 3x > 4 \Leftrightarrow x > \dfrac{4}{3}$ (∗)

Agora, de $\log_{\frac{1}{2}} (3x-4) \geq -2$ decorre que:

$$\log_{\frac{1}{2}} (3x-4) \geq -2 =$$
$$= \log_{\frac{1}{2}} (3x-4) \geq \log_{\frac{1}{2}} \left(\frac{1}{2} \right)^{-2} \Leftrightarrow 3x - 4 \leq \left(\frac{1}{2} \right)^{-2}$$
$$\downarrow$$
$$0 < \text{base} = \frac{1}{2} < 1$$

$$\Rightarrow 3x - 4 \leq 4 \Leftrightarrow x \leq \frac{8}{3} \ (\ast\ast)$$

Confrontando (*) com (**) vem:

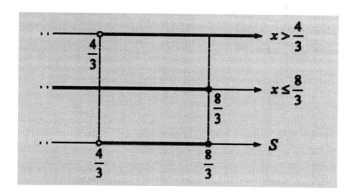

Logo:

$$S = \left\{ x \in R \mid \frac{4}{3} < x \leq \frac{8}{3} \right\} = \left]\frac{4}{3}, \frac{8}{3}\right[= \left(\frac{4}{3}, \frac{8}{3}\right].$$

Logaritmos Decimais

Consideremos os seguintes problemas:

- Dado um número real positivo, como achar o logaritmo de x em qualquer base?
- Dado o logaritmo de um número real positivo x em qualquer base, como achar x?

Para resolver tais problemas nós iremos usar uma tabela de logaritmos, também chamada tábua de logaritmos.

O sistema de numeração usual em matemática é o decimal e, portanto, existem vantagens operacionais em adotarmos logaritmo de base 10, isto é, logaritmos decimais, para resolvermos por completo os problemas acima.

Observação:

$\log_a b = \dfrac{\log_{10} b}{\log_{10} a}$, isto é, um logaritmo de base qualquer, diferente de 10, pode ser escrito em termos de logaritmos decimais.

Vejamos agora como calcular o logaritmo decimal de um número real positivo N.

Consideraremos dois casos:

1º. Caso: N é uma potência de expoente inteiro de 10.

Sendo $N = 10^c$ para algum $c \in Z$, vem:

$\log N = \log 10^c = c \cdot \log 10 = c \cdot 1 = c \cdot$

2º. Caso: N não é uma potência de expoente inteiro de 10.

É possível demonstrar que existe $c \in Z$, tal que $10^c < N < 10^{c+1}$,

ou seja, N está entre duas potências de 10 cujos expoentes são inteiros.

Por exemplo:

- $N = 0,02 \Rightarrow 10^{-2} \le 10^{-3}$
- $N = 1,3 \Rightarrow 10^0 \le N < 10^1$
- $N = 569 \Rightarrow 10^2 \le N < 10^3$

Agora, de $10^c < N < 10^{c+1}$ segue que:

$\log 10^c \le \log N < \log 10^{c+1} \Leftrightarrow c < \log N < c+1 . (*)$

De $(*)$ concluímos que:

Log N = c + m, para algum $m \in R$ com $0 \le m < 1$, e assim, log N = c + m onde $c \in Z$ e $0 \le m < 1$:

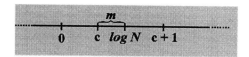

Ao número inteiro **c** chamamos de característica do logaritmo decimal de N e ao numero m, $0 \leq m < 1$, chamamos de **mantissa** do logaritmo decimal de N.

Regra prática para o cálculo da característica e da mantissa.

a) Regra prática para o cálculo da característica

Seja $N \in R_+^*$. Então temos dois casos a considerar:

$N \geq 1$ e $0 < N < 1$.

1º CASO: Quando $N \geq 1$ temos:

A característica do logaritmo decimal de N é uma unidade menor que o número de algarismos da parte inteira.

2º CASO: Quando $0 < N < 1$ temos:

A característica do logaritmo decimal de N é oposto do número de zeros que precedem o primeiro algarismo não nulo.

Exemplos:

log N	característica(c)
log 146,1	c = 2
log 2,03	c = 0
log 0,000101	c = − 4

Regra para cálculo da mantissa - Uso da tábua de logaritmo

Para qualquer número inteiro **n** e $N \in R_+^*$, o $\log N$ e $\log(N \cdot 10^n)$ têm a mesma mantissa.

Exemplo:

Os logaritmos $\log 0,03$, $\log 0,3$, $\log 3$, $\log 300$ e $\log 30000$ têm a mesma mantissa igual a $0,477121$.

Para calcularmos a mantissa ao logaritmo decimal de um número real positivo, podemos usar a tábua de logaritmos.

Exemplos:

1. Calcule o logaritmo decimal dos seguintes números:

a) 396; b) 84,2; c) 0,85; d) 0,025.

a) $\log 396 = c + m$, onde $c \in Z$ e $0 \le m < 1$.

A característica de $\log 396$ é $c = 3 - 1 = 2$ e sua mantissa é

$m = 0,597695$ (ver na tábua) e, portanto, temos:

$\log 396 = 2,597695$.

b) $\log 84,2 = c + m$, onde $c \in Z$ e $0 < m < 1$.

A característica de $\log 84,2$ é $c = 1$ e sua mantissa é

$m = 0,925312$ (ver na tábua) e, assim, temos:

$\log 84,2 = 1,925312$.

c) $\log 0,85 = c + m$, onde $c \in Z$ e $0 \le m < 1$.

A característica de $\log 0,85$ é $c = -1$ e sua mantissa é

$m = 0,929419$ (ver na tábua) e, então, temos:

$\log 0,85 - 0,070581$.

d) $\log 0,025 = c + m$, onde $c \in Z$ e $0 \leq m < 1$

A característica de $\log 0,025$ é $c = -2$ e sua mantissa é

$m = 0,397940$ (ver na tábua) e, daí, temos :

$\log 0,025 = -1,602060$.

2. Utilizando a tábua de logaritmos ache N sabendo que:

a) $\log N = 1,346353$;

b) $\log N = 0,146128$;

c) $\log N = \overline{1},993877$;

d) $\log N = -0,162412$.

RESOLUÇÃO:

$$\log N = 1,346353 = \underbrace{1}_{c} + \underbrace{0,346353}_{m} \cdot$$

Então a característica é $c = 1$ e, portanto o número N tem 2 algarismos na sua parte inteira. Procurando na tábua vemos que a mantissa $m = 0,346353$ corresponde ao número 222. Logo, $N = 22,2$.

b) É fácil ver que:

$$\log N = 1,146128 = \underbrace{0}_{c} + \underbrace{0,146128}_{m}$$

Daqui segue que a característica é $c = 0$ e, portanto o número N tem 1 algarismo na sua parte inteira. A partir da tábua, vemos que a mantissa $m = 0,146128$ corresponde ao número 14. Então, obtemos $N = 1,4$.

196 ♦ Quatro em Um: Para uma Excelente Base e Aprovação em Concursos Públicos

c) Primeiramente, temos:

$$\log N = \overline{1},993877 = \underbrace{-1}_{c} + \underbrace{0,993877}_{m}.$$

(forma mista ou preparada, isto é, a característica é negativa e a mantissa é positiva).

Sendo a característica de log N igual a c = -1 , segue que o número N tem vírgula e existe um zero antes do aparecimento do $1°$ algarismo não nulo. A mantissa m = 0,993877 corresponde ao numero 986. Assim, podemos escrever: N = 0,986.

d) Consideremos a seguinte transformação:

$$\log N = -0,162414 = -1 + (1 - 0,162412) = \underbrace{-1}_{c} + \underbrace{0,837588}_{m}.$$

Então a característica de log N é c = - 1 e, portanto, o número N tem vírgula e existe um zero antes do aparecimento do $1°$ algarismo. A mantissa m =0,837588 corresponde ao número 688. Assim, podemos escrever N = 0,0688.

Vamos a questão:

Ano de 1500 $\Rightarrow$ t =0.

Ano de 1980 $\Rightarrow$ t = 1980 - 1500 = 480.

Pelo gráfico P(480) = 100, pois os valores são em milhares conforme sugere o item.

$$P(t) = 5000 \cdot e^{\alpha t} \Rightarrow P(480) = 100 = 5000 \cdot e^{-\alpha 480}$$

$$\Rightarrow e^{-\alpha 480} = \frac{100}{5000} \quad ou \quad e^{\alpha 480} = \frac{5000}{100} \Rightarrow e^{\alpha 480} = 50 \cdot$$

Aplicando logaritmo natural nos dois lados da equação, temos:

$$Ln\ e^{\alpha 480} = Ln\ 50 \Rightarrow \alpha \cdot 480 \cdot Ln\ e = Ln\ 50$$

$$Como\ Ln\ e = 1 \Rightarrow \alpha \cdot 480 = Ln\ 50 \Rightarrow \alpha = \frac{Ln\ 50}{480},$$

Item CORRETO.

PROGRESSÃO ARITMÉTICA

Definição

É uma seqüência de números reais onde cada termo, a partir do segundo, é obtido somando-se uma constante ao termo anterior.

Representamos assim:

$(a_1; a_2; a_3;....; a_{n-1}; a_n)$.

Ex$_1$: (2; 5; 8; 11;...).

Ex$_2$: (7; 5; 3; 1; -1;...).

O número relativo que se soma a cada termo para obter o termo seguinte chama-se razão; ela é representada pela letra r. No Ex$_1$: r = 3 e no Ex$_2$: r = - 2.

A P.A. é crescente ou decrescente conforme a razão seja positiva ou negativa.

No Ex$_1$ a P.A. é crescente e no Ex$_2$ a P.A. é decrescente.

A P.A. pode ser limitada ou ilimitada conforme possua um número finito ou infinito de termos.

Dois termos de uma P.A. limitada chamam-se eqüidistantes dos extremos quando o número de termos que precedem um deles é igual ao número de termos que seguem o outro.

Interpolar ou inserir _m_ meios aritméticos entre dois números a e b é formar uma P.A. de m +2 termos, cujos termos extremos sejam a e b.

Temos: $a_n = a_1 + (n-1) \cdot r$.

Então: $a_n = b$, $a_1 = a$, $n = k + 2$.

Assim, $r = \dfrac{(b-a)}{(k+1)}$.

PROPRIEDADES

Em uma P.A. a diferença entre um termo qualquer e o seu precedente é constante e igual a razão.

Ex.: $a_2 - a_1 = r$; $a_3 - a_2 = r$.

Cada termo de uma P.A., exceto os extremos, é igual a semi-soma dos vizinhos.

Cada termo de uma P.A., a partir do segundo, é igual ao primeiro termo mais o produto da razão pelo número de termos que o precedem, isto é,

$a_n = a_1 + (n-1) \cdot r$.

Em uma P.A. limitada a soma de dois termos eqüidistantes dos extremos é igual a soma dos extremos.

Em uma P.A. de número ímpar de termos, o termo do meio é média aritmética dos extremos.

A soma dos termos de uma P.A. é dado por:

$$S_n = \frac{\left[(a_1 + a_n) \cdot n\right]}{2}.$$

Notação especial para 3 termos: (x – r, x, x + r)

$S_n = a_{central} \cdot n$

EXERCÍCIOS:

01) Ache a_{20} na P.A. (6, 11, 16, ...). **(Resp.: 101)**

02) Numa P.A., ache a_1 sendo n= 50, a_n= -103 e r= -2. **(Resp.: -5)**

03) Ache a razão r de uma P.A. com n= 23, a_1= 8 e a_n = 74. **(Resp.:3)**

04) Quantos múltiplos de 7 existem nos 700 primeiros números naturais significativos? **(Resp.: 100)**

05) Interpolar 8 meios aritméticos entre 11 e 47. **(Resp.: 15, 19, 23, 27, 31, 35, 39, 43)**

06) Numa P.A., a_3= 21 e a_8= 6. Calcular a_{20}. **(Resp.: - 30)**

07) Numa P.A., calcule r sendo a_7 – a_5 = 8. **(Resp.: 04)**

08) Qual o perímetro de um triângulo retângulo de 24m^2 de área, cujos lados estão em P.A.? **(Resp.: 24)**

09) Em uma P.A.:

$a_3 + a_7 = 30$

$a_6 + a_9 = 15$

Calcule a soma dos 12 primeiros termos. **(Resp.: 126)**

10) Sabendo-se que o número 10100100010001... é ímpar e que o algarismo 1 aparece 100 vezes, pede-se: calcular quantos algarismos tem o número. **(Resp.: 5050)**

200 ◆ Quatro em Um: Para uma Excelente Base e Aprovação em Concursos Públicos

11) Na seqüência $\{1\}$, $\{2, 3\}$, $\{4, 5, 6\}$, ...calcule a soma dos elementos do 25° conjunto. **(Resp.: 7825)**

12) Um oficial que comanda 1540 soldados quer formá-los em triângulo de modo que a 1ª fila tenha 1 soldado, a 2^{a} 2, a 3^{a} 3 e assim por diante. Quantas filas ele formará? **(Resp.: 55)**

Progressão Geométrica

É uma seqüência de números reais onde cada termo, a partir do segundo, é obtido multiplicando-se o termo anterior por um constante.

Representamos assim: $(a_1; a_2; a_3;....; a_{n-1}; a_n)$.

Ex$_1$: $(1; 5; 10; 20;...)$.

Ex$_2$: $(2; \dfrac{1}{2}; \dfrac{1}{4};...)$.

Nota:

Os números que formam a **P.G.** chamam-se termos. Indica-se o número de termos com a letra **n**.

Não serão estudadas as progressões geométricas de termos negativos.

O número relativo que multiplica cada termo para obter o termo seguinte chama-se razão; ela é representada pela letra **q**. No **Ex$_1$: q = 2** e no **Ex$_2$: q = 1/2**. A P.G. é crescente ou decrescente conforme a razão seja maior ou menor do que 1(um).

No **Ex$_1$** a P.G. é crescente e no **Ex$_2$** a P.G. é decrescente.

A P.G. pode ser limitada ou ilimitada conforme possua um número finito ou infinito de termos.

Interpolar ou inserir **m** meios geométricos entre dois números **a** e **b** é formar uma P.G. de **m +2** termos, cujos termos extremos sejam **a** e **b**.

Temos: $a_n = a_1 \cdot q^{n-1}$, então $a_n = b$, $a_1 = a$, $n = k+2$.

Assim, $q = \sqrt[k+1]{\dfrac{b}{a}}$.

Propriedades:

Em uma P.G. a divisão de um termo qualquer pelo seu precedente é constante e igual a razão.

Ex.: $\dfrac{a_2}{a_1} = q$; $\dfrac{a_3}{a_2} = q$.

Cada termo de uma P.G., exceto os extremos, é média geométrica entre os seus vizinhos.

Ex.: (2;4;8) $\Rightarrow MG = (2 \cdot 8)^{\frac{1}{2}} \Rightarrow MG = (16)^{\frac{1}{2}} = 4$.

O termo geral de uma P.G. é:

$a_n = a_1 \cdot q^{n-1}$.

O produto de dois termos eqüidistantes dos extremos é igual ao produto dos extremos.

Em uma P.G. de número ímpar de termos, o termo do meio é média geométrica dos extremos.

Para a soma dos n termos iniciais de uma P.G. finita:

$$S_n = \dfrac{a_1 \cdot q^n - a_1}{q - 1}, \; q \neq 1.$$

Para uma P.G. limitada e decrescente temos:

$$S_n = \frac{a_1 \cdot (1 - q^n)}{1 - q}, \ 0 < q < 1.$$

Para uma P.G. decrescente ilimitada temos:

$$S_n = \frac{a_1}{1 - q}, \ -1 < q < 1.$$

Notação especial para 3 termos: $(\frac{x}{q}, x, x \cdot q)$.

Produto dos termos de uma P.G. com número ímpar de termos:

$$P_n = (a_{central})^2$$

Produto dos termos de uma P.G. de n termos:

$$P_n = a_1^{\ n} \cdot q^{[n(n-1)]/2}$$

Exercícios:

01) Calcule a_1 numa P.G., sendo $a_n = 648$, $n = 5$ e $q = 3$. **(Resp.: 08)**

02) Calcule q numa P.G., sendo $a_1 = 5$ e $a_5 = 405$. **(Resp.: 03)**

03) Em uma P.G. $a_1 = 5$, $a_n = 1280 \sqrt{2}$, $q = \sqrt{2}$. Achar o número de termos. **(Resp.: 18)**

04) Em uma P.G. $a_1 = 2$, $q = 1,5$ e $a_n = 10,125$. Ache o número de termos. **(Resp.: 05)**

05) Alexandrino resolveu inserir 5 meios geométricos entre $\dfrac{5}{4}$ e 80. Qual o valor do maior termo inserido? **(Resp.: 40)**

06) Calcule a soma: $1 + \dfrac{2}{3} + \dfrac{4}{9} + ...$ **(Resp.: 03)**

07) Seja a soma dos 6 primeiros termos da P.G. (5, 15, 45, ...).

Calcule $\dfrac{1}{20}$ S. **(Resp.: 91)**

08) Sabendo-se que x, x-9, x-45 estão em P.G. na ordem dada, determine o módulo de x. **(Resp.: 03)**

09) A solução da equação: $x + \dfrac{x}{3} + \dfrac{x}{9} + \dfrac{x}{27} + ... = 60$ é: **(Resp.: 40)**

10) O valor do produto: $27^{0,3}.27^{0,03}.27^{0,003}.27^{0,0003}...$ é:

(Resp.: 03)

Teoria Dos Conjuntos

Noções básicas: conjuntos, elementos, pertinência

Conjunto é um dos conceitos primitivos da matemática e que, como tal, não pode ser definido. A noção de conjunto pode ser formada a partir da idéia de coleção de objetos. Os objetos que compõem um conjunto são chamados de elementos do conjunto.

A relação entre elementos e conjuntos é a relação de pertinência. Dizemos que um elemento pertence ao conjunto A, e escrevemos, para indicar que α é um dos objetos que compõem o conjunto A, isto é, um dos objetos de A. Caso contrário, isto é, se α não é elemento de A, escrevemos $\alpha \notin A$, e lemos "α não pertence ao conjunto A".

Representação de Conjuntos

Os conjuntos podem ser representados de várias maneiras diferentes.

Descreveremos três delas:

Representação por Extensão ou Listagem

É quando listamos todos os elementos do conjunto, escrevendo-os entre chaves, e separando-os por vírgula ou ponto-e-vírgula.

Exemplos:

1) A = {a, m, o, r}

2) B = {1, 2, 3, 4}

3) C = {1, 6, 9}

Representação por Compreensão ou Caracterização

É quando representamos o conjunto por meio de uma propriedade que é comum a todos os elementos do conjunto. Esta propriedade é expressa por meio de uma função proposicional que deve caracterizar completamente os elementos do conjunto.

Os conjuntos anteriores podem ser representados, por compreensão, da seguinte forma:

A = { x | x é letra da palavra amor}

B = { x | x é número natural maior do que zero e menor do que 5}

C = { x | x é algarismo do numeral 1996}

Exemplos:

Representação por Diagramas

É quando representamos o conjunto por meio de uma figura plana. O diagrama mais utilizado é o diagrama de Euler-Venn, ou seja, os diagramas de Euler-Venn constituem um meio simples de se visualizar a relação existente entre dois ou mais conjuntos. Aqui cada conjunto é representado por uma figura plana, contornada por uma curva simples fechada (curva sem auto-intersecção).

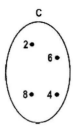 

Conjunto Unitário e Conjunto Vazio

É importante frisarmos que, mesmo um conjunto dando a idéia de coleção, na Matemática trabalhamos com os conjuntos unitário e vazio.

Conjunto unitário

É aquele que possui um único elemento.

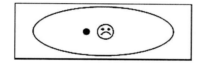

Conjunto vazio

É aquele que não possui elementos.

O conjunto vazio é representado por um dos símbolos { } ou ∅.

Igualdade de Conjuntos

Dizemos que os conjuntos A e B são iguais, e escrevemos A = B, quando todo elemento de A pertence também ao conjunto B e todo elemento de B pertence também ao conjunto A. Em outras palavras, o conjunto A é igual ao conjunto B se eles possuem os mesmos elementos.

Se A é igual a B então dizemos que A é diferente de B ou A e B são diferentes, e escrevemos A ≠ B.

206 ◆ Quatro em Um: Para uma Excelente Base e Aprovação em Concursos Públicos

Exemplos:

1) Os conjuntos A = { x | x é letra da palavra amora} e B = { x | x é letra da palavra amor} são iguais.

De fato, temos que A = { a, m, o, r, a} e B = {a, m, o, r}. E assim, todo elemento de A é também elemento de B e todo elemento de B é também elemento de A.

Um conjunto não varia se seus elementos são repetidos.

2) Os conjuntos A = { x | x é letra da palavra amora} e C = { x | x é letra da palavra Roma} são iguais.

De fato, temos que A = {a, m, o, r, a} = {a, m, o, r} e C = {r, o, m, a}. E assim, todo elemento de A pertence também a C e todo elemento de C pertence também ao conjunto A.

Um conjunto não varia se alteramos a ordem de seus elementos.

3) Os conjuntos A = { x | x^2 + 5x + 6 = 0} e B = {1, 2, 3} são diferentes.

De fato, enumerando os elementos de A temos que A = {2,3}. E assim, o elemento 1 é um elemento que está em B e não está em A. Logo A e B não são iguais.

Subconjuntos

Dados os conjuntos A e B, dizemos que A é subconjunto de B, e escrevemos A $\subset$ B, quando todo elemento de A pertence também a B. Em símbolos:

$$A \subset B \Leftrightarrow [\forall x \in A][x \in B]$$

O símbolo A $\subset$ B se lê de uma das seguintes formas:

A está contido em B;

A é subconjunto de B;

A é parte de B.

Usamos também o símbolo B $\supset$ A (que se lê: B contém A) para significar que A é subconjunto de B.

EXEMPLOS:

1) Dados os conjuntos A = {1, 2, 3} e B = {1, 2, 3, 4, 5} temos que A ⊂ B.

De fato, os elementos de A são 1, 2 e 3 e os de B são 1, 2, 3, 4, e 5 e, portanto, os elementos de A são elementos de B. Logo A ⊂ B.

2) Dados os conjunto A = { x ∈ R | x > 2} e B = { x ∈ R | x ≥ 5} temos que B ⊂ A.

De fato, os elementos de A são números reais maiores do que 2, enquanto os elementos de B são números reais maiores do que ou igual a 5. Como qualquer número real que seja maior do que ou iguais a 5 é, obrigatoriamente, maior do que 2, temos que todo elemento de B é, também, elemento de A, isto é, B ⊂ A.

CONJUNTO DAS PARTES

Dado um conjunto A, os conjuntos Ø e o próprio A são subconjuntos de A, chamados *subconjuntos impróprios de A*. Os subconjuntos de A diferentes de Ø e de A são chamados subconjuntos próprios de A.

O conjunto de todos os subconjuntos de A é chamado *conjuntos das partes de A* e é denotado por P (A).

EXEMPLOS:

1) Se A = Ø, então P(A) = {Ø}.

2) Se A = {a}, então P(A) = {Ø, {a}}.

3) Se A = {1, 2, 3}, então P(A) = {Ø, {1}, {2}, {3}, {1, 2}, {1, 3}, {2, 3}, {1, 2, 3}}.

CONJUNTOS FINITOS E CONJUNTOS INFINITOS

Um conjunto é dito finito se pudermos precisar a quantidade de seus elementos, caso contrário diz-se que ele é infinito.

Exemplo:

A = {1, 2, 4, 7} é um conjunto finito, pois podemos afirmar com segurança que ele tem quatro elementos. O número de elementos de um conjunto A é denotado por: N(A). Assim no exemplo acima temos N(A) = 4. Já o conjunto dos números N = {1, 2, 3, 4, ...} é infinito.

Operações com Conjuntos

Assim como podemos operar com dois números para obtermos um novo número, também podemos operar com dois conjuntos e obter um novo conjunto. As operações que estudaremos são: a união, a interseção, a diferença e o produto cartesiano.

• Interseção: $\cap$

Dados dois conjuntos A e B, chamamos interseção de A com B, e denotamos por A $\cap$ B(que se lê: A interseção B ou, simplesmente, A inter B), o conjunto formado pelos elementos que estão em A e em B, ao mesmo tempo.

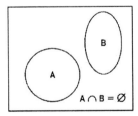
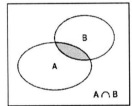
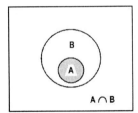

Exemplos:

1) A = [0, 3] = { x $\in$ R; 0 $\leq$ x $\leq$ 3}

   B = (2, 7) = { x $\in$ R; 2 < x < 7}

   A $\cap$ B = (2, 3) = { x $\in$ R; 2 < x $\leq$ 3}

2) A = { x | x é letra da palavra amor} = {a, m, o, r}

   B = { x | x é número natural menor do que 4} = {0, 1, 2, 3}

   A $\cap$ B = {x | x é letra da palavra amor e x é número natural menor do que 4}

Em linguagem de lógica simbólica, e usando a notação

p(x): x é elemento de A

q(x): x é elemento de B

temos:

A = { x | p(x)}

B = { x | q(x)}

A ∩ B = { x | p(x) e q(x)}

Conjuntos Disjuntos

Dois conjuntos A e B são ditos disjuntos se A ∩ B = Ø.

Número de subconjuntos de um conjunto finito

Seja A um conjunto finito com n elementos e P(A) o conjunto de todos os subconjuntos de A, então $N(P(A)) = 2^n$.

Exemplos:

1) Se A = {1, 3, 4} temos que

P(A) = {Ø, {1}, {3}, {4}, {1, 3}, {1, 4}, {3, 4}, {1, 3, 4}.

Assim, N(A) = 3 e $N(P(A)) = 8 = 2^3$.

2) Se N(A) = 5, então $N(P(A)) = 2^5 = 32$.

· União: ∪

Dados dois conjuntos A e B, chamamos união de A com B, e denotamos por A ∪ B (que se lê: A união B), o conjunto formado pelos elementos que estão em A ou em B, ou em ambos.

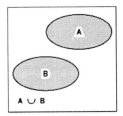 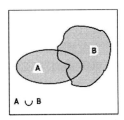

Exemplos:

1) A = { x | x é letra da palavra amor} = {a, m, o, r}

   B = { x | x é número natural menor do que 4} = {0, 1, 2, 3}

   A ∪ B = { x | x é letra da palavra amor ou x é número natural menor do que 4}

   A ∪ B = {a, m, o, r, 1, 2, 3, 4}

2) A = [0, 3] = { x ∈ R; $0 \leq x \leq 3$}

   B = (2, 7) = { x ∈ R; $2 < x < 7$}

   A ∪ B = (0, 7) = { x ∈ R; $0 \leq x < 7$}

Em linguagem de lógica simbólica, e usando a notação:

p(x): x é elemento de A

q(x): x é elemento de B

temos:

A = { x | p(x)}

B = { x | q(x)}

A ∪ B = { x | p(x) ou q(x)}

Número de Elementos de A ∪ B

Se A e B são conjuntos finitos, então o número de elementos de A ∪ B é dado por:

N (A ∪ B) = N(A) + N(B) − N(A ∩ B).

Exemplo:

Se A = {1, 4, -7, 8, 10} e B = {8, 7, 5, 2, 10}, temos

A ∪ B = {1, 4, -7, 8, 10, 7, 5, 2}. Logo, N(A ∪ B) = 8.

Por outro lado, N(A) = 5, N(B) = 5, N (A ∩ B) = 2,

pois A ∩ B = {8, 10}.

Assim, N (A ∪ B) = N(A) + N(B) − N (A ∩ B) = 5 + 5 − 2 = 8.

Figuras sem o devido fechamento na base

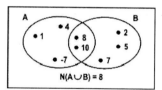

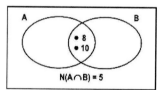

Utilizando-se da fórmula, podemos concluir que:

N (A ∪ B ∪ C) = N(A) + N(B) + N(C) − N (A ∩ B) − N(A ∩ C)

− N(B ∩ C) + N(A ∩ B ∩ C)

Muitos problemas podem ser resolvidos utilizando-se de uma das fórmulas acima.

212 ◆ Quatro em Um: Para uma Excelente Base e Aprovação em Concursos Públicos

EXEMPLOS:

Fez-se uma pesquisa, de hábito de leitura de jornais em Fortaleza, onde foram entrevistadas 600 pessoas, obtendo-se os seguintes resultados: 190 pessoas lêem regularmente *o Povo*; 230 o *Diário*; 300 o *Estado*; 60 o *Povo* e o *Estado*; 50 o *Diário* e o *Estado*; 40 o *Povo* e o *Diário*; e 10 o *Estado*, o *Diário* e o *Povo*. Pergunta-se: Quantas pessoas lêem regularmente pelo menos um dos jornais citados acima? Quantas pessoas não têm hábito de ler os jornais citados acima?

RESOLUÇÃO:

Sejam:

P: o conjunto das pessoas que lêem o *Povo*;

E: o conjunto das pessoas que lêem o *Estado*;

D: o conjunto das pessoas que lêem o *Diário*;

$P \cap E$ o conjunto das pessoas que lêem o *Povo* e o *Estado*;

$P \cap D$ o conjunto das pessoas que lêem o *Povo* e o *Diário*;

$E \cap D$ o conjunto das pessoas que lêem o *Estado* e o *Diário*;

$P \cap E \cap D$ o conjunto das pessoas que lêem o Povo, o *Estado* e o *Diário*;

$P \cup E \cup D$ o conjunto das pessoas que lêem regularmente pelo menos um dos jornais citados.

Assim, $N(P) = 190$; $N(E) = 300$; $N(D) = 230$; $N(P \cap E) = 60$; $N(P \cap D) = 40$; $N(E \cap D) = 50$; $N(P \cap E \cap D) = 10$.

Logo, $N(P \cup E \cup D) = N(P) + N(E) + N(D) - N(P \cap E) - N(P \cap D) - N(E \cap D) + N(P \cap E \cap D) = 190 + 300 + 230 - 60 - 40 - 50 + 10 = 580$.

Portanto, 580 pessoas lêem regularmente pelo menos um dos jornais citados e conseqüentemente 600 – 580 = 20 pessoas não têm hábito de ler os jornais citados acima.

Observe os dados do problema distribuídos no diagrama de Venn abaixo, e verifique que a soma dos dados dá 580.

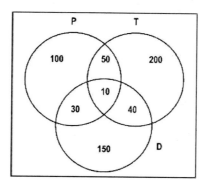

Diferença

Chamamos diferença A − B (que se lê: A menos B) de dois conjuntos A e B (nesta ordem) o conjunto de todos os elementos que pertencem a A e não pertencem a B.

Figura sem o devido fechamento na base

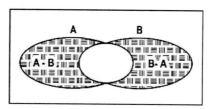

Exemplos:

1) $A = (1, 5) = \{x \in R; 1 < x \leq 5\}$

   $B = (3, 7) = \{x \in R; 3 \leq x \leq 7\}$

   $A - B = (1, 3) = \{x \in R; 1 < x < 3\}$

   $B - A = (5, 7) = \{x \in R; 5 < x \leq 7\}$

2) $A = \{1, 2, 3, 4, 5, 6\}$

   $B = \{1, 2, 3, a, m, o, r\}$

   $A - B = \{4, 5, 6\}$

   $B - A = \{a, m, o, r\}$

Em linguagem de lógica simbólica, e usando a notação:

p(x): x é elemento de A

q(x): x é elemento de B

Temos:

A = { x | p(x)}

B = { x | q(x)}

A − B = { x | p(x) e ~q(x)}

COMPLEMENTAR: C_AB

Se B é um subconjunto de A, então a diferença A − B é representada por C_AB, que se lê: complementar de B em relação à A.

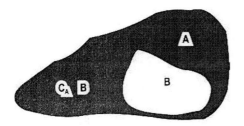

PROVAS DA FUNDAÇÃO CARLOS CHAGAS

200 QUESTÕES DA FUNDAÇÃO CARLOS CHAGAS

01.

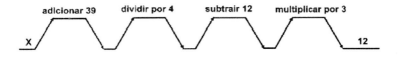

No esquema acima têm-se indicadas as operações que devem ser sucessivamente efetuadas, a partir de um número X, a fim de obter-se como resultado final o número 12.

É verdade que o número X é:

a) primo;

b) par;

c) divisível por 3;

d) múltiplo de 7;

e) quadrado perfeito.

02. Na figura ao lado tem-se um quadrado mágico, ou seja, um quadrado em que os três números dispostos nas celas de cada linha, coluna ou diagonal têm a mesma soma.

X	$\dfrac{9}{2}$	-2,5
Y	$\dfrac{1}{2}$	Z
$\dfrac{7}{2}$	T	1,5

Nessas condições, os números X, Y, Z e T devem ser :

a) $X < Y < Z < T$;

b) $T < Y < X < Z$;

c) $T < X < Z < Y$;

d) $Z < T < X < Y$;

e) $Z < Y < X < T$.

216 ◆ Quatro em Um: Para uma Excelente Base e Aprovação em Concursos Públicos

03. Pretendendo incentivar seu filho a estudar Matemática, um pai lhe propôs 25 problemas, prometendo pagar R$ 1,00 por problema resolvido corretamente e R$ 0,25 de multa por problema que apresentasse solução errada. Curiosamente, após o filho resolver todos os problemas, foi observado que nenhum devia nada ao outro. Se x é o número de problemas que apresentaram solução errada, então:

a) x > 18   b)12< x < 18;   c)8< x < 12;   d)4 < x < 8;   e)0 < x < 4.

04. Na oficina de determinada empresa há um certo número de aparelhos elétricos a serem reparados. Incumbidos de realizar tal tarefa, dois técnicos dividiram o total de aparelhos entre si, na razão inversa de seus respectivos tempos de serviço na empresa: 8 anos e 12 anos. Assim, se a um deles coube 9 aparelhos, o total reparado foi:

a) 21;   b) 20;   c) 18;   d) 15;   e) 12.

05. Duas lojas têm o mesmo preço de tabela para um mesmo artigo e ambas oferecem dois descontos sucessivos ao comprador. Uma, de 20% e 20%; e a outra, de 30% e 10%. Na escolha da melhor opção, um comprador obterá, sobre o preço de tabela, um ganho de:

a) 34%;   b) 36%;   c) 37%;   d) 39%;   e) 40%.

06. Qual é o capital que, investido a juros simples e à taxa anual de 15%, se elevara a R$ 17.760,00 ao fim de 1 ano e 4 meses?

a)R$ 14.500,00;   b)R$ 14.800,00;

c)R$ 15.200,00;   d)R$ 15.500,00;

e)R$ 15.600,00.

07. Certo dia, durante o almoço, o restaurante de uma empresa distribuiu aos usuários 15 litros de suco de frutas, que vem acondicionado em pacotes que contêm, cada um $\frac{1}{3}$ de litro. Se todos os freqüentadores tomaram suco, 17 tomaram cada um 2 pacotes e os demais um único pacote, o total de pessoas que lá almoçaram nesse dia é:

a) 23;   b) 25;   c) 26;   d) 28;   e) 32.

08. Um técnico administrativo foi incumbido de arquivar 120 processos em X caixas, nas quais todos os processos deveriam ser distribuídos em quantidades iguais. Entretanto, ao executar a tarefa, ele usou apenas X-3 caixas e, com isso, cada caixa ficou com 9 processos a mais que o previsto inicialmente. Nessas condições, o número de processos colocados em cada caixa foi:

a) 24;   b) 22;   c) 21;   d) 17;   e) 15.

09. Para percorrer um mesmo trajeto de 72.900 metros, dois veículos gastaram: um, 54 minutos; e o outro, 36 minutos. A diferença positiva entre as velocidades médias desses veículos, nesse percurso, em quilômetros por hora, era de:

a) 11,475;   b) 39,25;   c) 40,5;   d) 42,375;   e) 45,5.

10. Observe que há uma relação entre as duas primeiras figuras representadas na seqüência abaixo.

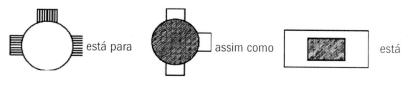

para...

A mesma relação deve existir entre a terceira figura e a quarta, que está faltando. Essa quarta figura é a:

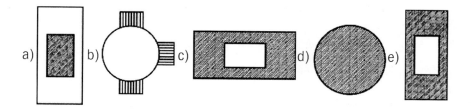

11. Na sucessão de figuras seguintes as letras foram colocadas obedecendo a um determinado padrão:

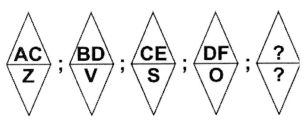

Se a ordem alfabética adotada exclui as letras K, W e Y, então, completando-se corretamente a figura que tem os pontos de interrogação obtém-se:

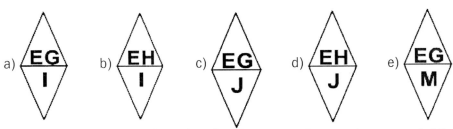

12. Das seis palavras seguintes, cinco deverão ser agrupadas segundo uma característica comum:

CARRETA - CANHADA - CAMADA - CREMADA - CANHOTO - CARRINHO

A palavra a ser descartada é:

a) CANHOTO;   b)CREMADA;   c)CAMADA;

d)CANHADA;   e)CARRETA.

13. Considere que, no interior do círculo abaixo os números foram colocados, sucessivamente e no sentido horário, obedecendo a um determinado critério:.

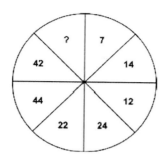

Se o primeiro número colocado foi o 7, o número a ser colocado no lugar do ponto de interrogação está compreendido entre:

a) 50 e 60;   b) 60 e 70;   c) 70 e 80;   d) 80 e 90;   e) 90 e 100.

14. Na sentença abaixo falta a última palavra. Procure nas alternativas a palavra que melhor completa essa sentença:

A empresa está revendo seus objetivos e princípios à procura das causas que obstruíram o tão esperado sucesso e provocaram esse inesperado...

a) êxito;   b) susto;   c) malogro;   d) fulgor;   e) lucro.

15. Se um livro tem 400 páginas numeradas de 1 a 400, quantas vezes o algarismo 2 aparece na numeração das páginas desse livro?

a) 160;   b) 168;   c) 170;   d) 176;   e) 180.

16. Considere a figura abaixo:

Se você pudesse fazer uma das figuras seguintes deslizar sobre o papel, aquela que, quando sobreposta à figura dada, coincidiria exatamente com ela é a:

a)   b)   c)   d)   e)

17. Considere a seqüência: (16, 18, 9, 12, 4, 8, 2, X). Se os termos dessa seqüência obedecem a uma lei de formação, o termo X deve ser igual a:

a) 12;   b) 10;   c) 9;   d) 7;   e) 5.

18. Uma pessoa dispõe apenas de moedas de 5 e 10 centavos, totalizando a quantia de R$ 1,75. Considerando que ela tem pelo menos uma moeda de cada tipo, o total de moedas que ela possui poderá ser no máximo igual a:

a) 28;   b) 30;   c) 34;   d) 38;   e) 40.

19. Alice, Bruna e Carla, cujas profissões são, advogada, dentista e professora, não necessariamente nesta ordem, tiveram grandes oportunidades para progredir em suas carreiras: uma delas, foi aprovada em um concurso público; outra, recebeu uma ótima oferta de emprego; e a terceira, uma proposta para fazer um curso de especialização no exterior.

Considerando que:

- Carla é professora;

- Alice recebeu a proposta para fazer o curso de especialização no exterior;

- a advogada foi aprovada em um concurso público;

É correto afirmar que

a) Alice é advogada;

b) Bruna é advogada;

c) Carla foi aprovada no concurso público;

d) Bruna recebeu a oferta de emprego;

e) Bruna é dentista.

20. A tabela indica os plantões de funcionários de uma repartição pública em três sábados consecutivos:

11/setembro	18/setembro	25/setembro
Cristina	Ricardo	Silvia
Beatriz	Cristina	Beatriz
Julia	Fernanda	Ricardo

Dos seis funcionários indicados na tabela, 2 são da área administrativa e 4 da área de informática. Sabe-se que para cada plantão de sábado são convocados 2 funcionários da área de informática, 1 da área administrativa, e que Fernanda é da área da informática. Um funcionário que necessariamente é da área de informática é:

a)Beatriz;   b)Cristina;   c)Julia;   d)Ricardo;   e)Silvia.

21. A figura indica um quadrado de 3 linhas e 3 colunas contendo três símbolos diferentes:

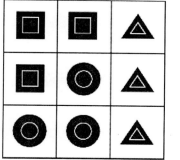
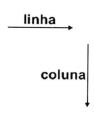

Sabe-se que:

• cada símbolo representa um número;

• a soma dos correspondentes números representado; na 1ª linha é 16;

• a soma dos correspondentes números representado; na 3ª coluna é 18;

• a soma de todos os correspondentes números no quadrado é 39.

Nas condições dadas, o valor numérico do símbolo é:

a) 8;   b) 6;   c) 5;   d) 3;   e) 2.

222 ◆ Quatro em Um: Para uma Excelente Base e Aprovação em Concursos Públicos

22. Em uma repartição pública que funciona de 2^a a 6ª feira, 11 novos funcionários foram contratados. Em relação aos contratados, é necessariamente verdade que:

a) todos fazem aniversário em meses diferentes;

b) ao menos dois fazem aniversário no mesmo mês;

c) ao menos dois começaram a trabalhar no mesmo dia do mês;

d) ao menos três começaram a trabalhar no mesmo dia da semana;

e) algum começou a trabalhar em uma 2ª feira.

23. Comparando uma sigla de 3 letras com as siglas MÊS, SIM, BOI, BOL e ASO, sabe-se que:

• MÊS não tem letras em comum com ela;

• SIM tem uma letra em comum com ela, mas que não está na mesma posição;

• BOI tem uma única letra em comum com ela, que está na mesma posição;

• BOL tem uma letra em comum com ela, que não está na mesma posição;

• ASO tem uma letra em comum com ela, que está na mesma posição.

A sigla a que se refere ao enunciado dessa questão é:

a) BIL;   b) ALI;   c) LAS;   d) OLI;   e) ABI.

24. Em um mês, Laura despachou dois processos a mais que o triplo dos processos despachados por Paulo. Nesse mesmo mês, Paulo despachou um processo a mais que Rita. Em relação ao total de processos despachados nesse mês pelos três juntos é correto dizer que é um número da seqüência:

a)1, 6, 11, 16, ...;   b)2, 7, 12, 17, ...;   c)3, 8, 13, 18, ...;

d)4, 9, 14, 19, ...;   e)5, 10, 15, 20, ...

Norton González ◆ 223

25. Em uma eleição onde concorrem os candidatos A, B e C, cada eleitor receberá uma cédula com o nome de cada candidato e deverá atribuir o número 1 à sua primeira escolha; o número 2 à sua segunda escolha; e o número 3 à terceira escolha. Ao final da eleição, sabe-se que todos eleitores votaram corretamente, e que a soma dos números atribuídos à cada candidato foi:

- 22 para A
- 18 para B
- 20 para C

Em tais condições, o número de pessoas que votou nessa eleição é igual a:

a) 6;   b) 8;   c) 10;   d) 12;   e) 15.

26. Em uma estante, a prateleira B é reservada para os livros de literatura brasileira, e a prateleira E para os de literatura estrangeira. Sabe-se que:

1. ambas as prateleiras têm, de início, o mesmo número de livros;

2. retiram-se 25 livros da prateleira B colocando-os na prateleira E;

3. após a etapa anterior, retiram-se 25 livros, ao acaso, da prateleira E colocando-os na prateleira B.

Após a etapa 3, é correto afirmar que o número de livros de literatura brasileira em...é:

a) B é o dobro que em E;

b) B é menor que em E;

c) B é igual ao de E;

d) E é igual ao de literatura estrangeira em B;

e) E é a terça parte que em B.

27. Em um dia de trabalho no escritório, em relação aos funcionários Ana, Cláudia, Luís, Paula e João, sabe-se que:

- Ana chegou antes de Paula e Luís;

- Paula chegou antes de João;

- Cláudia chegou antes de Ana;

- João não foi o último a chegar.

Nesse dia, o terceiro a chegar ao escritório para o trabalho foi:

a) Ana;   b) Cláudia;   c) João;   d) Luís;   e) Paula.

28. O diagrama indica percursos que interligam as cidades A, B, C, D e E, com as distâncias dadas em quilômetros:

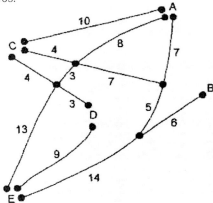

Partindo-se de A e passando por E, C e D, nessa ordem, a menor distância que poderá ser percorrida para chegar a B, em quilômetros, é:

a) 68;   b) 69;   c) 70;   d) 71;   e) 72.

29. Esta seqüência de palavras segue uma lógica:

- Pá
- Xale
- Japeri

Uma quarta palavra que daria continuidade lógica à seqüência poderia ser

a) Casa;   b) Anseio;   c) Urubu;   d) Café;   e) Sua.

30. Suponha que o custo, em reais, de produção de x unidades de certo artigo seja calculado pela expressão $C(x) = -x^2 + 24x + 2$. Se cada artigo for vendido por R$ 4,00, quantas unidades deverão ser vendidas para que se obtenha um lucro de R$ 19,00?

a) 18;   b) 21;   c) 25;   d) 28;   e) 30.

31. Sabe-se que um número inteiro e positivo N é composto de três algarismos. Se o produto de N por 9 termina à direita por 824, a soma dos algarismos de N é:

a) 11;   b) 13;   c) 14;   d) 16;   e) 18.

32. Uma pessoa aplicou certo capital a juro simples de 4% ao mês. Ao final de 1 ano, retirou o montante e dividiu-o entre seus três filhos, na razão direta de suas respectivas idades: 9, 12 e 15 anos. Se o mais jovem recebeu R$ 333,00 a menos que o mais velho, o capital aplicado foi:

a) R$ 1.200,00;   b) R$ 1.250,00;   c) R$ 1.300,00;

d) R$ 1.350,00;   e) R$ 1.400,00.

33. Certo mês, um técnico judiciário trabalhou durante 23 dias. Curiosamente, ele observou que o número de pessoas que atendera a cada dia havia aumentado segundo os termos de uma progressão aritmética. Se nos cinco primeiros dias do mês ele atendeu 35 pessoas e nos cinco últimos 215, então, o total de pessoas por ele atendidas nesse mês foi:

a) 460;   b) 475;   c) 515;   d) 560;   e) 575.

34. Num dado momento, no almoxarifado de certa empresa, havia dois tipos de impressos: A e B. Após a retirada de 80 unidades de A, observou-se que o número de impressos B estava para o de A na proporção de 9 para 5. Em seguida, foram retiradas 100 unidades de B e a proporção passou a ser de 7 de B para cada 5 de A. Inicialmente, o total de impressos dos dois tipos era:

a) 780;   b) 600;   c) 840;   d) 860;   e) 920.

35. Hoje, dois técnicos judiciários, Marilza e Ricardo, receberam 600 e 480 processos para arquivar, respectivamente. Se Marilza arquivar 20 processos por dia e Ricardo arquivar 12 por dia, a partir de quantos dias, contados de hoje, Marilza terá menos processos para arquivar do que Ricardo?

a) 12;   b) 14;   c) 16;   d) 18;   e) 20.

36. Considere os seguintes pares de números: (3,10); (1,8); (5,12); (2,9); (4,10). Observe que quatro desses pares têm uma característica comum. O único par que não apresenta tal característica é:

a) (3,10);   b) (1,8);   c) (5,12);

d) (2,9);   e) (4,10).

37. Observe a figura seguinte:

Qual figura é igual à figura acima representada?

a)   b)   c)   d)   e)

INSTRUÇÕES:

Para responder à questão de número **38**, observe o exemplo abaixo, no qual são dados três conjuntos de números, seguidos de cinco alternativas.

$$\frac{3 \quad 4}{12} \qquad \frac{1 \quad 5}{11} \qquad \frac{2 \quad 8}{X}$$

a) 10;   b) 12;   c) 13;   d) 15;   e) 18.

O objetivo da questão é determinar o número x que aparece abaixo do traço no terceiro conjunto.

No primeiro conjunto, acima do traço, têm-se os números 3 e 4, e, abaixo, o número 12. Note que o número 12 é resultado de duas operações sucessivas: a adição dos números acima do traço (3 + 4 = 7), seguida da adição de 5 à soma obtida (7 + 5 = 12).

Da mesma forma, foi obtido o número 11 do segundo conjunto: 1 + 5 = 6; 6 + 5 = 11.

Repetindo-se a seqüência de operações efetuadas nos conjuntos anteriores com os números do terceiro conjunto, obtém-se o número x, ou seja, 2+8 = 10; 10 + 5 = x. Assim, x = 15 e a resposta é a alternativa (**d**).

ATENÇÃO: Em questões desse tipo, podem ser usadas outras operações, diferentes das usadas no exemplo dado.

38. Considere os conjuntos de números:

$$\frac{8 \quad 3}{25} \qquad \frac{10 \quad 2}{64} \qquad \frac{7 \quad 3}{X}$$

Mantendo para os números do terceiro conjunto a seqüência das duas operações efetuadas nos conjuntos anteriores para se obter o número abaixo do traço, é correto afirmar que o número x é

a) 9;   b) 16;   c) 20;   d) 36;   e) 40.

39. Seis rapazes (Álvaro, Bruno, Carlos, Danilo, Elson e Fábio) conheceram-se certo dia em um bar. Considere as opiniões de cada um deles em relação aos demais membros do grupo:

- Álvaro gostou de todos os rapazes do grupo;

- Bruno, não gostou de ninguém; entretanto, todos gostaram dele;

- Carlos gostou apenas de dois rapazes, sendo que Danilo é um deles;

- Danilo gostou de três rapazes, excluindo-se Carlos e Fábio;

- Elson e Fábio gostaram somente de um dos rapazes.

Nessas condições, quantos grupos de dois ou mais rapazes gostaram uns dos outros?

a) 1;   b) 2;   c) 3;   d) 4;   e) 5.

228 ◆ Quatro em Um: Para uma Excelente Base e Aprovação em Concursos Públicos

40. Dado um número inteiro e positivo N, chama-se persistência de N a quantidade de etapas que são necessárias para que, através de uma seqüência de operações preestabelecidas efetuadas a partir de N, seja obtido um número de apenas um digito. O exemplo seguinte mostra que a persistência do número 7 191 é 3:

$$7191 \xrightarrow[7 \times 1 \times 9 \times 1]{} 63 \xrightarrow[6 \times 3]{} 18 \xrightarrow[1 \times 8]{} 8$$

Com base na definição e no exemplo dados, é correto afirmar que a persistência do número 8 464 é:

a) menor que 4;   b) 4;   c) 5;

d) 6;   e) maior que 6.

41. Ao longo de uma reunião, da qual participaram o presidente de certa empresa e alguns funcionários, forem servidos 28 salgadinhos em uma bandeja. Sabe-se que:

— todos os participantes da reunião sentaram-se ao redor de uma mesa circular;

— o primeiro a ser servido dos salgadinhos foi o presidente e, após ele, sucessivamente, todos os demais também o foram, um a um, a partir da direita do presidente;

— a cada passagem da bandeja, todas as pessoas se serviram, cada qual de um único salgadinho;

— coube ao presidente ser servido do último salgadinho da bandeja.

Considerando que as pessoas podem ter comido mais de um salgadinho, o total de participantes dessa reunião poderia ser:

a) 4;   b) 9;   c) 10;   d) 13;   e) 15.

Norton González ◆ 229

42. O **Mini Sudoku** é um divertido passatempo de raciocínio lógico. Ele consiste de 36 quadradinhos em uma grade 6 x 6, subdividida em seis grades menores de 2 x 3. O objetivo do jogo é preencher os espaços em branco com os números de 1 a 6, de modo que os números colocados não se repitam nas linhas, nem nas colunas, nem nas grades 2 x 3 e tampouco na grade 6 x 6, conforme é mostrado no exemplo que segue:

1	5	2	4	3	6
4	3	6	2	1	5
5	6	3	1	4	2
2	1	4	6	5	3
3	2	1	5	6	4
6	4	5	3	2	1

Observe que, no esquema de jogo abaixo, três das casas em branco aparecem sombreadas. Você deve completar o esquema de acordo com as regras do jogo, para descobrir quais números deverão ser colocados nessas casas:

	3	2		▓	5
4					
6		▓	2		
		3			4
					3
3			1	5	▓

A soma dos números que corretamente deverão preencher as casas sombreadas é:

a) 7;   b) 9;   c) 11;   d) 13;   e) 15.

43. Floriano e Peixoto são funcionários do Ministério Público da União e, certo dia, cada um deles recebeu um lote de processos para arquivar. Sabe-se que:

— os dois lotes tinham a mesma quantidade de processos;

— ambos iniciaram suas tarefas quando eram decorridos $\dfrac{37}{96}$ do dia e trabalharam ininterruptamente até concluí-la;

— Floriano gastou 1 hora e 45 minutos para arquivar

todos os processos de seu lote;

— nas execuções das respectivas tarefas, a capacidade

operacional de Peixoto foi 60% da de Floriano.

Nessas condições, Peixoto completou a sua tarefa às:

a) 11horas e 15 min.;

b) 11 horas e 20 min.;

c) 11 horas e 50 min.;

d) 12 horas e 10 min.;

e) 12 horas e 26 min.

44. Mensalmente, um técnico administrativo elabora relatórios estatísticos referentes à expedição de correspondências internas e externas. Analisando os relatórios por ele elaborados ao final dos meses de setembro, outubro e novembro de 2006, foi observado que:

— do total de correspondências em setembro, 20% eram de âmbito interno;

— em cada um dos meses seguintes, o número de correspondências internas expedidas aumentou 10% em relação às internas expedidas no mês anterior, enquanto que para as externas, o aumento mensal foi de 20%, em relação às externas.

Comparando os dados do mês de novembro com os de setembro, é correto afirmar que o aumento das correspondências expedidas:

a) no total foi de 39,4%;

b) internamente foi de 42,2%;

c) externamente foi de 34,6%;

d) internamente foi de 20%;

e) externamente foi de 40%.

45. Observe que em cada um dos dois primeiros pares de palavras ao lado, a palavra da direita foi formada a partir da palavra da esquerda, utilizando-se de um mesmo critério:

SOLAPAR - RASO
LORDES - SELO
CORROBORA - **?**

Com base nesse critério, a palavra que substitui corretamente o ponto de interrogação é:

a) CORA; b) ARCO; c) RABO; d) COAR; e) ROCA.

46. Considerando que, em certo ano, o dia 23 de junho ocorreu em um sábado, o dia 22 de outubro desse mesmo ano ocorreu em:

a) uma segunda-feira;

b) uma terça-feira;

c) uma quarta-feira;

d) um sábado;

e) um domingo.

232 ♦ Quatro em Um: Para uma Excelente Base e Aprovação em Concursos Públicos

47. Ao preparar o relatório das atividades que realizou em novembro de 2006, um motorista viu que, nesse mês, utilizara um único carro para percorrer 1875 km, a serviço do Ministério Público da União. Curiosamente, ele observou que, ao longo de todo esse percurso, havia usado os quatro pneus e mais o estepe de tal carro e que todos estes cinco pneus haviam rodado a mesma quilometragem. Diante disso, quantos quilômetros cada um dos cinco pneus percorreu?

a) 375;   b) 750;   c) 1125;   d) 1500;   e) 1750.

48. Nas prateleiras de uma farmácia há apenas três tipos de frascos, nos tamanhos grande, médio e pequeno e nas cores rosa, branca e azul, não respectivamente. Sabe-se também que: cada frasco contém somente comprimidos de uma mesma cor - rosa, branca ou azul -, entretanto, apenas os frascos grandes têm a mesma cor dos comprimidos que contêm; nem os frascos médios e nem os comprimidos que eles contêm são azuis; os frascos pequenos contêm apenas comprimidos na cor rosa. Nessas condições, é correto afirmar que os:

a) frascos médios contêm comprimidos rosa e os grandes contêm comprimidos brancos;

b) frascos brancos têm tamanho médio e contêm comprimidos azuis;

c) comprimidos dos frascos médios são brancos e os dos frascos grandes são azuis;

d) comprimidos dos frascos grandes são brancos e os dos frascos pequenos são azuis;

e) frascos grandes são brancos e os médios são azuis.

49. Considere que as seguintes afirmações são verdadeiras:

—— Todo motorista que não obedece às leis de trânsito é multado.

—— Existem pessoas idôneas que são multadas.

Com base nessas afirmações é verdade que:

a) se um motorista é idôneo e não obedece às leis de trânsito, então ele é multado;

b) se um motorista não respeita as leis de trânsito, então ele é idôneo;

c) todo motorista é uma pessoa idônea;

d) toda pessoa idônea obedece às leis de trânsito;

e) toda pessoa idônea não é multada.

50. Em uma sede da Procuradoria da Justiça serão oferecidos cursos para a melhoria do desempenho pessoal de seus funcionários. Considere que:

— essa sede tem 300 funcionários, dos quais $\dfrac{5}{12}$ são do sexo feminino;

— todos os funcionários deverão fazer um único curso e, para tal, deverão ser divididos em grupos, cada qual composto com pessoas de um mesmo sexo;

— todos os grupos deverão ter o mesmo número de funcionários;

— cada grupo formado terá seu curso em um dia diferente dos demais grupos.

Diante disso, a menor quantidade de cursos que deverão ser oferecidos é:

a) 25;   b) 20;   c) 18;   d) 15;   e) 12.

51. Se para numerar as páginas de um livro foram usados 357 algarismos, qual a quantidade de páginas cuja numeração corresponde a um número par?

a) 70;   b) 77;   c) 80;   d) 87;   e) 90.

52. Segundo o Sistema Internacional de Unidades (SI), os nomes dos múltiplos e submúltiplos de uma unidade são formados mediante os seguintes prefixos:

a) 2 326;   b) 2418;   c) 2 422;   d) 3 452;   e) 3 626.

Fator pelo qual a unidade é multiplicada	Prefixo	Símbolo
$1000\ 000\ 000\ 000 = 10^{12}$	Terá	T
$1000\ 000\ 000 = 10^{9}$	Giga	G
$1000\ 000 = 10^{6}$	Mega	M
$1\ 000 = 10^{3}$	Quilo	k
$100 = 10^{2}$	Hecto	h
$10 = 10^{1}$	Deca	da
$0,1 = 10^{-1}$	Deci	d
$0,01 = 10^{-2}$	Centi	c
$0,001 = 10^{-3}$	Mili	m
$0,000\ 001 = 10^{-6}$	Micro	μ
$0,000000001 = 10^{-9}$	Nano	n
$0,000\ 000\ 000\ 001 = 10^{-12}$	Pico	P

234 ◆ Quatro em Um: Para uma Excelente Base e Aprovação em Concursos Públicos

Assim, por exemplo, tem-se que: 30 Gm (gigametros) = 30 . 10^9 m (metros).

Com base nessas informações, se a unidade de medida fosse o byte (b), então a razão entre 1 800 μb e 0,06 dab, nesta ordem, seria um número compreendido entre:

a)10^{-6} e 10^{-4};   b)10^{-4} e 10^{-3};   c)10^{-3} e 10^{-2};

d)10^{-2} e 10^{-1};   e)10^{-1} e 1.

53. Um médico recomendou a Estevão que, em benefício de sua saúde, fizesse uma caminhada todos os dias. Seguindo sua recomendação, Estevão: iniciou suas caminhadas em 06/11/2006; no dia seguinte, percorreu 10% a mais que a quantidade de metros que havia caminhado no dia anterior; no terceiro dia, percorreu 20% a mais que a quantidade de metros percorrida no primeiro dia; no quarto dia, 30% a mais que a quantidade de metros percorrida no primeiro dia e, dessa forma, foi sucessivamente aumentando o percurso de sua caminhada. Se, ao longo dos 10 primeiros dias, Estevão percorreu um total de 11,6 km, quantos metros ele caminhou em 11/11/2006?

a) 1400;   b) 1350;   c) 1300;   d) 1250;   e) 1200.

54. Em um laboratório, duas velas que têm a mesma forma e a mesma altura são acesas simultaneamente. Suponha que:

— as chamas das duas velas ficam acesas, até que sejam consumidas totalmente;

— ambas as velas queimam em velocidades constantes;

— uma delas é totalmente consumida em 5 horas, enquanto que a outra é em 4 horas.

Nessas condições, após quanto tempo do instante em que foram acesas, a altura de uma vela será o dobro da altura da outra?

a)2 horas e 20 minutos;   b)2 horas e 30 minutos;

c)3 horas e 10 minutos;   d)3 horas e 20 minutos;

e)3 horas e 30 minutos.

55. Seja X o menor número positivo que multiplicado por 7 resulta em um número cujos algarismos são todos iguais a 5. O número X:

a) é um quadrado perfeito;

b) é menor que 60 000;

c) é divisível por 9;

d) é tal que o produto 7X tem 5 algarismos;

e) tem a soma dos algarismos igual a 30.

56. Considere todos os números inteiros e positivos dispostos, sucessivamente, em linhas e colunas, da forma como é mostrado abaixo:

	1ª CO-LUNA ↓	2ª CO-LUNA ↓	3ª CO-LUNA ↓	4ª CO-LUNA ↓	5ª CO-LUNA ↓	6ª CO-LUNA ↓	7ª CO-LUNA ↓
1ª LINHA →	1	2	3	4	5	6	7
2ª LINHA →	8	9	10	11	12	13	14
⋮	⋮	⋮	⋮	⋮	⋮	⋮	⋮

Se fosse possível completar essa tabela, então, na terceira coluna e na tricentésima quadragésima sexta linha apareceria o número:

57. Um funcionário de uma seção da Procuradoria da Justiça foi incumbido de colocar nas cinco prateleiras de um armário cinco tipos de documentos, distintos entre si. Para tal, recebeu as seguintes instruções:

— em cada prateleira deverá ficar apenas um tipo de documento;

— os processos a serem examinados deverão ficar em uma prateleira que fica acima da dos impressos em branco e imediatamente abaixo da de relatórios técnicos;

— os registros financeiros deverão ficar em uma prateleira acima da de correspondências recebidas que, por sua vez, deverão ficar na prateleira imediatamente abaixo da dos processos a serem encaminhados.

236 ♦ Quatro em Um: Para uma Excelente Base e Aprovação em Concursos Públicos

Se ele cumprir todas as instruções recebidas, então, na prateleira mais alta deverão ficar:

a) os processos a serem examinados;   b) as correspondências recebidas;

c) os registros financeiros;   d) os relatórios técnicos;

e) os impressos em branco.

58. Dois funcionários do Ministério Público receberam a incumbência de examinar um lote de documentos. Dividiram os documentos entre si em partes que eram, ao mesmo tempo, inversamente proporcionais às suas respectivas idades e diretamente proporcionais aos seus respectivos tempos de serviço no Ministério Público. Sabe-se que: ao funcionário que tem 27 anos de idade e presta serviço ao Ministério há 5 anos coube 40 documentos; o outro tem 36 anos de idade e presta serviço ao Ministério há 12 anos. Nessas condições, o total de documentos do lote é:

a) 112;   b) 120;   c) 124;   d) 132;   e) 136.

59. No refeitório de certa empresa, num dado momento, o número de mulheres correspondia a 45% o de homens. Logo depois, 20 homens e 3 mulheres retiraram-se do refeitório e, concomitantemente, lá adentraram 5 homens e 10 mulheres, ficando, então, o número de mulheres igual ao de homens. Nessas condições, o total de pessoas que havia inicialmente nesse refeitório é:

a) 46;   b) 48;   c) 52;   d) 58;   e) 60.

60. No início do mês Fernando gastou metade do dinheiro que tinha. Alguns dias depois gastou 3/4 do que lhe sobrou. No fim do mês Fernando recebeu, como parte do pagamento de uma antiga dívida, uma quantia correspondente a 7/5 do que lhe sobrara, ficando com R$ 600,00. Quanto Fernando tinha no início do mês?

a) R$1.425,00;   b) R$1.800,00;   c) R$2.000,00;

d)R$2.400,00;   e)R$2.625,00.

61. Para se numerar as páginas de um livro, são utilizados 333 algarismos. Quantas páginas possui este livro?

a) 311;   b) 284;   c) 229;   d) 160;   e) 147.

Norton González ◆ 237

62. Determinar o número de vezes que o algarismo 1 é escrito de 1 a 2007:

a) 1.411;   b) 1.601;   c) 1.731;   d) 1.781;   e) 1.800.

63. Numa certa cidade, 8 em cada 25 habitantes são fumantes. Se 3 em cada 11 fumantes deixarem de fumar, o número de fumantes ficará reduzido a 12.800. Quantos habitantes há nesta cidade?

a) 42.000;   b)45.000;   c)52.000;

d)55.000;   e)61.000.

64. Uma pessoa, ao preencher um cheque, trocou o algarismo das dezenas com o das centenas e, por isso, pagou R$ 180,00 a mais. Sabendo-se que a soma dos algarismos trocados é igual a 10, qual era o algarismo das dezenas no cheque?

a) 2;   b) 3;   c) 4;   d) 5;   e) 6.

65. Num ônibus viajam 2 passageiros sentados em cada banco e 26 passageiros em pé. Se sentassem 3 passageiros em cada banco, ficariam 2 bancos vazios. Quantos passageiros viajam nesse ônibus?

a) 80;   b) 90;   c) 64;   d) 70;   e) 76.

66. Uma máquina copiadora produz 1.500 cópias iguais em 30 minutos de funcionamento. Em quantos minutos de funcionamento outra máquina, com rendimento correspondente a 80% do da primeira, produziria 1.200 dessas cópias?

a) 30;   b) 35;   c) 40;   d) 42;   e) 45.

67. Um veículo percorre os 5/8 de uma estrada em 4 horas, à velocidade média de 75 km/h. Para percorrer o restante dessa estrada em 1 hora e 30 minutos, sua velocidade média deverá ser:

a)90 km/h;   b)100 km/h;   c)115 km/h;

d)120 km/h;   e)125 km/h.

238 ◆ Quatro em Um: Para uma Excelente Base e Aprovação em Concursos Públicos

68. Se 5 máquinas funcionando 21 horas por dia produzem 720 peças em 6 dias, então o número de peças que 4 máquinas iguais as primeiras produzirão em 7 dias trabalhando 20 horas por dia é igual a:

a) 600; b) 640; c) 680; d) 720; e) 60.

69. Um determinado serviço é realizado por uma única máquina em 12 horas de funcionamento ininterrupto e, em 15 horas, por uma outra máquina, nas mesmas condições. Se funcionarem simultaneamente, em quanto tempo realizarão este mesmo serviço?

a) 13 horas e 30 minutos; b) 6 horas e 40 minutos;

c) 4 horas e 50 minutos; d) 27 horas; e) 9 horas.

70. Uma torneira enche um tanque de 2,60 m de comprimento, 2,20 m de largura e 80 cm de altura em 5 horas de funcionamento ininterrupto. Uma outra torneira enche o mesmo tanque em 4 horas de funcionamento ininterrupto. O tanque estando inicialmente vazio abre-se a primeira torneira e, uma hora depois, abre-se a segunda torneira. Em quanto tempo o tanque estará cheio, sabendo-se que as torneiras funcionaram ininterruptamente?

a) 2 horas 13 minutos e 20 segundos;

b) 4 horas 30 minutos;

c) 2 horas 46 minutos e 40 segundos;

d) 3 horas 28 minutos;

e) 3 horas.

71. Um levantamento sócio-econômico entre os habitantes de uma cidade revelou que exatamente 17% têm casa própria; 22% têm automóvel e 8% têm casa própria e automóvel. Qual é o percentual dos que não têm casa própria nem automóvel?

a) 53%; b) 69%; c) 61%; d) 55%; e) 60%.

72. Numa lista com 500 números inteiros, 280 são múltiplos de 2, 250 são múltiplos de 5 e 70 são números primos maiores que 11. Qual a percentagem dos números dessa lista que terminam em zero?

a) 20%; b) 25%; c) 30%; d) 35%; e) 40%.

73. O nível geral de preços em determinada região sofreu uma aumento de 10% em 1999 e 8% em 2000. Qual foi o aumento total dos preços no biênio considerado?

a) 8%; b) 8,8%; c) 10,8%; d) 18%; e) 18,8%.

74. Se Y é diferente de zero, e se X/Y = 4, então a razão de 2X – Y para X, em termos percentuais, é igual a:

a) 75%; b) 25%; c) 57%; d) 175%; e) 200%.

75. Paulo digitou 1/5 das X páginas de um texto e Fábio digitou 1/4 do número de páginas restantes. A porcentagem de X que deixaram de ser digitadas é:

a) 20%; b) 25%; c) 45%; d) 50%; e) 60%.

76. Em uma turma de 60 alunos, 11 jogam xadrez, 3 mulheres jogam xadrez e 36 são homens ou jogam xadrez. Qual a porcentagem que as mulheres que não jogam xadrez representam em relação à turma?

a) 40%; b) 20%; c) 24%; d) 30%; e) 45%.

77. Determinar a soma dos antecedentes de uma proporção cujos conseqüentes são 7 e 10, sabendo-se que a diferença entre oito vezes o primeiro antecedente e cinco vezes o segundo é 18.

a) 32; b) 40; c) 51; d) 63; e) 67.

78. Uma herança de R$ 460.000,00 deve ser dividida entre três pessoas na razão direta do número de filhos de cada uma e na razão inversa das idades delas. As três pessoas têm, respectivamente, 2, 4 e 5 filhos, e as idades respectivas são 24, 32 e 45 anos. Quanto receberá o mais velho?

a)R$ 160.000,00 b)R$ 180.000,00

c)R$ 150.000,00 d)R$ 120.000,00

e)R$ 130.000,00

240 ♦ Quatro em Um: Para uma Excelente Base e Aprovação em Concursos Públicos

79. Colocou-se laranjas em quatro cestas cujos volumes são inversamente proporcionais aos números 14, 10, 8 e 4. A segunda cesta contém 48 laranjas a mais que a primeira. Quantas laranjas foram distribuídas ao todo?

a) 84;　　　　b) 220;　　　　c) 437;　　　　d) 712;　　　　e) 918.

80. SUDOKU

9	8		7			4		6
		4	9				3	
	3				5		8	
	2			6		5		
	7	1	3		4	8	9	
		9			8		6	
	4		6				5	
	9				3	6		
3		2	5		1		4	8

81. SUDOKU

	6	3		8			2	
	5				4			9
	7		2	1			6	4
		4	9					6
2	8		1	3			4	5
7			6			2		
8	2			9	5		3	
5			8				9	
	4			2		7	5	

82. SUDOKU

7			6	3		1		
1	3			7		5	8	
4				5		2		
		5	2				4	3
6			7					9
3	4			8	9	6		
		3		9				1
	6	8		2			7	5
		4		6	7			8

83. SUDOKU

	6	3		8			2	
	5				4			9
	7		2	1			6	4
		4	9					6
2	8		1	3			4	5
7			6			2		
8	2			9	5		3	
5			8				9	
	4			2		7	5	

84. KAKURO 6 x 6

85. KAKURO 7 x 7

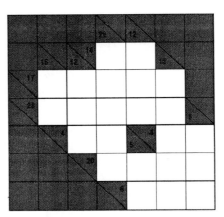

86. KAKURO 8 x 8

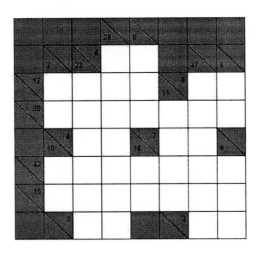

87. Qual dos números seguintes **NÃO** é equivalente ao número 0,000000625?

a) $6,25.10^{-7}$;

b) $62,5.10^{-7}$;

c) $6\frac{1}{4}.10^{-7}$;

d) 625.10^{-9};

e) $\frac{5}{8}.10^{-6}$.

88. Sabe-se que um número X é diretamente proporcional a um número Y e que, quando X = 8, tem-se Y = 24. Assim, quando X = $\frac{5}{6}$, o valor de Y é:

a) $\frac{1}{3}$;

b) $\frac{2}{3}$;

c) $\frac{3}{2}$;

d) $\frac{5}{3}$;

e) $\frac{5}{2}$.

89. Um lote de 210 processos deve ser arquivado. Essa tarefa será dividida entre quatro Técnicos Judiciários de uma Secretaria da Justiça Federal, segundo o seguinte critério: Aluísio e Wilson deverão dividir entre si $\frac{2}{5}$ do total de processos do lote na razão direta de suas respectivas idades: 24 e 32 anos; Rogério e Bruno deverão dividir os restantes entre si, na razão inversa de seus respectivos tempos de serviço na Secretaria: 20 e 15 anos. Se assim for feito, os técnicos que deverão arquivar a menor e a maior quantidade de processos são, respectivamente,

a) Aluísio e Bruno;

b) Aluísio e Rogério;

c) Wilson e Bruno;

d) Wilson e Rogério;

e) Rogério e Bruno.

90. Um digitador gastou 18 horas para copiar $\frac{2}{7}$ do total de páginas de um texto. Se a capacidade operacional de outro digitador for o triplo da capacidade do primeiro, o esperado é que ele seja capaz de digitar as páginas restantes do texto em:

a) 13 horas;

b) 13 horas e 30 minutos;

c) 14 horas;

d) 14 horas e 15 minutos;

e) 15 horas.

91. Na compra de um lote de certo tipo de camisa para vender em sua loja, um comerciante conseguiu um desconto de 25% sobre o valor a ser pago. Considere que:

— se não tivesse recebido o desconto, o comerciante teria pago R$ 20,00 por camisa;

— ao vender as camisas em sua loja, ele pretende dar ao cliente um desconto de 28% sobre o valor marcado na etiqueta e, ainda assim, obter um lucro igual a 80% do preço de custo da camisa.

Nessas condições, o preço que deverá estar marcado na etiqueta é:

a)R$ 28,50;   b)R$ 35,00;   c)R$ 37,50;   d)R$ 39,00;   e)R$ 41,50.

92. Observe que, no esquema abaixo as letras que compõem os dois primeiros grupos foram dispostas segundo determinado padrão. Esse mesmo padrão deve existir entre o terceiro grupo e o quarto, que está faltando.

ZUVX : TQRS :: HEFG : ?

Considerando que a ordem alfabética adotada, que é a oficial, exclui as letras K, W e Y, o grupo de letras que substitui corretamente o ponto de interrogação é:

a)QNOP;   b)BCDA;   c)IFGH;   d)DABC;   e)FCDE.

Instrução: para responder as questões de números 93 e 94 considere o texto abaixo:

Do chamado "Jogo da Velha' participam duas pessoas que, alternadamente, devem assinalar suas jogadas em uma malha quadriculada 3 x 3: uma, usando apenas a letra X para marcar sua jogada e a outra, apenas a letra Q. Vence o jogo a pessoa quem primeiro conseguir colocar três de suas marcas em uma mesma linha, ou em uma mesma coluna, ou em uma mesma diagonal.

93. O esquema abaixo representa, da esquerda para a direita, uma sucessão de jogadas feitas por Alice e Eunice numa disputa do "Jogo da Velha".

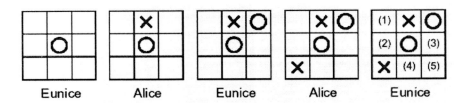

Para que, com certeza, a partida termine com uma vitória de Eunice, então, ao fazer a sua terceira jogada, em qual posição ela deverá assinalar a sua marca?

a) somente em (2);   b) somente em (3);

c) em (3) ou em (4);   d) em (1) ou em (2);

e) em (2) ou em (4).

94. A figura abaixo mostra duas jogadas assinaladas em uma grade do "Jogo da Velha".

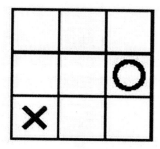

A alternativa em que as duas jogadas assinaladas NÃO são equivalentes às que são mostradas na grade dada é:

a)   b)   c)   d)   e)

95. Observe a seguinte sucessão de multiplicações:

5 x 5 = 25

35 x 35 = 1 225

335 x 335 =11 2225

3335 x 3335 =11 122 225

246 ♦ Quatro em Um: Para uma Excelente Base e Aprovação em Concursos Públicos

A análise dos produtos obtidos em cada linha permite que se conclua corretamente que, efetuando 33 333 335 x 33 333 335, obtém-se um número cuja soma dos algarismos é igual a:

a) 28;   b) 29;   c) 31;   d) 34;   e) 35.

96. Certo dia, três Técnicos Judiciários - Abel, Benjamim e Caim - foram incumbidos de prestar atendimento ao público, arquivar um lote de documentos e organizar a expedição de correspondências, não respectivamente. Considere que cada um deverá executar um único tipo de tarefa e que, argüidos sobre qual tipo de tarefa deveriam cumprir, deram as seguintes respostas:

— aquele que irá atender ao público disse que Abel fará o arquivamento de documentos;

— o encarregado do arquivamento de documentos disse que seu nome era Abel;

— o encarregado da expedição de correspondências afirmou que Caim deverá fazer o arquivamento de documentos.

Se Abel é o único que sempre diz a verdade, então as respectivas tarefas de Abel, Benjamim e Caim são:

a) atendimento ao público, arquivamento de documentos e expedição de correspondências;

b) atendimento ao público, expedição de correspondências e arquivamento de documentos;

c) arquivamento de documentos, atendimento ao público e expedição de correspondências;

d) expedição de correspondências, atendimento ao público e arquivamento de documentos;

e) expedição de correspondências, arquivamento de documentos e atendimento ao público.

97. Assinale a alternativa que completa a série seguinte:

J J A S O N D ?

a) J;   b) L;   c) M;   d) N;   e) O.

98. Assinale a alternativa correspondente ao número de cinco dígitos no qual o quinto dígito é a metade do quarto e o quarto do terceiro dígito. O terceiro dígito é a metade do primeiro e o dobro do quarto. O segundo dígito é três vezes o quarto e tem cinco unidades a mais que o quinto.

a) 17942;   b) 25742;   c) 65384;   d) 86421;   e) 97463.

99. Considere a seqüência de figuras ao lado.

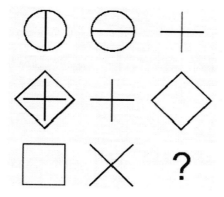

A figura que substitui corretamente a interrogação é:

a)   b)   c)

d)   e)

100. Se Rasputin não tivesse existido, Lenin também não existiria. Lenin existiu. Logo,

a) Rasputin não existiu;   b) Lênin existiu;

c) Lênin não existiu,   d) Lênin não existiu;

e) Rasputin existiu.

101. Assinale a alternativa que substitui corretamente a interrogação na seguinte seqüência numérica: **8 12 24 60 ?**

a) 56;   b) 68;   c) 91;   d) 134;   e) 168.

102. Aquele policial cometeu homicídio. Mas centenas de outros policiais cometeram homicídios, se aquele policial cometeu homicídio. Logo,

a) nenhum policial cometeu homicídio;

b) centenas de outros policiais cometeram homicídios;

c) centenas de outros policiais não cometeram homicídios;

d) aquele policial não cometeu homicídio;

e) aquele policial cometeu homicídio.

103. Assinale a alternativa que substitui corretamente a interrogação na seguinte seqüência numérica: **6 11 ? 27**

a) 57;   b) 17;   c) 15;   d) 13;   e) 18.

104. Considere a seqüência de figuras abaixo:

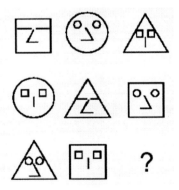

A figura que substitui corretamente a interrogação é:

a)   b)   c)

d)   e)

105. Todas as estrelas são dotadas de luz própria. Nenhum planeta brilha com luz própria. Logo,

a) todos os planetas são planetas;

b) todas as estrelas são estrelas;

c) todos os planetas são estrelas;

d) nenhum planeta é estrela;

e) todas as estrelas são planetas.

106. Há cinco objetos alinhados numa estante: um violino, um grampeador, um vaso, um relógio e um tinteiro. Conhecemos as seguintes informações quanto à ordem dos objetos:

— O grampeador está entre o tinteiro e o relógio.

— O violino não é o primeiro objeto e o relógio não é o último.

— O vaso está separado do relógio por dois outros objetos.

Qual é a posição do violino?

a) segunda posição;   b) terceira posição;

c) quarta posição;   d) quinta posição;

e) sexta posição.

107. Considere a seqüência de figuras ao lado:

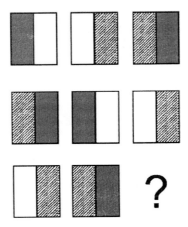

A figura que substitui corretamente a interrogação é:

a)   b)   c)   d)   e)

108. Se Guilherme disse a verdade, Gabriela e Lucas mentiram. Se Lucas mentiu, Bruna falou a verdade. Se Bruna falou a verdade, Maria está dormindo. Ora, Maria não está dormindo. Logo:

a) Guilherme e Bruna mentiram;

b) Guilherme e Gabriela disseram a verdade;

c) Lucas e Bruna mentiram;

d) Lucas mentiu ou Bruna disse a verdade;

e) Lucas e Gabriela mentiram.

109. Em uma cidade, todo pai de pai de família é cantor. Todo filósofo, se não for marceneiro, ou é pai de família ou é arquiteto. Ora, não há marceneiro e não há arquiteto que não seja cantor. Portanto, tem-se que, necessariamente:

a) Algum pai de família é marceneiro;

b) Todo cantor é filósofo;

c) Todo filósofo é cantor;

d) Todo cantor é marceneiro ou arquiteto;

e) Algum marceneiro é arquiteto.

110. A inserção dos números nos espaços abaixo observa determinada lógica.

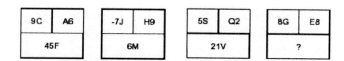

O número que substitui corretamente a interrogação é:

a) 90R;   b) 64I;   c) 48J;   d) 42L;   e) 15X.

111. Considere a seqüência das figuras abaixo.

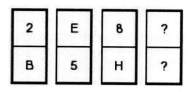

A figura que substitui corretamente as interrogações é:

a)   b) L/9   c) K/11   d) 6/22   e) 9/L

252 ♦ Quatro em Um: Para uma Excelente Base e Aprovação em Concursos Públicos

112. Ao dividir o número 762 por um número inteiro de dois algarismos. Natanael enganou-se e inverteu a ordem dos dois algarismos. Assim, como resultado, obteve o quociente 13 e o resto 21. Se não tivesse se enganado e efetuasse corretamente a divisão, o quociente e o resto que ele obteria seriam, respectivamente, iguais a:

a) 1 e 12;   b) 8 e 11;   c) 10 e 12;   d) 11 e 15;   e) 12 e 11.

113. Operando ininterruptamente, uma máquina é capaz de tirar X cópias de um texto em 6 horas, enquanto que, nas mesmas condições, outra copiadora executaria o mesmo serviço em 4 horas. Se essas duas máquinas operassem juntas, que fração das X cópias elas tirariam após 2 horas de funcionamento ininterrupto?

a) $\dfrac{5}{12}$;   b) $\dfrac{1}{2}$;   c) $\dfrac{7}{12}$;   d) $\dfrac{2}{3}$;   e) $\dfrac{5}{6}$.

114. Em agosto de 2006, Josué gastava 20% de seu salário no pagamento do aluguel de sua casa. A partir de setembro de 2006, ele teve um aumento de 8% em seu salário e o aluguel de sua casa foi reajustado em 35%. Nessas condições, para o pagamento do aluguel após os reajustes, a porcentagem do salário que Josué deverá desembolsar mensalmente é:

a) 22,5%;   b) 25%;   c) 27,5%;   d) 30%;   e) 32,5%.

115. Certo dia, um técnico judiciário foi incumbido de digitar um certo número de páginas de um texto. Ele executou essa tarefa em 45 minutos, adotando o seguinte procedimento:

— nos primeiros 15 minutos, digitou a metade do total das páginas e mais meia página;

— nos 15 minutos seguintes, a metade do número de páginas restantes e mais meia página;

— nos últimos 15 minutos, a metade do número de páginas restantes e mais meia página.

Se, dessa forma, ele completou a tarefa, o total de páginas do texto era um número compreendido entre:

a) 5 e 8;   b) 8 e 11;   c) 11 e 14;   d) 14 e 17;   e) 17 e 20.

Norton González ◆ 253

116. Valfredo fez uma viagem de automóvel, em que percorreu 380 km, sem ter feito qualquer parada. Sabe-se que em $\dfrac{3}{5}$ do percurso o veículo rodou à velocidade média de 90 km/h e no restante do percurso, à velocidade média de 120 km/h. Assim, se a viagem teve início quando eram decorridos $\dfrac{69}{144}$ do dia, Valfredo chegou ao seu destino às:

a)14h18m;   b)14h36m;   c)14h44m;   d)15h18m;   e)15h36m.

117. Algum X é Y. Todo X é Z. Logo,

a) algum Z é Y;   B) algum X é Z;   c) todo Z é X;

d) todo Z é Y;   e) algum X é Y.

118. Assinale a alternativa que completa a série seguinte: **C3, 6G, L10, ...**

a) C4;   b) 13M;   c) 9I;   d) 15R;   e) 6Y.

119. Se todos os nossos atos têm causa, então não há atos livres. Se não há atos livres, então todos os nossos atos têm causa. Logo,

a) alguns atos não têm causa se não há atos livres;

b) todos os nossos atos têm causa se e somente se há atos livres;

c) todos os nossos atos têm causa se e somente se não há atos livres;

d) todos os nossos atos não têm causa se e somente se não há atos livres;

e) alguns atos são livres se e somente se todos os nossos atos têm causa.

120. Assinale a alternativa que completa a série seguinte: **9, 16, 25, 36, ...**

a) 45;   b) 49;   c) 61;   d) 63;   e) 72.

254 ♦ Quatro em Um: Para uma Excelente Base e Aprovação em Concursos Públicos

121. Qual dos cinco desenhos representa a comparação adequada?

□ está para   ⊞ assim como   △ está para...

a) △   b) ⊡   c) □   d) △   e) △

122. Calculando-se $4\ 295^2 . 10^{-3} - 4\ 294^2 . 10^{-3}$, obtém-se um número compreendido entre:

a) 400 e 900;   b) 150 e 400;   c) 50 e 150;

d) 10 e 50;   e) 0 e 10.

123. Em 1998, uma empresa adquiriu microcomputadores e impressoras na razão de 12 unidades para 5 unidades, respectivamente. Em 1999, comprou os mesmos tipos de equipamentos, mantendo a proporção do ano anterior. Se em 1999 foram comprados 36 micros a mais do que em 1998, quantas impressoras foram compradas a mais?

a) 12;   b) 15;   c) 16;   d) 18;   e) 24.

124. Duas impressoras têm a mesma capacidade operacional. Se uma delas imprime 72 cópias em 6 minutos, quanto tempo a outra leva para imprimir 30 cópias?

a) 2 minutos e 12 s;   b) 2 minutos e 15 s;   c) 2 minutos e 20 s;

d) 2 minutos e 24 s;   e) 2 minutos e 30 s.

125. Sobre dos candidatos inscritos em um concurso, sabe-se que:

- 54% são do sexo masculino;

- 3 184 deles têm mais de 30 anos;

- 32% do número de mulheres têm idades menores ou iguais a 30 anos;

- 1 620 homens têm mais de 30 anos.

Nessas condições, o total de candidatos com idades menores ou iguais a 30 anos é

a) 1564;   b) 1636;   c) 1728;   d) 1816;   e) 1924.

126. Um capital C foi aplicado a juro simples, à taxa mensal de 2%, e após 14 meses foi resgatado o montante M. Esse montante foi aplicado a juros compostos, à taxa mensal de 4%, produzindo ao final de 2 meses o montante de R$ 2 163,20. O valor de C era:

a) R$ 1.548,00;   b) R$ 1.562,50;

c) R$ 1.625,00;   d) R$ 1.682,50;   e) R$ 1.724,00.

127. O número de anagramas da palavra TRIBUNAL, que começam e terminam por consoante, é:

a) 18.000;   b) 14.400;   c) 3.600;

d) 2.880;   e) 720.

128. Um certo número de técnicos dividia igualmente entre si a tarefa de cuidar da manutenção dos 108 microcomputadores de uma empresa. Entretanto, como 3 desses técnicos foram demitidos, coube a cada um dos outros cuidar da manutenção de mais 6 micros. Inicialmente, o número de técnicos era:

a) 4;   b) 6;   c) 9;   d) 12;   e) 15.

129. Nos três andares de um prédio de apartamentos moram 68 pessoas. Sabe-se que: o número de residentes no segundo andar é o dobro do número dos que residem no primeiro; os residentes no terceiro andar excedem em 20 pessoas o número dos que residem no primeiro andar. Se x, y e z são os números de residentes no primeiro, segundo e terceiro andares, respectivamente, então:

a) x=15;   b) y=6;   c) z=6;   d) x=12;   e) y=20.

130. Tem-se abaixo o algoritmo da multiplicação de dois números inteiros, no qual alguns algarismos foram substituídos pelas letras X, Y, Z e T.

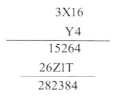

Para que o resultado esteja correto, os algarismos X, Y, Z e T devem ser:

a) X + 3T = Y + Z;
b) X + 2Y = 3T + Z;
c) Y + 3T = X + Z;
d) Y + 2T = 2X - Z;
e) Z + 2Y = 3X - Z.

131. Na figura abaixo, tem-se uma sucessão de figuras que representam números inteiros chamados "números triangulares", em virtude de sua representação geométrica.

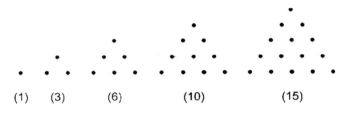

(1)   (3)   (6)   (10)   (15)

Nessas condições, se a_n é o termo geral dessa seqüência de números triangulares, a soma $a_{30} + a_{31}$ é igual a:

a) 784;   b) 841;   c) 900;   d) 961;   e) 1024.

132. Nas figuras seguintes têm-se três malhas quadriculadas, nas quais cada número assinalado indica o total de caminhos distintos para atingir o respectivo ponto, caminhando sobre a rede de cima para baixo, a partir do ponto A.

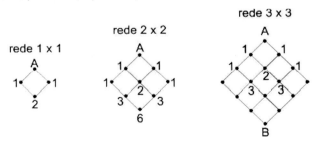

Raciocinando dessa maneira, quantos caminhos diferentes podem ser percorridos na rede 3 x 3, para se atingir o ponto B?

a) 10;   b) 15;   c) 20;   d) 35;   e) 70.

133. Em uma festa, Didi, Márcia e Samanta mantêm o seguinte diálogo:

Didi: "Márcia e Samanta não comeram o bolo."

Márcia: "Se Samanta não comeu o bolo, então Didi o comeu."

Samanta: "Eu não comi o bolo, mas Didi ou Márcia comeram."

Se as três comeram o bolo, quem falou a verdade?

134. A tabela abaixo apresenta as dimensões do papel enrolado em duas bobinas B1 e B2.

B_1: **comprimento de 23,10m, largura de 0,18m e espessura de 1,5mm.**

B_2: **comprimento de 18m, largura de 0,18m e espessura de 1,5mm.**

Todo o papel das bobinas será cortado de modo que, tanto o corte feito em B1 como em B2, resulte em folhas retangulares, todas com a mesma largura do papel. Nessas condições, o menor número de folhas que se poderá obter é:

a) 135; b) 137; c) 140; d) 142; e) 149.

135. Cada um dos 784 funcionários de uma Repartição Pública presta serviço em um único dos seguintes setores: administrativo (1), processamento de dados (2) e serviços gerais (3). Sabe-se que o número de funcionários do setor (2) é igual a 2/5 do número no (3). Se os funcionários do setor (1) são numericamente iguais a 3/8 do total de pessoas que trabalham na Repartição, então a quantidade de funcionários do setor é:

a) (1) 284; b) (2) 150;

c) (2) 180; d) (3) 350;

e) (3) 380.

136. Para o transporte de valores de certa empresa são usados dois veículos, A e B. Se a capacidade de A é de 2,4 toneladas e a de B é de 32 000 quilogramas, então a razão entre as capacidades de A e B, nessa ordem, equivale a:

a) 0,0075%; b) 0,65%; c) 0,75%;

d) 6,5%; e) 7,5%.

258 ◆ Quatro em Um: Para uma Excelente Base e Aprovação em Concursos Públicos

137. Dois funcionários de uma Repartição Pública foram incumbidos de arquivar 164 processos e dividiram esse total na razão direta de suas respectivas idades e inversa de seus respectivos tempos de serviço público. Se um deles tem 27 anos e 3 anos de tempo de serviço e o outro 42 anos e está há 9 anos no serviço público, então a diferença positiva entre os números de processos que cada um arquivou é:

a) 48;   b) 50;   c) 52;   d) 54;   e) 56.

138. A impressora X é capaz de tirar um certo número de cópias de um texto em 1 hora e 15 minutos de funcionamento ininterrupto. A impressora Y, que tem 75 % da capacidade de produção da X, tiraria a metade do número de cópias desse texto, se operasse ininterruptamente durante:

a) 50 minutos;   b) 1 hora;

c) 1 hora e 10 minutos;   d) 1 hora e 20 minutos;

e) 1 hora e 30 minutos.

139. Denis investiu uma certa quantia no mercado de ações. Ao final do primeiro mês ele lucrou 20% do capital investido. Ao final do segundo mês, perdeu 15% do que havia lucrado e retirou o montante de R$ 5 265,00. A quantia que Denis investiu foi:

a) R$ 3200,00;   b) R$ 3600,00;   c) R$ 4000,00;

d) R$ 4200,00;   e) R$ 4500,00.

140. Em um regime de capitalização simples, um capital de R$ 12 800,00 foi aplicado à taxa anual de 15%. Para se obter o montante de R$ 14 400,00, esse capital deve ficar aplicado por um período de

a) 8 meses;   b) 10 meses;   c) 1 ano e 2 meses;

d) 1 ano e 5 meses;   e) 1 ano e 8 meses.

141. No almoxarifado de certa empresa há 68 pacotes de papel sulfite, dispostos em 4 prateleiras. Se as quantidades de pacotes em cada prateleira correspondem a 4 números pares sucessivos, então, dos números seguintes, o que representa uma dessas quantidades é o:

a) 8;   b) 12 ;   c) 18;   d) 22;   e) 24.

142. Uma pessoa sabe que, para o transporte de 720 caixas iguais, sua caminhonete teria que fazer no mínimo X viagens, levando em cada uma o mesmo número de caixas. Entretanto, ela preferiu usar sua caminhonete três vezes a mais e, assim, a cada viagem ela transportou 12 caixas a menos. Nessas condições, o valor de X é:

a) 6; b) 9; c) 10; d) 12; e) 15.

143. Certo dia, um técnico judiciário trabalhou ininterruptamente por 2 horas e 50 minutos na digitação de um texto. Se ele concluiu essa tarefa quando eram decorridos 11/16 do dia, então ele iniciou a digitação do texto às:

a) 13 horas e 40 minutos;

b) 13 horas e 20 minutos;

c) 12 horas e 20 minutos;

d) 12 horas e 10 minutos;

e) 15 horas.

144. Em um dado de seis faces marcamos os números $-2, -1/2$,

$1/2, 3/4, 2$ e 3. Indicando por x o número obtido após o primeiro lançamento do dado, e por y o número obtido após o segundo lançamento, o maior valor possível de $1/(x - y)$ será:

a) 5; b) 4; c) 10/3; d) 7/3; e) 3/2.

145. Uma embalagem de 14 kg de ração para animal doméstico indica a seguinte tabela de recomendação de uso:

Massa do animal (em Kg)	Quantidade de ração diária (em xícaras de 200g)
Até 7	De 1 e ¼ até 2
Acima de 7 até 12	De 2 e ¼ até 3 e ¼
Acima de 12 até 18	De 3 e ½ até 4 e ½
Acima de 18	De 4 e ¾ até 6

Seguindo a recomendação de uso da tabela, uma embalagem de ração será suficiente para alimentar um animal de 13 kg por, no máximo:

a) 20 dias; b) 38 dias; c) 46 dias; d)50 dias; e) 54 dias.

146. Duas cestas idênticas, uma com laranjas e outra com maçãs, são colocadas juntas em uma balança que acusa massa total igual a 32,5 kg. Juntando as laranjas e as maçãs em uma única cesta, a massa indicada na balança é igual a 31,5 kg. Nestas condições, a massa de duas cestas vazias, em kg, é igual a:

a) 0,5;   b) 1,0;   c) 1,5;   d) 2,0;   e) 2,5.

147. A região sombreada da figura representa a área plantada de um canteiro retangular, que foi dividido em quadrados.

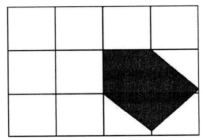

Em relação à área total do canteiro, a região plantada corresponde, aproximadamente, a:

a) 18,4% ;   b) 19,3%;   c) 20,8%;   d) 23,5%;   e) 24,2%.

148. A tabela indica o número de crianças nascidas vivas em um município brasileiro:

Ano	Crianças nascidas vivas
2000	130
2001	125
2002	130
2003	143

Se toda criança deve tomar uma determinada vacina ao completar 2 anos de vida, em relação ao total mínimo de vacinas que o posto de saúde reservou para 2003, haverá em 2004:

a) diminuição de 2%;   b) diminuição de 3%;

c) crescimento de 1%;   d) crescimento de 3%;

e) crescimento de 4%.

149. Uma oficina de automóveis cobra R$ 25,00 por hora de trabalho mais o custo das peças trocadas no serviço. Se o preço do serviço realizado em um veículo é de R$ 300,00, dos quais 25% se referem ao custo das peças, o número de horas de trabalho gastas para a realização do serviço é igual a:

a) 9;   b) 8;   c) 7;   d) 6;   e) 5.

150. Na tabela de conversão indicada, se quisermos substituir a palavra **multiplique** pela palavra **divida**, o número 1,094 deve ser substituído por:

Tabela de Conversão
Multiplique Metros por 1,094 para obter Jardas

Valor aproximado

a) 0,109;   b) 0,622;   c) 0,628;   d) 0,909;   e) 0,914.

151. Uma impressora trabalhando continuamente emite todos os boletos de pagamento de uma empresa em 3 horas. Havendo um aumento de 50% no total de boletos a serem emitidos, três impressoras, iguais à primeira, trabalhando juntas poderão realizar o trabalho em 1 hora e:

a) 30 minutos;   b) 35 minutos;   c) 40 minutos;

d) 45 minutos;   e) 50 minutos.

152. O dono de uma papelaria compra cada três envelopes de um mesmo tipo por R$ 0,10 e revende cada cinco deles por R$ 0,20. Quantos desses envelopes deve vender para obter um lucro de R$ 10,00?

a) 1.500;   b) 1.800;   c) 2.000;   d) 2.200;   e) 2.500.

153. Um médico receitou dois remédios a um paciente: um para ser tomado a cada 12 horas e outro a cada 15 horas. Se às 14 horas do dia 10/10/2000 o paciente tomou ambos os remédios, ele voltou a tomá-los juntos novamente às:

a) 17h do dia 11/10/2000;   b) 14h do dia 12/10/2000;

c) 18h do dia 12/10/2000;   d) 2h do dia 13/10/2000;

e) 6h do dia 13/10/2000.

262 ◆ Quatro em Um: Para uma Excelente Base e Aprovação em Concursos Públicos

154. Em uma seção de um Tribunal havia um certo número de processos a serem arquivados. O número de processos arquivados por um funcionário correspondeu a 1/4 do total e os arquivados por outro correspondeu a 2/5 do número restante. Em relação ao número inicial, a porcentagem de processos que deixaram de ser arquivados foi:

a) 35%;　　　b) 42%;　　　c) 45%;　　　d) 50%;　　　e) 52%.

155. Um funcionário demora 6 horas para fazer um certo serviço, enquanto outro leva 8 horas para fazê-lo. Que fração desse serviço os dois fariam juntos em 3 horas?

a) 1/14;　　　b) 1/7;　　　c) 2/3;　　　d) 3/4;　　　e) 7/8.

156. Se a razão entre dois números é 4/5 e sua soma é igual a 27, o menor deles é:

a) primo;　　　　　b) divisível por 5;　　　c) múltiplo de 7;

d) divisível por 6;　　e) múltiplo de 9.

157. Dois sócios constituíram uma empresa com capitais iguais, sendo que o primeiro fundou a empresa e o segundo foi admitido 4 meses depois. No fim de um ano de atividades, a empresa apresentou um lucro de R$ 20.000,00. Eles receberam, respectivamente:

a) R$ 10.500,00 e R$ 9.500,00;

b) R$ 12.000,00 e R$ 8.000,00;

c) R$ 13.800,00 e R$ 6.200,00;

d) R$ 15.000,00 e R$ 5.000,00;

e) R$ 16.000,00 e R$ 4.000,00.

158. Um automóvel faz um certo percurso em 2 horas, com velocidade média de 80 km/h. Se a velocidade média fosse de 60 km/h, em quanto tempo faria esse mesmo percurso?

a) Uma hora e trinta minutos;　　b) Uma hora e cinqüenta e cinco minutos;

c) Duas horas e vinte minutos;　　d) Duas horas e trinta minutos;

e) Duas horas e quarenta minutos.

159. O número de funcionários de uma agência bancária passou de 80 para 120. Em relação ao número inicial, o aumento no número de funcionários foi de:

a) 50%;   b) 55%;   c) 60%;   d) 65%;   e) 70%.

160. Em uma liquidação, certo artigo está sendo vendido com desconto de 20% sobre o preço T de tabela. Se o pagamento for efetuado em dinheiro, o preço com desconto sofre um desconto de 15%. Nesse último caso, o preço final será igual a:

a) 0,68T;   b) 0,72T;   c) 1,35T;   d) 1,68T;   e) 1,72T.

161. Um capital de R$ 5 000,00, aplicado a juros simples, à taxa mensal de 3%, por um prazo de 1 ano e 3 meses, produzirá um montante no valor de:

a) R$ 7225,00;   b) R$ 7250,00;   c) R$ 7320,00;

d) R$ 7500,00;   e) R$ 7550,00.

162. Uma pessoa descontou um título, de valor nominal R$ 1 650,00, 20 meses antes de seu vencimento e recebeu a quantia de R$ 1 386,00. Se foi utilizado o desconto simples comercial (desconto simples por fora), a taxa mensal de desconto foi de:

a) 0,8%;   b) 1,0%;   c) 1,2%;   d) 1,4%;   e) 1,5%.

163. Um lote de processos deve ser dividido entre os funcionários de uma seção para serem arquivados. Se cada funcionário arquivar 16 processos, restarão 8 a serem arquivados. Entretanto, se cada um arquivar 14 processos, sobrarão 32. O número de processos do lote é:

a) 186;   b) 190;   c) 192;   d) 194;   e) 200.

164. O volume de uma caixa d'água é de 2,760 m³. Se a água nela contida está ocupando os 3/5 de sua capacidade, quantos decalitros de água devem ser colocados nessa caixa para enchê-la completamente?

a) 331,2;   b) 184;   c) 165,6;   d) 110,4;   e) 55,2.

264 ◆ Quatro em Um: Para uma Excelente Base e Aprovação em Concursos Públicos

165. Um motorista iniciou uma viagem às 9h25min e chegou ao seu destino às 18h10min. Essa viagem durou:

a) 8 horas e 35 minutos;

b) 8 horas e 45 minutos;

c) 9 horas e 05 minutos;

d) 9 horas e 15 minutos;

e) 9 horas e 35 minutos.

166. O primeiro andar de um prédio vai ser reformado e os funcionários que lá trabalham serão removidos. Se 1/3 do total dos funcionários deverão ir para o segundo andar, 2/5 do total para o terceiro andar e os 28 restantes para o quarto andar, o número de funcionários que serão removidos é:

a) 50; b) 84; c) 105; d) 120; e) 150.

167. Três funcionários, A, B e C, decidem dividir entre si a tarefa de conferir o preenchimento de 420 formulários. A divisão deverá ser feita na razão inversa de seus respectivos tempos de serviço no Tribunal. Se A, B e C trabalham no Tribunal há 3, 5 e 6 anos, respectivamente, o número de formulários que B deverá conferir é:

a) 100; b) 120; c) 200; d) 240; e) 250.

168. Num prédio de apartamentos de 15 andares, cada andar possui 2 apartamentos e em cada um moram 4 pessoas. Sabendo-se que, diariamente, cada pessoa utiliza 100 L de água e que, além do volume total gasto pelas pessoas, se dispõe de uma reserva correspondente a 1/5 desse total, a capacidade mínima do reservatório de água desse prédio, em litros, é de:

a) 1200L; b) 2400L; c) 9600L; d) 10000L; e)14400L.

169. Uma enfermeira recebeu um lote de medicamentos com 132 comprimidos de analgésico e 156 comprimidos de antibiótico. Deverá distribuí-los em recipientes iguais, contendo, cada um, a maior quantidade possível de um único tipo de medicamento. Considerando que todos os recipientes deverão receber a mesma quantidade de medicamento, o número de recipientes necessários para essa distribuição é:

a) 24; b) 16; c) 12; d) 8; e) 4.

Norton González ◆ 265

170. Numa reunião, o número de mulheres presentes excede o número de homens em 20 unidades. Se o produto do número de mulheres pelo de homens é 156, o total de pessoas presentes nessa reunião é de:

a) 24   b) 28   c) 30   d) 32   e) 36

171. Uma pessoa saiu de casa para o trabalho decorridos 5/18 de um dia e retornou à sua casa decorridos 13/16 do mesmo dia. Permaneceu fora de casa durante um período de:

a) 14 horas e 10 minutos;   b) 13 horas e 50 minutos;

c) 13 horas e 30 minuto;   d) 13 horas e 10 minutos;

e) 12 horas e 50 minutos.

172. Uma máquina copiadora produz 1 500 cópias iguais em 30 minutos de funcionamento. Em quantos minutos de funcionamento outra máquina, com rendimento correspondente a 80% da primeira, produziria 1 200 dessas cópias?

a) 30;   b) 35;   c) 40;   d) 42;   e) 45.

173. Dos 120 funcionários convidados para assistir a uma palestra sobre doenças sexualmente transmissíveis, somente 72 compareceram. Em relação ao total de funcionários convidados, esse número representa:

a) 45%;   b) 50%;   c) 55%;   d) 60%;   e) 65%.

174. Um capital de R$ 750,00 esteve aplicado a juro simples, produzindo, ao fim de um trimestre, o montante de R$ 851,25. A taxa anual de juros dessa aplicação foi:

a) 48%   b) 50%   c) 54%   d) 56%   e) 63%

175. Qual a idade atual de uma pessoa se daqui a 8 anos ela terá exatamente o triplo da idade que tinha há 8 anos?

a) 15 anos;   b) 16 anos;   c) 24 anos;   d) 30 anos;   e) 32 anos.

266 ♦ Quatro em Um: Para uma Excelente Base e Aprovação em Concursos Públicos

176. Abaixo apresentam-se as três primeiras linhas de uma tabela composta por mais de 20 linhas. O padrão de organização observado mantém-se para a tabela toda.

$$1 \quad 2 \quad 4 \quad 8 \quad 16$$

$$1 \quad 3 \quad 9 \quad 27 \quad 81$$

$$1 \quad 4 \quad 16 \quad 64 \quad 256$$

$$. \quad . \quad . \quad . \quad .$$

$$. \quad . \quad . \quad . \quad .$$

$$. \quad . \quad . \quad . \quad .$$

Nessa tabela, o número localizado na 7ª linha e 3ª coluna é:

a) 64;   b) 49;   c) 36;   d) 8;   e) 7.

177. Nos dados bem construídos, a soma dos pontos das faces opostas é sempre igual a 7. Um dado bem construído foi lançado três vezes. Se o produto dos pontos obtidos foi 36, o produto dos pontos das faces opostas pode ser:

a) 48;   b) 30;   c) 28;   d) 24;   e) 16.

178. Uma empresa resolveu aumentar seu quadro de funcionários. Numa 1ª etapa contratou 20 mulheres, ficando o número de funcionários na razão de 4 homens para cada 3 mulheres. Numa 2ª etapa foram contratados 10 homens, ficando o número de funcionários na razão de 3 homens para cada 2 mulheres. Inicialmente, o total de funcionários dessa empresa era:

a) 90;   b) 120;   c) 150;   d) 180;   e) 200.

179. Considere que a carência de um seguro-saúde é inversamente proporcional ao valor da franquia e diretamente proporcional à idade do segurado. Se o tempo de carência para um segurado de 20 anos, com uma franquia de R$ 1 000,00 é 2 meses, o tempo de carência para um segurado de 60 anos com uma franquia de R$ 1 500,00 é de:

a) 6 meses;   b) 5 meses e meio;   c) 5 meses;

d) 4 meses e meio;   e) 4 meses.

180. Uma indústria tem 34 máquinas. Sabe-se que 18 dessas máquinas têm, todas, a mesma eficiência e executam certo serviço em 10 horas de funcionamento contínuo. Se as máquinas restantes têm 50% a mais de eficiência que as primeiras, funcionando ininterruptamente, executariam o mesmo serviço em:

a) 8 horas e 40 minutos;

b) 8 horas e 20 minutos;

c) 7 horas e 45 minutos;

d) 7 horas e 30 minutos;

e) 7 horas e 15 minutos.

181. O preço de um objeto foi aumentado em 20% de seu valor. Como as vendas diminuíram, o novo preço foi reduzido em 10% de seu valor. Em relação ao preço inicial, o preço final apresenta:

a) um aumento de 10%;

b) um aumento de 8%;

c) um aumento de 2%;

d) uma diminuição de 2%;

e) uma diminuição de 10%.

182. Um capital foi aplicado a juros simples da seguinte maneira: metade à taxa de 1% ao mês por um bimestre, 1/5 à taxa de 2% ao mês por um trimestre e o restante à taxa de 3% ao mês durante um quadrimestre. O juro total arrecadado foi de R$ 580,00. O capital inicial era:

a) R$ 5800,00;

b) R$ 8300,00;

c) R$ 10000,00;

d) R$ 10200,00;

e) R$ 10800,00.

268 ♦ Quatro em Um: Para uma Excelente Base e Aprovação em Concursos Públicos

183. A soma de um número com o dobro de outro é igual a 50. O produto desses números será máximo se:

a) o menor deles for igual a 10;

b) o menor deles for igual a 15;

c) o menor deles for igual a 25;

d) o maior deles for igual a 25;

e) o maior deles for igual a 50.

184. Um funcionário recebeu R$ 300,00 para comprar sacos plásticos de um certo tipo. Pesquisando os preços, encontrou na loja x e na loja y os seguintes resultados:

LOJA	PACOTES CONTENDO	PREÇO POR PACOTE
X	500 SACOS	R$ 20,00
Y	1000 SACOS	R$ 30,00

É verdade que:

(A) na compra de 5 000 sacos, economizará exatamente

R$ 20,00 se o fizer na loja y;

(B)) na compra de 3 000 sacos, economizará exatamente

R$ 30,00 se o fizer na loja y;

(C) na compra de 7 000 sacos, economizará exatamente

R$ 50,00 se o fizer na loja y;

(D) ele tem dinheiro suficiente para comprar 8 200 sacos

na loja x;

(E) ele tem dinheiro suficiente para comprar 12 500

sacos na loja y.

185. Três funcionários fazem plantões nas seções em que trabalham: um a cada 10 dias, outro a cada 15 dias, e o terceiro a cada 20 dias; inclusive aos sábados, domingos e feriados. Se no dia 18/05/02 os três estiveram de plantão, a próxima data em que houve coincidência no dia de seus plantões foi:

a) 18/11/02;

b) 17/09/02;

c) 18/08/02;

d) 17/07/02;

e) 18/06/02.

186. Um determinado serviço é realizado por uma única máquina em 12 horas de funcionamento ininterrupto e, em 15 horas, por uma outra máquina, nas mesmas condições. Se funcionarem simultaneamente, em quanto tempo realizarão esse mesmo serviço?

a) 3 horas;

b) 9 horas;

c) 25 horas;

d) 4 horas e 50 minutos;

e) 6 horas e 40 minutos.

187. Certo mês, os números de horas extras cumpridas pelos funcionários A, B e C foram inversamente proporcionais aos seus respectivos tempos de serviço na empresa. Se A trabalha há 8 meses, B há 2 anos, C há 3 anos e, juntos, os três cumpriram um total de 56 horas extras, então o número de horas extras cumpridas por B foi:

a) 8;

b) 12;

c) 18;

d) 24;

e) 36.

188. Um veículo percorre os 5/8 de uma estrada em 4 horas, à velocidade média de 75 km/h. Para percorrer o restante dessa estrada em 1 hora e 30 minutos, sua velocidade média deverá ser:

a) 90 km/h;

b) 100 km/h;

c) 115 km/h;

d) 120 km/h;

e) 125 km/h.

189. Um comerciante compra um artigo por R$ 80,00 e pretende vendê-lo de forma a lucrar exatamente 30% sobre o valor pago, mesmo se der um desconto de 20% ao cliente. Esse artigo deverá ser anunciado por:

a) R$ 110,00;

b) R$ 125,00;

c) R$ 130,00;

d) R$ 146,00;

e) R$ 150,00.

270 ♦ Quatro em Um: Para uma Excelente Base e Aprovação em Concursos Públicos

190. Aplicando-se a juro simples os 2/3 de um capital C à taxa de 15% ao ano e o restante à taxa de 18% ao ano, obtém-se, em 1 ano e 4 meses, juro total de R$ 512,00. O capital C é:

a) R$ 2400,00;   b) R$ 2600,00;   c) R$ 3200,00;

d) R$ 3600;   e) R$ 4000,00.

191. Um pai quer dividir uma certa quantia entre seus três filhos, de modo que um deles receba a metade da quantia e mais R$ 400,00, outro receba 20% da quantia e o terceiro receba 50% do que couber ao primeiro. O total a ser dividido é:

a) R$ 9000,00;   b) R$ 10000,00;   c) R$ 12000,00;

d) R$ 15000,00;   e) R$ 18000,00.

192. Sistematicamente, dois técnicos em segurança cumprem plantões na empresa onde trabalham: um, a cada 6 dias, e o outro, a cada 9 dias. Se em 20 de outubro de 2003 ambos estiveram de plantão, em qual das datas seguintes houve nova coincidência de seus plantões?

a) 06/11/03;   b) 10/11/03;   c) 19/11/03;

d) 21/11/03;   e) 25/11/03.

193. Certo dia, do total de audiências realizadas em um Tribunal Regional do Trabalho, sabe-se que 2/5 transcorreram das 9 às 11 horas e 1/3 das 11 às 14 horas. Se no restante do dia foram realizadas 12 audiências, qual o total de audiências registradas nesse dia?

a) 30;   b) 36;   c) 45;   d) 48;   e) 54.

194. Certo dia, um técnico judiciário observou que durante a sua jornada de trabalho, havia falado 55 vezes ao telefone. Se o quadrado do número de ligações que realizou, acrescido de 69 unidades, era igual a 15 vezes o número das que recebeu, quantas ligações ele realizou?

a) 15;   b) 18;   c) 21;   d) 28;   e) 34.

195. Um porteiro registrou certo dia a entrada de 345 pessoas nas dependências do TRT. Se a razão entre o número das que entraram pela manhã e o das que entraram à tarde, nessa ordem, era 10/13, então a diferença positiva entre as quantidades de pessoas que entraram em cada período é:

a) 32   b) 35   c) 42   d) 45   e) 52

196. Um veículo, à velocidade média de 120 km/h, leva 2 horas para percorrer uma certa distância. Outro veículo, à velocidade média de 100 km/h, percorreria a terça parte daquela distância em:

a) 48 minutos;   b) 1 hora;   c) 1 hora e 12 minutos;

d) 1 hora e 18 minutos;   e) 1 hora e 24 minutos.

197. Em uma oficina, a quantidade de veículos que necessitam de uma avaliação de freios corresponde a 3/8 do total. A porcentagem do total de veículos dessa oficina que **NÃO** necessitam de tal avaliação é:

a) 60%;   b) 62,25%;   c) 62,5%;   d) 62,75%;   e) 65%.

198. Um capital de R$ 15.000,00, à taxa mensal de 1,8%, renderá R$ 4.320,00 de juros simples, se ficar aplicado por um período de:

a) 1 ano e 2 meses;   b) 1 ano e 4 meses;   c) 1 ano e 6 meses;

d) 2 anos e 2 meses;   e) 2 anos e 4 meses.

199. Os números abaixo estão dispostos de maneira lógica:

8, 1, 12, 10, 14, 11, X, 3, 7, 5, 16, 9

A alternativa correspondente ao número X da questão é:

a) 51;   b) 7;

c) 12;   d) 6;   e) 40.

272 ◆ Quatro em Um: Para uma Excelente Base e Aprovação em Concursos Públicos

200. Alceu perguntou a Paulo a sua idade e ele respondeu: "A terça parte da minha idade é menor que a metade da sua, acrescida de 6 unidades". Se as idades dos dois somam 66 anos, quantos anos, no máximo, Paulo deve ter?

a) 44;   b) 46;   c) 49;   d) 50;   e) 52.

GABARITO

01 – E	02 – B	03 – A	04 – D	05 – C
06 – B	07 – D	08 – A	09 – C	10 – E
11 – A	12 – B	13 – D	14 – C	15 – E
16 – A	17 – D	18 – C	19 – B	20 – A
21 – E	22 – D	23 – B	24 – A	25 – C
26 – D	27 – E	28 – E	29 – B	30 – B
31 – C	32 – D	33 – E	34 – A	35 – C
36 – E	37 – D	38 – B	39 – A	40 – C
41 – B	42 – E	43 – D	44 – A	45 – B
46 – A	47 – D	48 – C	49 – A	50 – E
51 – B	52 – C	53 – E	54 – D	55 – E
56 – B	57 – C	58 – A	59 – D	60 – C
61 – E	62 – B	63 – D	64 – C	65 – B
66 – A	67 – D	68 – B	69 – B	70 – C
71 – B	72 – A	73 – E	74 – D	75 – E
76 – A	77 – C	78 – A	79 – E	80 – ABAIXO
81 – ABAIXO	82 – ABAIXO	83 – ABAIXO	84 – ABAIXO	85 – ABAIXO
86 – ABAIXO	87 – B	88 – E	89 – A	90 – E
91 - C	92 – D	93 – C	94 – B	95 – A
96 – D	97 – A	98 – D	99 – B	100 – E
101 – E	102 – B	103 – E	104 – A	105 – D
106 – D	107 – A	108 – A	109 – C	110 – C
111 – C	112 – C	113 – E	114 – B	115 – A
116 – D	117 – A	118 – D	119 – C	120 – B
121 – E	122 – E	123 - B	124 - E	125 – D

126 - B	127 – B	128 - C	129 - D	130 – A
131 - D	132 – C	133 - M	134 - B	135 – D
136 - E	137 – C	138 - A	139 - E	140 – B
141 - C	142 – D	143 - A	144 - B	145 – A
146 - D	147 – C	148 - E	149 - A	150 – E
151 - A	152 – A	153 - D	154 - C	155 – E
156 - D	157 – B	158 - E	159 - A	160 – A
161 - B	162 – A	163 - E	164 - D	165 – B
166 - C	167 – B	168 - E	169 - A	170 - D
171 - E	172 – A	173 - D	174 - C	175 - B
176 - A	177 – A	178 - B	179 - E	180 - D
181 - B	182 – C	183 - D	184 - B	185 - D
186 - E	187 – B	188 - D	189 - C	190 - A
191 - C	192 – E	193 - C	194 - C	195 - D
196 - A	197 – C	198 - B	199 - D	200 - B

80. SUDOKU

9	8	5	7	3	2	4	1	6
7	1	4	9	8	6	2	3	5
2	3	6	4	1	5	9	8	7
8	2	3	1	6	9	5	7	4
6	7	1	3	5	4	8	9	2
4	5	9	2	7	8	1	6	3
1	4	8	6	2	7	3	5	9
5	9	7	8	4	3	6	2	1
3	6	2	5	9	1	7	4	8

81. SUDOKU

4	6	3	5	8	9	1	2	7
1	5	2	7	6	4	3	8	9
9	7	8	2	1	3	5	6	4
3	1	4	9	5	2	8	7	6
2	8	6	1	3	7	9	4	5
7	9	5	6	4	8	2	1	3
8	2	7	4	9	5	6	3	1
5	3	1	8	7	6	4	9	2
6	4	9	3	2	1	7	5	8

82. SUDOKU

7	5	2	6	3	8	1	9	4
1	3	9	4	7	2	5	8	6
4	8	6	9	5	1	2	3	7
8	9	5	2	1	6	7	4	3
6	2	1	7	4	3	8	5	9
3	4	7	5	8	9	6	1	2
2	7	3	8	9	5	4	6	1
9	6	8	1	2	4	3	7	5
5	1	4	3	6	7	9	2	8

83. SUDOKU

4	8	1	7	3	2	5	9	6
9	7	3	5	6	4	8	1	2
2	6	5	8	1	9	4	7	3
6	5	8	2	9	7	3	4	1
1	4	7	3	5	6	2	8	9
3	2	9	4	8	1	7	6	5
8	9	2	6	7	5	1	3	4
7	1	4	9	2	3	6	5	8
5	3	6	1	4	8	9	2	7

84. KAKURO 6x6

276 ♦ Quatro em Um: Para uma Excelente Base e Aprovação em Concursos Públicos

85. KAKURO 7X7

86. KAKURO 8X8

Estatística

Conceitos Iniciais

1. Introdução

A utilização da Estatística é cada vez mais acentuada em qualquer atividade profissional da vida moderna. Isto se deve às múltiplas aplicações que o método estatístico proporciona àqueles que dele necessitam. Abordaremos os tópicos mais importantes da estatística básica. O conteúdo programático da disciplina limita-se aos pontos introdutórios dos estudos estatísticos. A matéria a ser ministrada é suficientemente ampla e esclarecedora, para servir de suporte a estudos subseqüentes de estatística aplicada em outros concursos.

2. Estatística

É a ciência da coleta, organização e interpretação de fatos numéricos, que chamamos dados.

2.1. Estatística Descritiva ou Dedutiva

Encarrega-se da **coleta, organização e descrição** dos dados.

2.2. Estatística Indutiva ou Inferencial

Encarrega-se da **análise** e da **interpretação** dos dados.

3. População

É um conjunto universo qualquer do qual desejamos obter informações, e os seus elementos devem apresentar, pelo menos, uma *característica comum*. A população poderá ser **finita** ou **infinita**. Exemplos:

- clientes de uma empresa (finita);

- futuros clientes de uma empresa (infinita);

- peças fabricadas de um sistema de produção (finita ou infinita);

4. CENSO

É o levantamento total da população. Neste caso, procura-se analisar individualmente cada elemento da população.

5. AMOSTRAGEM

É o tipo de estudo estatístico que se contrapõe ao censo. Como o próprio nome sugere, aqui será utilizada uma **amostra**, ou seja, uma parte, um subconjunto da população, que terá a condição de representar o conjunto inteiro.

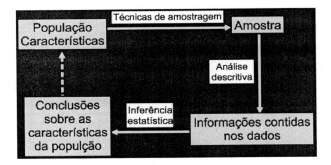

6. ALGUMAS RAZÕES PARA A ADOÇÃO DA AMOSTRAGEM

a) Quando a população é muito grande;

b) Quando se deseja o resultado da pesquisa em curto espaço de tempo;

c) Quando se deseja gastar menos.

7. VARIÁVEL

É o objeto da pesquisa. É aquilo que estamos investigando. Por exemplo, se perguntamos quantos livros alguém lê por ano, esta é a nossa variável: **número de livros lidos por ano**; se a pesquisa questiona qual a **altura** de um grupo de pessoas, então altura será a variável; da mesma forma, podemos pesquisar uma infinidade de outras variáveis: nível de instrução, religião, cor dos olhos, peso, estado civil, nacionalidade, raça, número de pessoas que moram na sua casa etc.

Classificação de Variáveis

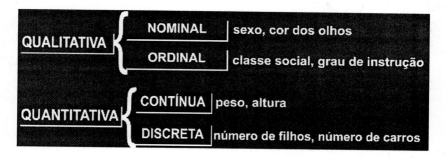

8. Dados Brutos

São os resultados das variáveis dispostos aleatoriamente, isto é, sem nenhuma ordem de grandeza crescente ou decrescente.

9. Rol

É a ordenação dos dados brutos, de um modo crescente ou decrescente.

Gráficos Estatísticos - São representações visuais dos dados estatísticos que devem corresponder, mas nunca substituir as tabelas estatísticas.

Características – Uso de escalas, sistema de coordenadas, simplicidade, clareza e veracidade.

Gráficos de Informação – São gráficos destinados principalmente ao público em geral, objetivando proporcionar uma visualização rápida e clara. São gráficos tipicamente expositivos, dispensando comentários explicativos adicionais. As legendas podem ser omitidas, desde que as informações desejadas estejam presentes.

Gráficos de Análise – São gráficos que prestam-se melhor ao trabalho estatístico, fornecendo elementos úteis à fase de análise dos dados, sem deixar de ser também informativos. Os gráficos de análise freqüentemente vêm acompanhados de uma tabela estatística. Inclui-se, muitas vezes um texto explicativo, chamando a atenção do leitor para os pontos principais revelados pelo gráfico.

Uso indevido dos Gráficos – Podem trazer uma idéia falsa dos dados que estão sendo analisados, chegando mesmo a confundir o leitor. Trata-se, na realidade, de um problema de construção de escalas.

Classificação dos Gráficos – Diagramas, Estereogramas, Pictogramas e Cartogramas.

1. Diagramas – São gráficos dispostos em duas dimensões. São os mais usados na representação de séries estatísticas. Eles podem ser:

a) Gráficos em barras horizontais

b) Gráficos em barras verticais

Quando as legendas não são breves usa-se de preferência os gráficos em barras horizontais. Nesses gráficos os retângulos têm a mesma base e as alturas são proporcionais aos respectivos dados.

A ordem a ser observada é a **cronológica**, se a série for **histórica**; e a **decrescente**, se for **geográfica** ou **categórica**.

c) Gráficos em barras compostas

d) Gráficos em colunas superpostas

Eles diferem dos gráficos em barras ou colunas convencionais apenas pelo fato de apresentar cada barra ou coluna segmentada em partes componentes. Servem para representar comparativamente dois ou mais atributos.

e) Gráficos em linhas ou lineares

São freqüentemente usados para representação de séries cronológicas com um grande número de períodos de tempo. As linhas são mais eficientes do que as colunas, quando existem intensas flutuações nas séries ou quando há necessidade de se representarem várias séries em um mesmo gráfico.

Quando representamos, em um mesmo sistema de coordenadas, a variação de dois fenômenos, a parte interna da figura formada pelos gráficos desses fenômenos é denominada de *área de excesso.*

f) Gráficos em setores

Este gráfico é construído com base em um círculo, e é empregado sempre que desejamos ressaltar a participação do dado no total. O total é representado pelo círculo, que fica dividido em tantos setores quantas são as partes. Os setores são tais que suas áreas são respectivamente proporcionais aos dados da série. O gráfico em setores só deve ser empregado quando há, no máximo, sete dados.

Obs.: as séries temporais geralmente não são representadas por este tipo de gráfico.

2. ESTEREOGRAMAS – São gráficos dispostos em três dimensões, pois representam volume. São usados nas representações gráficas das tabelas de dupla entrada. Em alguns casos este tipo de gráfico fica difícil de ser interpretado dada a pequena precisão que oferece.

3. PICTOGRAMAS – São construídos a partir de figuras representativas da intensidade do fenômeno. Este tipo de gráfico tem a vantagem de despertar a atenção do público leigo, pois sua forma é atraente e sugestiva. Os símbolos devem ser auto-explicativos. A desvantagem dos pictogramas é que apenas mostram uma visão geral do fenômeno, e não detalhes minuciosos.

4. CARTOGRAMAS – São ilustrações relativas à cartas geográficas (mapas). O objetivo desse gráfico é figurar os dados estatísticos diretamente relacionados com áreas geográficas ou políticas.

REPRESENTAÇÃO GRÁFICA DE UMA DISTRIBUIÇÃO

HISTOGRAMA, POLÍGONO DE FREQÜÊNCIA E POLÍGONO DE FREQÜÊNCIA ACUMULADA

Em todos os gráficos acima utilizamos o primeiro quadrante do sistema de eixos coordenados cartesianos ortogonais. Na linha horizontal (eixo das abscissas) colocamos os valores da variável e na linha vertical (eixo das ordenadas), as freqüências.

HISTOGRAMA – É formado por um conjunto de retângulos justapostos, cujas bases se localizam sobre o eixo horizontal, de tal modo que seus pontos médios coincidam com os pontos médios dos intervalos de classe. A área de um histograma é proporcional à soma das freqüências simples ou absolutas.

POLÍGONO DE FREQÜÊNCIA – É um gráfico em linha, sendo as freqüências marcadas sobre perpendiculares ao eixo horizontal, levantadas pelos pontos médios dos intervalos de classe. Para realmente obtermos um polígono (linha fechada), devemos completar a figura, ligando os extremos da linha obtida aos pontos médios da classe anterior à primeira e da posterior à última, da distribuição.

Polígono de freqüência acumulada – É traçado marcando-se as freqüências acumuladas sobre perpendiculares ao eixo horizontal, levantadas nos pontos correspondentes aos limites superiores dos intervalos de classe.

As medidas de posições mais importantes são as **medidas de tendência central** ou **promédios** (verifica-se uma tendência dos dados observados a se agruparem em torno dos valores centrais).

As medidas de tendência central mais utilizadas são: **média aritmética**, **moda** e **mediana**. Outros promédios menos usados são as médias: **geométricas**, **harmônica**, **quadrática**, **cúbica** e **biquadrática**.

As outras medidas de posição são as **separatrizes**, que englobam: a própria **mediana**, os **decis**, os **quartis** e os **centis (percentis)**.

Média aritmética ($\overline{X}$) – É igual ao quociente entre a soma dos valores do conjunto e o número total de valores.

$$\overline{X} = \frac{\sum_{i=1}^{N} X_i}{N} \, ,$$

onde *Xi* são os valores da variável e *N* o número de valores.

Propriedades da média aritmética

1ª propriedade: a soma algébrica dos desvios em relação à média é nula.

No exemplo anterior: $d_1 + d_2 + d_3 + d_4 + d_5 + d_6 + d_7 = 0$

2ª propriedade: somando-se (ou subtraindo-se) uma constante (k) a todos os valores de uma variável, a média do conjunto fica aumentada (ou diminuída) dessa constante.

Se no exemplo original somarmos a constante 2 a cada um dos valores da variável temos:

Y = (12+14+15+16+17+18+20)/ 7 = 16 kilos

Y = + 2 = 14 + 2= 16 kilos

3ª propriedade: multiplicando-se (ou dividindo-se) todos os valores de uma variável por uma constante (k), a média do conjunto fica multiplicada (ou dividida) por essa constante.

Se no exemplo original multiplicarmos a constante 3 a cada um dos valores da variável teremos:

$Y = (30+36+39+42+45+48+54)/ \ 7 = 42$ kilos

$Y = \overline{X} \ .3 = 14 \ .3 = 42$ kilos

4ª propriedade: a média aritmética sempre existe e é única.

5ª propriedade: a soma dos quadrados dos desvios tomados em relação à média aritmética é um valor mínimo.

Seja o conjunto A={1, 2, 3, 4, 5}, cuja média é $\overline{X} = 3$. Construindo o conjunto **di**, dos desvios de Xi em torno da média $\overline{X}$, teremos:

di = {-2, -1, 0, 1, 2}

MODA (MO) – É O VALOR QUE OCORRE COM MAIOR FREQÜÊNCIA EM UMA SÉRIE DE VALORES.

Desse modo, o salário modal dos empregados de uma fábrica é o salário mais comum, isto é, o salário recebido pelo maior número de empregados dessa fábrica.

DADOS NÃO-AGRUPADOS – A **moda** é facilmente reconhecida: basta, de acordo com a definição, procurar o valor que mais se repete.

Ex.: Na série {7, 8, 9, 10, 10, 10, 11, 12} a **moda** é igual a **10**.

Há séries que o valor modal não existe. Dizemos que estas séries são amodais.

Ex.: {3, 5, 8, 10, 12}. Não apresenta **moda**. Esta série é amodal.

Em outros casos, podemos ter **dois** ou **mais** valores de concentração. Dizemos, então, que a série tem dois ou mais valores modais.

Ex.: {2, 3, 4, 4, 4, 5, 6, 7, 7, 7, 8, 9}. Apresenta duas modas: **4** e **7**. A série é bimodal.

284 ◆ Quatro em Um: Para uma Excelente Base e Aprovação em Concursos Públicos

Ex.: {2, 2, 2, 4, 4, 4, 5, 6, 7, 7, 7, 8, 9}. Apresenta três modas: **2, 4** e **7**. A série é multimodal.

PROPRIEDADES DA MODA

1ª propriedade: Somando-se (ou subtraindo-se) uma constante (k) a todos os valores de uma variável, a moda do conjunto fica aumentada (ou diminuída) dessa constante.

2ª propriedade: Multiplicando-se (ou dividindo-se) todos os valores de uma variável por uma constante (k), a moda do conjunto fica multiplicada (ou dividida) por essa constante.

MEDIANA – (Md)

A **mediana de um conjunto de valores**, dispostos segundo uma ordem (crescente ou decrescente), é o valor situado de tal forma no conjunto **que o separa em dois subconjuntos de mesmo número de elementos**.

A mediana em dados não agrupados:

Dada uma série de valores como, por exemplo: { 5, 2, 6, 13, 9, 15, 10 }.

De acordo com a definição de mediana, o primeiro passo a ser dado é o da ordenação (crescente ou decrescente) dos valores: { 2, 5, 6, 9, 10, 13, 15 }.

O valor que divide a série acima em duas partes iguais é igual a 9, logo a **Md = 9**.

MÉTODO PRÁTICO PARA O CÁLCULO DA MEDIANA:

Se a série dada tiver número ímpar de termos: o valor mediano será o termo de ordem dado pela fórmula:

$$(N+1)/2$$

Ex.: calcule a mediana da série {1, 3, 0, 0, 2, 4, 1, 2, 5}.

1º ordenar a série {0, 0, 1, 1, 2, 2, 3, 4, 5}.

N= 9 logo (N+1)/2 é dado por (9+1)/2 = 5, ou seja, o 5º elemento da série ordenada será a mediana.

Se a série dada tiver número par de termos: o valor mediano será o termo de ordem dado pela fórmula:

$$[(N/2) + (N/2+1)]/2$$

Obs.: **N/2 e (N/2 + 1) serão termos de ordem e devem ser substituídos pelo valor correspondente.**

Notas:

· Quando o número de elementos da série estatística for ímpar, haverá coincidência da mediana com um dos elementos da série.

· Quando o número de elementos da série estatística for par, nunca haverá coincidência da mediana com um dos elementos da série. **A mediana será sempre a média aritmética dos 2 elementos centrais da série.**

· Em uma série a **mediana**, a **média** e a **moda** não têm, necessariamente, o mesmo valor.

· **A mediana, depende da posição e não dos valores dos elementos** na série ordenada. Essa é uma da diferenças marcantes entre **mediana e média (que se deixa influenciar, e muito, pelos valores extremos).** Vejamos:

Em { 5, 7, 10, 13, 15 } a **média= 10 e a mediana= 10**

Em { 5, 7, 10, 13, 65 } a **média = 20 e a mediana = 10**

· Isto é, a média do segundo conjunto de valores é maior do que a do primeiro, por influência dos valores extremos, ao passo que a mediana permanece a mesma.

Propriedades da mediana

1ª propriedade: Somando-se (ou subtraindo-se) uma constante (k) a todos os valores de uma variável, a mediana do conjunto fica aumentada (ou diminuída) dessa constante.

2ª propriedade: Multiplicando-se (ou dividindo-se) todos os valores de uma variável por uma constante (k), a mediana do conjunto fica multiplicada (ou dividida) por essa constante.

Relações entre Média, Moda e Mediana

No caso de um conjunto simétrico com número ímpar de classes, sabemos que:

$$\overline{X} = Mo = Md = PMi \quad \textbf{da classe intermediária.}$$

Desvio Padrão para o Rol

No caso do rol aplicaremos a seguinte fórmula:

$$S = \sqrt{\frac{\sum \left(Xi - \overline{X}\right)^2}{N}}$$

Percebemos que, nesta fórmula do desvio padrão – do mesmo modo que ocorre para o desvio médio absoluto - surge a necessidade de conhecermos a média do conjunto, para calcularmos os desvios em torno desta. Este referido desvio é representado por $\left(Xi - \overline{X}\right)$.

Propriedades do Desvio Padrão

1ª propriedade: Somando-se (ou subtraindo-se) uma constante (k) a todos os valores de uma variável, o desvio padrão do conjunto não será alterado, ou seja, permanecerá exatamente o mesmo.

2ª propriedade: Multiplicando-se (ou dividindo-se) todos os valores de uma variável por uma constante (k), o desvio padrão do conjunto será multiplicado ou dividido por essa constante.

Variância – (S^2).

A *variância*, conforme se depreende pelo símbolo que a designa, representa nada mais que o quadrado do *desvio* padrão.

Destarte, assim como o *desvio padrão*, a *variância* será também uma medida de dispersão que toma como referência o valor da *média aritmética* do conjunto.

Sabendo que a *variância* é o quadrado do *desvio padrão*, concluímos que não haverá nenhuma dificuldade em memorizarmos as fórmulas desta medida.

Texto para questão 01

VOLUME DE CHEQUES SEM FUNDOS TEM ALTA EM MAIO, REVELA ESTUDO NACIONAL DA SERASA

Levantamento da SERASA revela que foi recorde o número de cheques devolvidos por falta de fundos (17,6 a cada mil compensados) em maio de 2003. A alta foi superior a 18% em relação ao mesmo mês do ano passado. No quinto mês de 2002, foram registrados 14,9 cheques devolvidos a cada mil compensados. Em maio de 2003, o total de cheques sem fundos também bateu recorde: 3,27milhões.

INTERNET: <HTTP://WWW.SERASA.COM.BR>. ACESSO EM 15/6/2003 (COM ADAPTAÇÕES).

01. (BB_Escriturário_UnB/CESPE 2003) Com base nessas informações, julgue os itens que se seguem:

1- Em maio de 2003, foram compensados menos de 180 milhões de cheques.

2- Supondo-se que a taxa de devolução de cheques caia 10% de maio de 2003 para junho de 2003, a probabilidade de que um cheque escolhido aleatoriamente no universo de cheques compensados no mês de junho de 2003 seja devolvido é superior a 1%.

3- Nos primeiros 5 meses de 2003, a cada 1.000 cheques compensados foram devolvidos, em média, 15,1 cheques.

4-O desvio padrão da série numérica formada pelos números de cheques devolvidos a cada 1.000 compensados no último quadrimestre de 2002 é superior ao do primeiro quadrimestre de 2003.

5-Os dados do gráfico são suficientes para garantir que o total de cheques devolvidos em março de 2003 foi superior ao total de cheques devolvidos no mês anterior.

Gabarito:

01-E; 02-C; 03-E; 04-E; 05-E.

Texto para questão 02

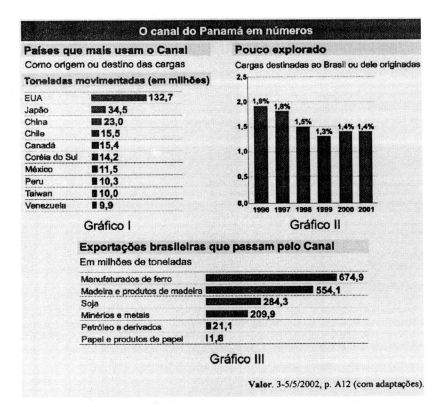

02. (BB_Escriturário_UnB/CESPE 2002) Com base nas informações acima, relativas ao canal do Panamá, julgue os itens seguintes:

1- O desvio padrão da série numérica formada pelos totais de toneladas movimentadas pelos países listados no gráfico I seria maior se dela fosse excluído o valor correspondente aos EUA.

2- A partir dos dados apresentados no gráfico II, é correto afirmar que o volume total de cargas destinadas ao Brasil ou dele originadas e que passaram pelo canal do Panamá em 2001 foi inferior ao de 1998.

3- No período mostrado no gráfico II, a mediana da série numérica formada pelos percentuais de cargas destinadas ao Brasil ou dele originadas, que passaram pelo canal do Panamá, é maior que a moda dessa série.

4- A seguinte sentença está gramaticalmente correta e traduz coerentemente informações do gráfico III: Entre as exportações brasileiras que passam pelo canal em milhões de toneladas por ano as de soja corresponde a mais da metade da exportação de madeira e menos da metade da exportação de manufaturados de ferro.

5- O gráfico de setores abaixo poderia representar corretamente as informações dadas no gráfico III.

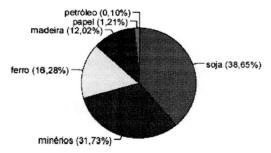

Gabarito:
01-E; 02-E; 03-C; 04-E; 05-E.

Texto para questão 03

No tocante à embriaguez, o CTB estabelece o seguinte:

CAPÍTULO XV

DAS INFRAÇÕES

Art. 161. *Constitui infração de trânsito a inobservância de qualquer preceito deste Código, da legislação complementar ou das resoluções do CONTRAN, sendo o infrator sujeito às penalidades e medidas administrativas indicadas em cada artigo, além das punições previstas no Capítulo XIX.*

(...)

Art. 165. *Dirigir sob a influência de álcool, em nível superior à seis decigramas por litro de sangue, ou de qualquer substância entorpecente ou que determine dependência física ou psíquica:*

Infração – gravíssima;

Penalidade – multa (cinco vezes) e suspensão do direito de dirigir

Medida administrativa – retenção do veículo até a apresentação de condutor habilitado e recolhimento do documento de habilitação.

A tabela abaixo ilustra o nível máximo de alcoolemia – presença de álcool no sangue – aceitável para os motoristas em alguns países.

PAÍS	ALCOOLEMIA LEGAL

03. Com base nas informações do texto e no CTB, julgue os itens a seguir:

1-A alcoolemia legal na Inglaterra é oito vezes a dos EUA;

2-O condutor de um automóvel poderia ser considerado impedido de dirigir veículo automotor no Brasil, mas estar legalmente apto a dirigir nos EUA.

3-A alcoolemia legal da Holanda está para a da Áustria, assim como a da Alemanha está para a da França.

4-Se o condutor de um veículo no Brasil for flagrado, por um agente de trânsito, dirigindo sob a influência de álcool em nível igual a 0,001 kg por dm^3 de sangue, ele estará sujeito ao pagamento de multa no valor de 900 UFIR.

5-O gráfico abaixo representa corretamente a alcoolemia legal, em g/L, praticada pelos países listados na tabela do texto.

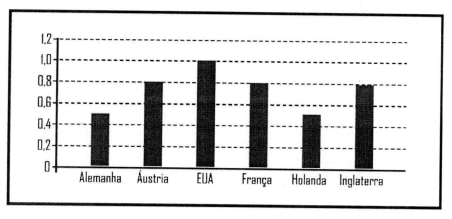

Gabarito:

01-E; 02-C; 03-C; 04-C; 05-E.

Texto para questão 01

DICA DE SEGURANÇA: SAIBA MAIS
SOBRE O CÓDIGO DE ACESSO

O código de acesso consiste em uma seqüência de três letras distintas do alfabeto, gerada automaticamente pelo sistema e informada ao cliente. Para efetuar transações a partir de um terminal de auto-atendimento, esse código de acesso é exigido do cliente pessoa física, conforme explicado a seguir.

É apresentada ao cliente uma tela em que as 24 primeiras letras do alfabeto estão agrupadas em 6 conjuntos disjuntos de 4 letras cada. Para entrar com a primeira letra do seu código de acesso, o cliente deve selecionar na tela apresentada o único conjunto de letras que a contém. Após essa escolha, um novo agrupamento das 24 primeiras letras do alfabeto em 6 novos conjuntos é mostrado ao cliente, que deve então selecionar o único conjunto que inclui a segunda letra do seu código. Esse processo é repetido para a entrada da terceira letra do código de acesso do cliente. A figura abaixo ilustra um exemplo de uma tela com um possível agrupamento das 24 primeiras letras do alfabeto em 6 conjuntos.

01. (BB_Escriturário_UnB/CESPE 2003) Com base nessas informações, julgue os itens a seguir:

1- Considerando que o BB tenha 15,6 milhões de clientes pessoa física e que todos possuam um código de acesso como descrito acima, conclui-se que mais de 1.000 clientes do BB possuem o mesmo código de acesso.

2- Utilizando-se das 24 primeiras letras do alfabeto, é possível formar um conjunto de 4 letras distintas de mais de 10.000 maneiras diferentes.

3- Para um cliente do BB chamado Carlos, a probabilidade de que todas as letras do seu código de acesso sejam diferentes das letras que compõem o seu nome é inferior a 0,5.

4- Para um cliente do BB chamado Carlos, a probabilidade de que todas as letras do seu código de acesso estejam incluídas no conjunto das letras que formam o seu nome é inferior a 0,01.

5- Suponha que uma pessoa observe atentamente um cliente do BB enquanto este digita o seu código de acesso. Suponha ainda que ela observe que os três conjuntos de letras em que aparecem o código do cliente são disjuntos e, tendo memorizado esses três conjuntos de letras, na ordem em que foram escolhidos, faça um palpite de qual seria o código de acesso do cliente. Nessas condições, a probabilidade de que o palpite esteja certo é inferior a 0,02.

GABARITO:

01-C; 02-C; 03-C; 04-C; 05-C.

TEXTO PARA QUESTÃO 02

Em 1.º/8/2002, Lúcio investiu R$ 20.000,00 distribuídos entre os investimentos oferecidos pelo BB relacionados na tabela:

aplicação	rendimento (em %)		
	jun./2003	jul./2003	1.º/8/2002 a 1.º/8/2003
BB fix básico	1,7	1,8	20,0
BB fix private	2,0	2,2	25,0
poupança	0,9	1,0	10,0
BB ações PETROBRAS	−2,8	8,2	40,0
BB ações EMBRAER	20,0	−1,4	−10,0

02. **(BB_Escriturário_UnB/CESPE 2003) Com base nessas informações e considerando que as aplicações acima tenham capitalização mensal, julgue os itens seguintes:**

1-Se, em 1.º/6/2003, o saldo de Lúcio no BB ações PETROBRAS era de R$ 5.000,00, admitindo que não tenha sido feito qualquer depósito ou retirada dessa aplicação, em 1.º/8/2003 ele teria nesse investimento um montante superior a R$ 5.300,00.

294 ◆ Quatro em Um: Para uma Excelente Base e Aprovação em Concursos Públicos

2-Considerando $1{,}24^4 = 2$, se, no período de 1.º/8/2003 a 1.º/8/2004, o investimento BB ações EMBRAER apresentar rendimento mensal igual ao verificado no mês de julho de 2003, então, em 1.º/8/2004, um capital ali aplicado em 1.º/8/2003 seria aumentado em mais de 10 vezes.

3-Considerando que no período de 1.º/8/2002 a 1.º/8/2003 houve uma inflação de 8%, o rendimento real do investimento BB ações PETROBRAS nesse período foi de exatamente 32%.

4-De acordo com os dados da tabela, é correto concluir que, em algum dos meses do período de 1.º/8/2002 a 1.º/8/2003, a taxa de rendimento do BB fix básico foi negativa.

5-Se Lúcio investiu x reais no BB fix básico, y reais na poupança e z reais no BB ações EMBRAER em 1.º/8/2002, então, relativamente a esses três depósitos, ele teria em 1.º/8/2003 o montante atualizado de 1,2x + 1,1y + 0,9z reais.

6-Considere que em 1.º/8/2002 Lúcio tenha investido R$ 10.000,00 nos fundos BB ações PETROBRAS e BB ações EMBRAER. Para que no período de 1.º/8/2002 a 1.º/8/2003 ele não tenha acumulado prejuízo nessa parcela do seu investimento, ele teria que ter investido no BB ações PETROBRAS pelo menos R$ 2.000,00.

7-Considere que, em 1.º/8/2002, Lúcio tenha distribuído os seus R$ 20.000,00 igualmente entre todas as opções de investimento citadas. Nessa situação, em 1.º/8/2003, ele teria recebido, a título de rendimentos, mais de R$ 3.000,00.

8-Considere que a quantia que Lúcio investiu no BB fix básico tenha sido a mesma que ele investiu no BB ações PETROBRAS, e que a quantia investida na poupança tenha sido a mesma que ele aplicou no BB ações EMBRAER. Nessas condições, sabendo que, ao final de 1 ano, Lúcio possuía **M** reais no conjunto de investimentos formado pelo BB fix básico e pela poupança e **N** reais no conjunto formado pelo BB ações PETROBRAS e BB ações EMBRAER, é correto concluir que Lúcio originalmente investiu reais na poupança.

Gabarito:

01-E; 02-E; 03-C; 04-C; 05-E; 06-C; 07-C; 08-E.

Texto para questão 03

BB LUCRA MAIS DE R$ 1 BILHÃO
NO 1.º SEMESTRE DE 2003

O lucro líquido do BB no 1.º semestre de 2003 foi de R$ 1.079 milhões, valor 30% superior ao registrado no 2.º semestre de 2002. Esse resultado deve-se à expansão da base de clientes para 16,7 milhões e ao aumento das receitas de serviços e controle de custos. Os principais destaques do período estão relacionados a seguir:

1- O patrimônio líquido do BB totalizou R$ 10,2 bilhões e os ativos totais, R$ 204 bilhões, registrando-se, em relação ao 1.º semestre de 2002, crescimentos de 36% e 20%, respectivamente.

2- De 1.º/7/2002 a 30/6/2003, o BB aumentou significativamente o seu número de clientes, tanto clientes pessoa física quanto pessoa jurídica. A evolução do número de clientes do BB é mostrada no gráfico a seguir, em que os valores referem-se ao final de cada trimestre correspondente.

Internet: <HTTP://WWW.BB.COM.BR>. Acesso em ago./2003 (com adaptações).

3- A carteira de crédito cresceu 20% nos primeiros seis meses de 2003, atingindo o montante de R$ 72 bilhões. Merecem destaque as operações relacionadas ao agronegócio, que, nesse período, cresceram 65%.

4- Para a agricultura familiar e os micro e pequenos produtores rurais foram concedidos R$ 659 milhões de crédito com recursos do PRONAF, PROGER Rural e Banco da Terra e Reforma Agrária.

5- Nos seis primeiros meses de 2003, as operações do proex-financiamento alavancaram as exportações em US$ 112,8 milhões, contemplando 170 exportadores, sendo 140 de pequeno ou médio porte.

6-De 1.º/1/2003 a 30/6/2003, as captações de mercado totalizaram R$ 140 bilhões, divididas entre depósitos à vista, depósitos a prazo, depósitos em caderneta de poupança, depósitos interfinanceiros e captações no mercado aberto. Desses, R$ 20 bilhões foram depósitos à vista e R$ 25 bilhões foram depósitos em cadernetas de poupança. O montante captado em depósitos a prazo correspondeu a 10 vezes o captado como depósitos interfinanceiros, enquanto as captações no mercado aberto totalizaram 4/5 do montante captado em depósitos a prazo.

03. (BB_Escriturário_UnB/CESPE 2003) Acerca das informações apresentadas no texto anterior e dos temas a ele correlatos, julgue os itens a seguir:

1-No segundo semestre de 2002, o lucro líquido do BB foi inferior a R$ 800 milhões.

2-No final do primeiro semestre de 2002, o patrimônio líquido do BB correspondia a mais de 5% dos ativos totais.

3-De 1.º/7/2002 a 30/6/2003, o BB conseguiu 2,2 milhões de novos clientes, na sua maioria pessoas físicas.

4-Do primeiro para o segundo trimestre de 2003, o crescimento percentual do número de clientes pessoa jurídica do BB foi superior ao crescimento percentual do número de clientes pessoa física.

5-No primeiro semestre de 2003, a média diária de obtenção de novos clientes no BB foi inferior a 5.000.

6-O desvio padrão da série numérica formada pelo número de clientes pessoa jurídica do BB em cada final de trimestre representado no gráfico é superior a 0,1.

7-A moda e a mediana da seqüência numérica formada pelo número de clientes pessoa jurídica do BB em cada final de trimestre representado no gráfico são iguais.

8-Considerando que, de janeiro a junho de 2003, não tenha havido decrescimento em qualquer uma das operações que compõem a carteira de crédito do BB, é correto concluir que, nesse período, as operações relacionadas ao agronegócio totalizaram menos de R$ 32 bilhões.

9-Suponha que os exportadores citados no penúltimo tópico do texto sejam classificados como de pequeno, médio ou grande porte. Nessa situação, os dados apresentados no texto são suficientes para se concluir que mais de 50% dos exportadores são de médio porte.

10-De acordo com as informações do último tópico do texto, no primeiro semestre de 2003, o montante captado em depósitos a prazo foi inferior à soma daquele captado em depósitos à vista e em depósitos em cadernetas de poupança.

11-No primeiro semestre de 2003, as captações no mercado aberto corresponderam a 80% do montante captado em depósitos a prazo.

GABARITO:

01-E; 02-E; 03-C; 04-C; 05-E; 06-Anulada ; 07-C; 08-E; 09-E; 10- E; 11-C.

01. O Brasil tem 26 estados. Se quero reunir um certo número de brasileiros e ter certeza de que pelo menos dois nasceram num mesmo estado, então devo reunir, no mínimo, o seguinte número de brasileiros:

(A) 27;   (B)   52;

(C) 144;   (D)   1.024;

(E) 1.501.

02. Nosso código secreto usa o alfabeto

A B C D E F G H I J L M N O P Q R S T U V X Z

do seguinte modo: cada letra é substituída pela letra que ocupa a quarta posição depois dela. Então, o A vira E, o B vira F, o C vira G e assim por diante. O código é "circular", de modo que o U vira A e assim por diante.

Recebi uma mensagem em código que dizia:

BSA HI EDAP

Decifrei o código e li:

(A) FAZ AS DUAS;   (B)   DIA DO LOBO;

(C) RIO ME QUER;   (D)   VIM DA LOJA;

(E) VOU DE AZUL.

03. Dagoberto tem cinco filhos, todos de idades distintas. O mais velho tem 20 anos, o mais novo tem 13. A soma das idades dos cinco filhos de Dagoberto é no máximo igual a:

(A) 85;
(B) 86;
(C) 87;
(D) 88;
(E) 89.

04. Observe as somas a seguir:

O valor de ♥ é igual a:

(A) 1;
(B) 2;
(C) 3;
(D) 6;
(E) 7.

05. A sentença "**Social** está para **Laicos** assim como 231678 está para ..." é melhor completada por:

(A) 326187;
(B) 876132;
(C) 286731;
(D) 827361;
(E) 218763.

06. Maricota saiu do trabalho e seguiu pela calçada até chegar à primeira rua perpendicular, na qual dobrou à direita. Seguiu por essa rua e, num dado momento, dobrou à esquerda numa rua perpendicular. Seguiu adiante e dobrou novamente à esquerda, em outra perpendicular. Após caminhar mais um pouco, chegou a seu destino. O percurso de Maricota está melhor representado por:

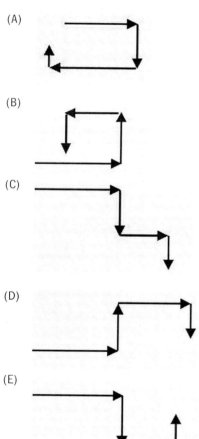

300 ♦ Quatro em Um: Para uma Excelente Base e Aprovação em Concursos Públicos

07. Em abril de 2007 foram arrecadados em impostos federais cerca de R$ 56,1 bilhões. Esse montante representou 10% a mais do que foi arrecadado no mesmo mês em 2006. A arrecadação de impostos federais no mês de abril de 2006, em bilhões de reais, foi:

(A) 50,1;   (B)   50,49;

(C)   51,0;   (D)   54,9;

(E)   61,71.

08. Em maio de 2007 o salário mínimo no Estado do Rio de Janeiro é cerca de 12% maior que o salário mínimo federal. Nesse mês, 14 salários mínimos federais correspondem, em salários mínimos do Estado do Rio de Janeiro, a cerca de:

(A)   12,25;   (B)   12,32;

(C)   12,50;   (D)   13,22;

(E)   13,50.

09. O preço de uma corrida de táxi é calculado a partir da soma de um valor fixo (chamado "bandeirada"), de uma parte que varia proporcionalmente à distância percorrida (quilômetro rodado) e do tempo em que o táxi ficou parado no percurso. Na cidade X o valor da bandeirada é de R$ 3,00 e o valor da hora parada é de R$ 12,00. Sabe-se que o valor pago por uma corrida de 10 km em que o táxi ficou parado 5 minutos no percurso foi R$ 20,00. Assim, o custo de cada quilômetro rodado é de:

(A)   R$ 1,60;   (B)   R$ 1,70;

(C)   R$ 1,80;   (D)   R$ 1,90;

(E)   R$ 2,00.

10. O custo da produção da caixa de 30 dúzias de ovos em certa granja foi de R$ 24,00. Esta granja vende seus ovos por R$ 1,80 a dúzia. Para que tenha um lucro de R$ 360,00, o número de dúzias de ovos que será necessário vender é:

(A)   150;   (B)   200;

(C)   270;   (D)   360;

(E)   450.

11. A figura abaixo é formada por uma seqüência de "casinhas" montadas com varetas uma ao lado da outra de modo que uma das varetas seja comum a "casinhas" vizinhas. A quantidade de varetas necessárias para construir 72 casinhas nessa seqüência é de:

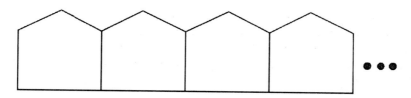

(A) 289; (B) 293;

(C) 360; (D) 369;

(E) 432.

12. Sendo (a, aq, aq^2, aq^3, ...) uma progressão geométrica. Considere as seguintes configurações:

(I) a > 0 e 0 < q < 1;

(II) a < 0 e q > 1;

(III) a > 0 e q < -1.

A(s) configuração(ões) acima em que a progressão geométrica é decrescente é (são) somente:

(A) I; (B) II;

(C) I e II; (D) I e III;

(E) II e III.

13. Em resposta à solicitação de um orçamento para a compra de equipamentos, uma empresa propôs o valor de R$ 5500,00 de entrada mais 3 parcelas mensais de R$2000,00. Ofereceu ainda a opção de pagamento à vista do valor total, com desconto de 14%. Caso se efetue a compra à vista, o valor a ser pago será de:

(A)   R$ 9810,00;   (B)   R$ 9830,00;

(C)   R$ 9850,00;   (D)   R$ 9870,00;

(E)   R$ 9890,00.

14. Um capital de dez mil reais foi aplicado à uma taxa de juros compostos durante 5 meses, rendendo no final desse período R$ 1000,00. A expressão que indica como calcular a taxa de juros ao mês é dada por:

(A) $0,1 \div 5$;   (B) $\sqrt[5]{1,1} - 1$

(C) $\sqrt[5]{0,1}$ (D) $1,1 \div 5$;

(E) $\sqrt[5]{1,1 \div 5}$

O gráfico a seguir refere-se às questões 15 e 16.

15. Numa pesquisa, os funcionários de uma empresa responderam sobre o número de horas semanais dedicadas à prática de atividades físicas. O gráfico acima indica as respostas obtidas. A porcentagem de funcionários pesquisados que praticam pelo menos três horas semanais de atividades físicas é:

(A) 20%;   (B) 24%;

(C) 38%;   (D) 40%;

(E) 76%.

16. O número médio de horas semanais dedicadas à atividades físicas entre os funcionários pesquisados é:

(A) 2;   (B) 2,28;

(C) 2,5;   (D) 3;

(E) 3,28.

GABARITO

01	02	03	04
A	E	C	D
05	**06**	**07**	**08**
B	E	C	C
09	**10**	**11**	**12**
A	D	A	C
13	14	15	16
E	B	D	B

01. O resultado de $\dfrac{5^{-20}}{10^{-15}}$ é um número:

(A) menor do que 1;   (B) entre 1 e 10;

(C) entre 10 e 100;   (D) entre 100 e 1.000;

(E) maior do que 1.000.

304 ◆ Quatro em Um: Para uma Excelente Base e Aprovação em Concursos Públicos

02. Um milionésimo de 250 pode ser escrito como:

(A) 0,00025;   (B) 0,0025;

(C) 0,25;   (D) 250.000;

(E) 250.000.000.

03. Pensei em um número N positivo. Elevei-o ao quadrado e depois adicionei 4 ao resultado. Em seguida, dividi o novo resultado por 15, obtendo então um número M. Nesse caso, N pode ser expresso, em função de M, como:

(A) $N = 15\sqrt{M} - 4$;

(B) $N = \dfrac{15}{4 - M^2}$;

(C) $N = 4 - 15M$;

(D) $N = \sqrt{15M - 4}$;

(E) $N = \dfrac{M^2 - 4}{15}$.

04. Daqui a um ano, a soma das idades de Antonino, Bernardino e Vivaldino será igual a 102. Vivaldino é 12 anos mais velho do que Antonino, que é 6 anos mais jovem do que Bernardino. Daqui a três anos, o produto das idades dos três será igual a:

A) 28.675;   B) 34.740;

C) 38.650;   D) 42.666;

E) 45.360.

05.   Analise as afirmativas a seguir:

I. Se um número N é múltiplo de dois números naturais p e q, então N é múltiplo de **p.q**.

II. Se N é um múltiplo de 3 então a soma de seus algarismos é um múltiplo de 3.

III. Se o resto da divisão de um número N por 5 é 3, então o último algarismo de N é 8.

IV. Se N é divisor de dois números naturais p e q então N^2 é divisor de **p.q** .

Estão corretas as afirmativas:

(A)   I e II, apenas;   (B) I, II e III, apenas;

(C)   I, II e IV, apenas;   (D) II, III e IV, apenas.

06. Se $N = 2^5 \times 3^4 \times 5^6 \times 11^3$ e $M = 2^4 \times 3^2 \times 5^2 \times 7^6$, então o máximo divisor comum de N e M é igual a:

(A) 240;
(B) 525;
(C) 1.682;
(D) 2.710;
(E) 3.600.

07. Gastei R$16,67 na padaria e o dobro dessa quantia na quitanda. Meu plano é gastar, no supermercado, no máximo o dobro do que gastei até agora. Se eu tinha R$ 200,00, antes dessas compras, e se conseguir manter meu plano, então voltarei com no máximo a seguinte quantia, em reais:

(A) 34,23;
(B) 42,56;
(C) 49,97;
(D) 57,34;
(E) 66,69.

08. Uma equipe realizou, num primeiro dia, três oitavos de uma tarefa. No dia seguinte, executou um terço do que faltava. Ainda falta executar a seguinte fração da tarefa:

(A) $\dfrac{5}{12}$;
(B) $\dfrac{3}{16}$;
(C) $\dfrac{7}{25}$;
(D) $\dfrac{4}{9}$;
(E) $\dfrac{2}{11}$.

09. A tabela a seguir mostra o número de gols marcados por partida em um campeonato de futebol:

Número de gols marcados na partida	Número de partidas
0	12
1	18
2	25
3	21
4	15
5	7
6	5

Nesse campeonato, o número total de gols marcados foi:

(A) 188;   (B) 234;

(C) 256;   (D) 288;

(E) 302.

10. As retas **r, s, t** e **u** estão em um mesmo plano. A reta **r** é paralela a **s** e perpendicular a **t**. A reta **u** é perpendicular a **s**. No total, há a seguinte quantidade de pontos de interseção entre essas quatro retas:

(A) 3;   (B) 4;

(C) 5;   (D) 6;

(E) 8.

11. Seu Joaquim aumentou o preço de venda de um produto em 50%, mas isso fez com que muitos exemplares do produto ficassem "encalhados", pois o aumento exagerado afastou a clientela. Para recuperar seus fregueses, Joaquim vai dar um desconto no novo preço, de modo que o produto passará a ser vendido pelo mesmo preço cobrado antes do aumento. Joaquim deverá então dar um desconto que corresponde, aproximadamente, à seguinte porcentagem do novo preço, atualmente cobrado:

(A) 15,5%;   (B) 25%;

(C) 33,3%;   (D) 50%;   (E) 54,8%.

12. 60% de 60% de 60% de uma quantidade representam a seguinte porcentagem dessa quantidade:

(A) 21,6%;   (B) 24,8%;

(C) 32,4%;   (D) 42,8%;

(E) 44,4%.

13. O gráfico a seguir mostra as temperaturas médias mensais numa certa localidade, no ano de 2006:

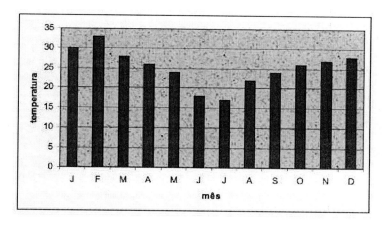

O número de meses em que, no ano de 2006, a temperatura média nesse local foi superior a 25° C é igual a:

(A) 4;   (B) 5;

(C) 6;   (D) 7;

(E) 8.

14. Um país mandará, mensalmente, cientistas para duas nações amigas: cá e lá. Inicialmente, três virão para cá e dois irão para lá; depois, quatro virão para cá e três irão para lá; depois cinco para cá, quatro para lá e assim sucessivamente. Quando ultrapassarmos um total de 100 cientistas que vieram para cá, para lá terão ido:

(A) 84;   (B) 90;

(C) 93;   (D) 95;   (E) 99.

308 ◆ Quatro em Um: Para uma Excelente Base e Aprovação em Concursos Públicos

15. Se nem todo Sclok é Ploc, todo Ploc é Splash mas há Splash que não é Ploc então:

(A)   todo Splash é Ploc;

(B)   nem todo Sclok é Splash;

(C)   todo Sclok que é Ploc é Splash;

(D)   quem não é Splash não é Sclok;

(E)   quem não é Ploc não é Splash.

16. Estava olhando para o Norte. Girei $90°$ para a esquerda e passei, portanto, a olhar para o Oeste. Girei $180°$ e depois girei $45°$ à esquerda. Depois girei $90°$ à esquerda e, depois, $135°$ à direita. Passei, nesse momento, a olhar para o:

(A)   Norte;

(B)   Leste;

(C)   Nordeste;

(D)   Sudeste;

(E)   Sul.

17.   A tabela a seguir apresenta um resumo dos dados de transporte rodoviário coletivo interestadual e internacional de passageiros no Brasil em 2002:

Quantidade de empresas	213
Quantidade de veículos - ônibus	13.567
Quantidade de motoristas	22.984
Passageiros transportados	135.749.449
Viagens realizadas	4.352.144
Distância percorrida pela frota - km	1.472.368.730

FONTE: ANTT

Com base nesses dados, e considerando que todos os motoristas percorreram aproximadamente a mesma distância, podemos concluir que cada motorista percorreu, em 2002, a seguinte distância em quilômetros, aproximadamente:

(A) 1.200.000;   (B) 500.600;

(C) 64.000;   (D) 3.000;

(E) 200.

18. O diagrama a seguir apresenta a distribuição dos vários tipos de transportes de cargas no país em 2000:

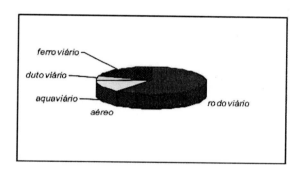

FONTE: ANTT

Assinale a opção que melhor indica o percentual do transporte ferroviário no total de cargas transportadas no país, em 2000:

(A 20%;   (B) 40%;

(C) 50%;   (D) 60%;

(E) 70%.

19. Um adesivo colado em um caminhão de carga indica: "CARGA MÁXIMA 1 TON", o que significa que aquele caminhão pode transportar, com segurança, no máximo uma tonelada de carga. O caminhão será abastecido com caixas de um certo produto. Cada caixa tem um peso bruto de 4.250g. Nesse caso, o caminhão poderá transportar, no máximo, a seguinte quantidade de caixas:

(A) 23;   (B) 24;

(C) 205;   (D) 235;

(E) 2350.

310 ◆ Quatro em Um: Para uma Excelente Base e Aprovação em Concursos Públicos

20. Os dados a seguir são um resumo de uma nota fiscal que mostra, para cada produto comprado, o preço de uma unidade do produto e a quantidade adquirida do produto:

Produto	Preço unitário (R$)	Quantidade
purificador de água	550,00	02
filtro p/ purificador	84,50	04
fogão elétrico	440,00	01
lanterna	64,60	05

O valor total da compra descrita, em reais, foi:

(A) 1.550,00;

(B) 2.124,60;

(C) 2.201,00;

(D) 2.358,80;

(E) 2.569,90.

21. Um artista plástico pretende fazer uma obra que apresentará três esferas, cada uma com 10cm de raio, dispostas, uma sobre a outra, no interior de uma peça cilíndrica transparente cujo interior tem 20cm de diâmetro e 60cm de altura. O artista vai preencher o espaço que ficará vazio no interior do cilindro, depois de postas as esferas, com um líquido translúcido. O volume a ser preenchido com o líquido, em 3cm, vale, aproximadamente:

(A) 1.260;

(B) 3.570;

(C) 4.240;

(D) 5.350;

(E) 6.280.

22. Jessé trabalha no setor administrativo de uma empresa e precisou consultar, num certo dia, três processos diferentes. Cada um desses processos estava numa gaveta diferente de um pequeno arquivo que continha quatro gavetas. No final do dia, Jessé deveria devolver cada processo a sua respectiva gaveta. Jessé entretanto, resolveu escolher ao acaso uma gaveta para guardar um dos processos, uma segunda gaveta, diferente da primeira, para guardar o segundo e uma terceira gaveta, das duas que sobraram, para guardar o terceiro processo. A probabilidade de que Jessé tenha conseguido devolver cada processo a sua gaveta original é de:

(A) 1/48;

(B) 1/24;

(C) 1/12;

(D) 1/6;

(E) 1/3.

23. Num campeonato de futebol, a vitória numa partida vale três pontos para o vencedor e nenhum ponto para o perdedor; em caso de empate, cada equipe ganha um ponto. Um campeonato foi disputado por oito equipes, em turno e returno, de modo que cada equipe jogou duas vezes com cada uma das demais. Das partidas jogadas, exatamente vinte e duas terminaram empatadas. Nesse caso, se somarmos os totais de pontos obtidos, por cada equipe, obteremos:

(A) 130;   (B) 146;

(C) 168;   (D) 190;

(E) 222.

24. Em cada vagão de um trem de cargas, cabem 100 caixotes de um certo produto. Em cada caixote é possível acomodar vinte conjuntos, sendo que cada conjunto tem 12 unidades do produto. O trem tem dezoito vagões, todos lotados com o carregamento do produto. Se o preço de uma unidade do produto é R$ 3,10, e se é cobrado, de imposto, 5% do valor total da carga, então o imposto a ser pago por esse carregamento, em reais, é de:

(A) 66.960,00;   (B) 72.500,00;

(C) 90.600,00;   (D) 102.200,00;

(E) 108.300,00.

25. Um comerciante aumentou o preço de um certo produto em 30%. Como a venda do produto caiu, o comerciante, arrependido, pretende dar um desconto no novo preço, de modo a fazê-lo voltar ao valor anterior ao aumento. Nesse caso, o comerciante deve anunciar um desconto de, aproximadamente:

(A) 15%;   (B) 19%;

(C) 23%;   (D) 28%;

(E) 30%.

312 ◆ Quatro em Um: Para uma Excelente Base e Aprovação em Concursos Públicos

26. Você está pensando em contrair uma dívida em um banco que cobra 10% de juros mensal sobre o saldo devedor. Por exemplo, se você pegar R$100,00 emprestados, ao final de um mês estará devendo R$110,00. Se, ao final desse primeiro mês, você pagar apenas R$ 20,00 dos R$110,00, deverá, no mês seguinte, R$99,00 (os R$90,00 que ficou devendo mais os 10% de juros).

Imagine que você resolva tomar emprestados R$500,00 e que seu plano seja pagar R$100,00 ao final do primeiro mês, R$100,00 ao final do segundo mês, R$100,00 ao final do terceiro mês e quitar a dívida no quarto mês. Nesse caso, você terá de pagar, no quarto mês, a seguinte quantia, em reais:

(A) 200,00;   (B) 265,45;

(C) 367,95;   (D) 398,90;

(E) 412,32.

27. Ao fazer uma divisão entre dois números inteiros, numa calculadora, Josimar obteve, no visor, como resultado, 0,1234123412341234. Assinale o item que pode indicar a divisão feita por Josimar:

(A) $\dfrac{1234}{999}$;   (B) $\dfrac{1234}{1000}$;

(C) $\dfrac{12}{34}$;   (D) $\dfrac{12341234}{9000000}$;

(E) $\dfrac{1234}{9999}$.

28. Gumercindo comprou um lote que tinha a forma de um triângulo isósceles de lados 400m, 250m e 250m. Ele está pensando em dividir seu terreno em quatro lotes, como mostra a figura:

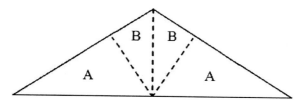

Na figura, as linhas tracejadas representam alturas dos respectivos triângulos e indicam o planejamento de Gumercindo para a divisão do lote que resultará, evidentemente, em dois lotes maiores de mesma área A e dois lotes menores de mesma área B. A razão A/B é, então, igual a:

(A) 10/7;

(B) 12/5;

(C) 14/8;

(D) 16/9;

(E) 9/5.

29. Agenor está fazendo um curso de especialização. O curso é dividido em módulos e cada módulo tem um certo número de créditos, dependendo da importância do módulo. O coeficiente de rendimento do aluno é a média ponderada das notas por ele obtidas nos respectivos módulos, tendo como pesos os créditos correspondentes. A tabela a seguir apresenta as notas obtidas por Agenor e o número de créditos de cada módulo:

Módulo	No de créditos	Nota
I	4	6,0
II	5	7,0
III	5	8,0
IV	3	6,0
V	3	6,0
VI	5	9,0

O coeficiente de rendimento de Agenor no curso é igual a:

(A) 6,4;

(B) 6,8;

(C) 7,0;

(D) 7,2;

(E) 7,6.

30. No planejamento de um certo setor, o chefe distribuiu as oitenta e duas tarefas do mês por seus três funcionários de modo que Maria ficou com sete tarefas a mais que Josias que, por sua vez, recebeu menos quinze tarefas que Inácio. O produto entre o número de tarefas de Maria e de Inácio é igual a:

(A) 945;　　　　　　　　(B) 894;

(C) 732;　　　　　　　　(D) 710;

(E) 697.

30. As raízes da equação $x^2 + mx + n = 0$ são 5 e –1. A soma dos valores das constantes m e n é igual a:

(A) –9;　　　　　　　　(B) –5;

(C) 0;　　　　　　　　　(D) 1;

(E) 5.

32. A cada 1200m rodados em viagem, o automóvel de Pascoal gasta 0,09 litros de combustível. Numa viagem, Pascoal gastou 54,9 litros de combustível. O percurso teve então a seguinte quantidade de quilômetros:

(A) 776;　　　　　　　　(B) 732;

(C) 688;　　　　　　　　(D) 654;

(E) 586.

33. De cada vértice de um hexágono regular saem três diagonais, como mostra a figura:

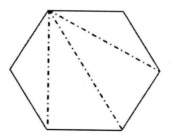

O número total de diagonais de um hexágono é, então, igual a:

(A) 18;   (B) 16;

(C) 12;   (D) 9;

(E) 6.

34. A média aritmética dos pesos de dezenove pessoas que entraram num elevador é igual a 70kg. Se entrar mais uma pessoa, que pesa 82kg, a nova média dos pesos das vinte pessoas, em kg, será igual a:

(A) 80,2;   (B) 76,3;

(C) 72,0;   (D) 71,2;

(E) 70,6.

35. Três números inteiros, M, N e O, quando decompostos em fatores primos, podem ser escritos como:

M = $2^a \times 3^b \times 5^c \times 7^d \times 11^e \times 13^f \times 17^g$

N = $2^h \times 3^i \times 5^j \times 7^k \times 11^l \times 13^m \times 17^n$

O = $2^o \times 3^p \times 5^q \times 7^r \times 11^s \times 13^t \times 17^u$

onde os expoentes a, b, ..., h, i, ..., o, p, ..., u são todos números inteiros positivos.

Nesse caso, NÃO é correto afirmar que:

(A) M, N e O são divisíveis por 210;

(B) M, N e O são múltiplos de 2x3x5x7x11x13x17;

316 ◆ Quatro em Um: Para uma Excelente Base e Aprovação em Concursos Públicos

(C) M pode ser múltiplo de N e de O;

(D) M, N e O não são múltiplos de 31;

(E) o máximo denominador comum de M, N e O é 2x3x5x7x11x13x17.

36. Numa praça de pedágio, quatro cabines abertas durante 8h por dia são capazes de atender a 22.400 veículos por semana. Nesse caso, se num feriado forem abertas oito cabines, em seis horas pode ser atendida a seguinte quantidade de veículos, no máximo:

(A) 4.200;   (B) 4.800;

(C) 5.200;   (D) 5.600;

(E) 6.000.

37. Para que o resultado de $\sqrt{360}.\sqrt{50A}$ seja um número natural, um valor que A pode assumir é:

(A) 2;   (B) 3;

(C) 4;   (D) 5;

(E) 6.

38. Heloísa tem que trabalhar 6 horas por dia, sem que neste tempo esteja incluído o horário do almoço. Um dia chegou no trabalho às 9h10, saiu para almoçar às 11h50 e retornou do almoço às 12h20. O horário de saída do trabalho de Heloísa neste dia foi:

(A) 15h20;   (B) 15h40;

(C) 15h50;   (D) 16h10;

(E) 16h20.

39. Ana descontou uma promissória de R$ 5000,00 à uma taxa de desconto simples de 3% ao mês, pagando à empresa credora um valor líquido de R$ 4400,00. O prazo de antecipação foi de:

(A) um mês;   (B) dois meses;

(C) três meses;   (D) quatro meses;

(E) cinco meses.

40. Sabendo-se que 5 é a raiz do polinômio $x^3 - 4x^2 - 11x + 30$, a soma das outras duas raízes deste polinômio é:

(A) 11;   (B) 4;

(C) -1;   (D) -6;

(E) -11.

41. A altura h (em metros) de uma bola em função do tempo t (em segundos) é dada pela função $h(t) = 4 \cdot sen^2(t\pi) + 1$ No intervalo de tempo entre 0 e 2 segundos, o número de vezes que a bola atingirá a altura de 3 metros é:

(A) 1;   (B) 2;

(C) 3;   (D) 4;

(E) 5.

42. O domínio da função $f(x) = \log(x - x^2 + 6)$ é:

(A) $(0, \infty)$;   (B) $(-\infty, -2) \cup (3, \infty)$;

(C) $(6, +\infty)$;   (D) $(-2, 6)$;

(E) $(-2, 3)$.

43. Um dos pontos da parábola que eqüidista dos pontos (0, 0) e (1, 1) é:

(A) (1/2, 1/2);   (B) (-1, 2);

(C) (2, 5);   (D) (1, 2);

(E) (-2, 5).

318 ♦ Quatro em Um: Para uma Excelente Base e Aprovação em Concursos Públicos

44. José adquiriu uma dívida no cartão de crédito que cobra juros compostos de 3,2% ao mês e não conseguiu pagar nenhuma parte da dívida. Sua dívida no início de cada mês forma uma progressão:

(A) aritmética de razão 0,032;

(B) aritmética de razão 1,032;

(C) aritmética de razão 3,2;

(D) geométrica de razão 0,032;

(E) geométrica de razão 1,032.

45. Para descer alguns objetos da janela de um apartamento à rua, dois garotos fizeram uma brincadeira: fixaram a ponta de uma corda na janela e a outra no chão da rua à uma distância de 7 metros da base do prédio. Através de uma cesta que deslizava na corda, desciam os objetos. Sabendo que a janela deste apartamento está à uma altura de 24 metros do chão e desconsiderando os nós que terão que dar, o tamanho mínimo da corda que os garotos deverão utilizar é de:

(A) 17 m;   (B) 25 m;

(C) 31 m;   (D) 38 m;

(E) 45 m.

46. Entre os grupos de dados a seguir, o que apresenta maior desvio padrão é:

(A) 7, 9, 10, 11, 13;

(B) 8, 8, 10, 12, 12;

(C) 8, 9, 10, 11, 12;

(D) 9, 9, 10, 11, 11;

(E) 9, 10, 10, 10, 11.

47. O número $\sqrt{4001}$ localiza-se na reta numérica entre os números:

(A) 20 e 21;   (B) 40 e 45;

(C) 60 e 70;   (D) 200 e 220;   (E) 400 e 420.

48. Seja f uma função definida no conjunto dos números naturais, tal que f(n+2)=f(n)+3, para todo n ∈ N. Sabendo-se que f(0)=10 e f(1)=5, os valores de f(20) e f(41), são respectivamente:

(A) 40 e 65;

(B) 21 e 65;

(C) 40 e 62;

(D) 21 e 42;

(E) 65 e 40.

49. Considere o gráfico da parábola da figura abaixo.

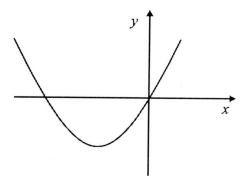

A única equação que pode representar este gráfico é:

(A) $y = x^2 + 3x$;

(B) $y = x^2 - 3x$;

(C) $y = x^2$;

(D) $y = x^2 - 3$;

(E) $y = x^2 + 3$.

50. Um fazendeiro dividirá seu terreno de modo a plantar soja, trigo e hortaliças. A parte correspondente à soja terá o dobro da área da parte em que será plantado trigo que, por sua vez, terá o dobro da área da parte correspondente às hortaliças. Sabe-se que a área total desse terreno é de 42 ha, assim a área em que se irá plantar trigo é de:

(A) 6 ha;

(B) 12 ha;

(C) 14 ha;

(D) 18 ha;

(E) 24 ha.

320 ♦ Quatro em Um: Para uma Excelente Base e Aprovação em Concursos Públicos

51. O ingresso para entrar em um parque nacional custa R$2,00 por criança e R$5,00 por adulto. Num dia entraram 57 pessoas no parque, e foi obtida a receita total de R$222,00. Nesse dia, o valor absoluto da diferença entre o número de crianças e adultos que entraram no parque foi de:

(A) 15;

(B) 21;

(C) 26;

(D) 30;

(E) 36.

52. Escrito na base 10, o número x é igual a 177. O número x escrito na base 2 é igual a:

(A) 10001111;

(B) 11110001;

(C) 10001101;

(D) 10010101;

(E) 10110001.

53. Uma prova de 50 questões objetivas foi elaborada de tal modo que o nível de dificuldade é crescente; assim, cada questão vale 2 pontos a mais que a questão anterior. Se o valor da primeira questão é 1, o número máximo de pontos que se pode obter nessa prova é:

(A) 1 300;

(B) 1 325;

(C) 2 475;

(D) 2 500;

(E) 2 525.

54. A soma de todos os números da forma 3^n, $n \in N$, tal que $0 \leq n \leq 10$ é:

(A) $(1+3^{10}) \cdot 5$;

(B) $(3+3^{10}) \cdot 5$;

(C) $\dfrac{3+3^{10}}{10}$;

(D) $\dfrac{3^{11}-3}{1}$;

(E) $\dfrac{3^{11}-1}{2}$.

55. Ana vendeu uma bolsa por R$ 54,00, obtendo um lucro de 20% sobre o preço de custo. O lucro de Ana, em reais, foi de:

(A) R$ 64,80;

(B) R$ 43,20;

(C) R$ 13,50;

(D) R$ 10,80;

(E) R$ 9,00.

56. Doze costureiras, trabalhando 8 horas por dia, em 18 dias tecem 480 mantas. O número de costureiras necessário para que sejam tecidas 600 mantas, trabalhando 6 horas por dia em 12 dias, mantendo o mesmo ritmo de trabalho que as anteriores, é:

(A) 28;

(B) 29;

(C) 30;

(D) 31;

(E) 32.

57. Bernardo contraiu uma dívida de R$ 5000,00 a juros compostos de 10% ao mês, para ser quitada integralmente após três meses. Os juros pagos por Bernardo por conta dessa dívida são:

(A) R$ 500,00;

(B) R$ 555,00;

(C) R$ 1500,00;

(D) R$ 1550,00;

(E) R$ 1655,00.

58. O retângulo ABCD da figura abaixo tem 10 cm^2 de área. Foi desenhado nele o quadrilátero MNOP, tal que MO // BC e PN // AB. Se recortamos MNOP, a área que restará do retângulo é:

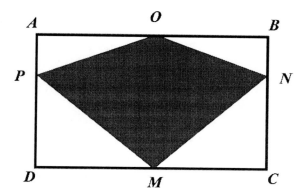

(A) 2,5 cm^2;

(B) 4 cm^2;

(C) 5 cm^2;

(D) 7,5 cm^2;

(E) não há dados suficientes para calcular o seu valor.

59. Na figura abaixo, PQ é o diâmetro da circunferência.

O valor de $\alpha + \beta$ é:

(A) 60°;   (B) 90°;

(C) 120°;   (D) 180°;

(E) 360°.

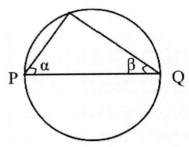

60. Um silo para armazenar grãos possui a forma de um cilindro de raio 30m e altura 50m com uma semi-esfera no topo, conforme a figura abaixo. A capacidade desse silo é de:

(A) 1500π m³;

(B) 45000π m³;

(C) 63000π m³;

(D) 76000π m³;

(E) 90000π m³.

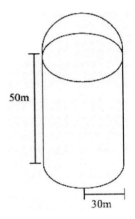

61. Para determinar a altura de um morro, um topógrafo mediu os ângulos α e β indicados na figura abaixo (a figura não está em escala) em pontos distantes 100m um do outro. Sabendo-se que $\tan \alpha = 3,5$ e $\tan \beta = 4,0$, a altura do morro é de:

(A) 700m;

(B) 1400m;

(C) 1800m;

(D) 2800m;

(E) 2900m.

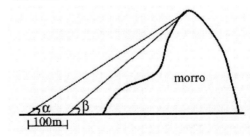

62. Dada a matriz $A = \begin{bmatrix} -1 & 3 \\ 0 & 2 \end{bmatrix}$, o determinante de A^8 é:

(A) –16;   (B) 16;

(C) 64;   (D) –256;

(E) 256.

63. A partir de um grupo de 10 pessoas, deseja-se formar duas equipes de 5 para disputar uma partida de vôlei de praia. De quantas formas distintas pode-se formar as equipes?

(A) 50;   (B) 126;

(C) 252;   (D) 15120;

(E) 30240.

64. Uma placa de automóvel é composta por três letras e quatro algarismos, nessa ordem. O número de placas que podem ser formadas com as letras K, Q ou L e cujos dois últimos algarismos são 2 e 6, nessa ordem, é:

(A) 540;   (B) 600;

(C) 2430;   (D) 2700;

(E) 3000.

65. A média aritmética obtida a partir de um conjunto de 10 números é M. Se acrescentarmos dois números, a e b, a esse conjunto, a nova média será:

(A) $\dfrac{10a + 10b + M}{12}$;   (B) $\dfrac{a + b + 10M}{12}$;

(C) $\dfrac{a + b + M}{12}$;   (D) $\dfrac{a + b + M}{3}$;

(E) $\dfrac{a + b + 10M}{3}$.

324 ◆ Quatro em Um: Para uma Excelente Base e Aprovação em Concursos Públicos

66. A tabela a seguir fornece a cotação diária de venda e compra do dólar, em reais, referente aos 6 primeiros dias úteis de outubro de 2005:

Data	Venda	Compra
3/out	2,229	2,227
4/out	2,261	2,259
5/out	2,268	2,266
6/out	2,293	2,291
7/out	2,250	2,248
10/out	2,238	2,236

As cotações medianas de venda e compra do dólar para esses

dias foram, respectivamente:

(A) 2,2555 e 2,2535;

(B) 2,2565 e 2,2545;

(C) 2,2680 e 2,2660;

(D) 2,2805 e 2,2785;

(E) 2,2930 e 2,2910.

67. Uma caixa de fósforos tem 1 cm de altura e o comprimento tem 2cm mais que a largura, Se o volume caixa é de 24cm^3, o comprimento da caixa, em metros, é:

(A) 0,04;

(B) 0,05;

(C) 0,06;

(D) 0,10;

(E) 0,12.

68. Uma pesquisa realizada na Grã-Bretanha mostrou no primeiro semestre deste ano que 295 doentes cardíacos precisaram de transplantes, mas só 131 conseguiram doadores. O percentual aproximado de pacientes que não conseguiram o transplante é:

(A) 31%;

(B) 36 %;

(C) 44 %;

(D) 56 %;

(E) 64 %.

69. A distância entre duas cidades A e B é de 265 metros e o único posto de gasolina entre elas encontra-se a 3/5 desta distância, partindo de A. O total de quilômetros a serem percorridos da cidade B até este posto é de:

(A) 57;   (B) 106;

(C) 110;   (D) 159;

(E) 212.

70. Sabendo-se que: $16x + \dfrac{1}{5} + \dfrac{1}{25} + \dfrac{1}{125} + \ldots = \dfrac{67}{12}$, o valor de x é:

(A) 3/16;   (B) 1/3;

(C) 33/56;   (D) 55/16;

(E) 33/8.

71. Os vértices do triângulo PRF da figura representam, respectivamente, uma papelaria, uma relojoaria e uma farmácia, estando as distâncias representadas em metro:

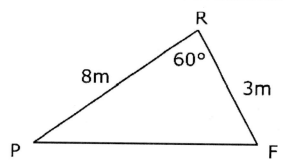

a distância entre a papelaria e a farmácia, em km, é:

(A) 0,0007;   (B) 0,007;

(C) 0,07;   (D) 0,7;

(E) 7,0.

326 ♦ Quatro em Um: Para uma Excelente Base e Aprovação em Concursos Públicos

72. Duas grandezas a e b foram divididas, respectivamente, em partes diretamente proporcionais a 3 e 4 na razão 1,2. O Valor de 3a + 2b é :

(A) 6,0;

(B) 8,2;

(C) 8,4;

(D) 14,4;

(E) 20,4.

73. As idades de Bruno, Magno e André estão, nesta ordem, em progressão aritmética. Sabendo-se que Bruno tem 19 anos e André 53 anos, a idade de Magno é:

(A) 24;

(B) 27;

(C) 30;

(D) 33;

(E) 36.

74. Para chegar ao trabalho, José gasta 2h30min dirigindo à velocidade média de 75 km/h. Se aumentar a velocidade para 90 km/h, o tempo gasto, em minuto para José fazer o mesmo percurso é :

(A) 50;

(B) 75;

(C) 90;

(D) 125;

(E) 180.

75. Num determinado Estado, quando um veículo é rebocado por estacionar em local proibido, o motorista paga uma taxa fixa de R$76,88 e mais R$1,25 por hora de permanência no estacionamento da polícia. Se o valor pago foi de R$101,88 o total de horas que o veículo ficou estacionado na polícia corresponde a :

(A) 20;

(B) 21;

(C) 22;

(D) 23;

(E) 24.

76. Um triângulo tem 0,675 m² de área e sua altura corresponde a 3/5 da base. A altura do triângulo, em decímetros, é igual a:

(A) 0,9;

(B) 1,5;

(C) 9,0;

(D) 15,0;

(E) 24,0.

GABARITO

01	02	03	04
C	A	D	E
05	**06**	**07**	**08**
D	E	C	A
09	**10**	**11**	**12**
C	B	C	A
13	**14**	**15**	**16**
D	B	C	B
17	**18**	**19**	**20**
C	A	D	C
21	**22**	**23**	**24**
E	B	B	A
25	**26**	**27**	**28**
C	C	E	D
29	**30**	**31**	**32**
D	A	A	B
33	**34**	**35**	**36**
D	E	E	B
37	**38**	**39**	**40**
D	B	D	C
41	**42**	**43**	**44**
D	E	B	E
45	**46**	**47**	**48**
B	A	C	A

49	50	51	52
A	B	A	E
53	54	55	56
D	E	E	C
57	58	59	60
E	C	B	C
61	62	63	64
D	E	B	D
65	66	67	68
B	A	C	D
69	70	71	72
B	B	B	E
73	74	75	76
E	D	A	C

Referências Bibliográficas:

SÉRATES, Jonofon. Raciocínio Lógico: lógico matemático, lógico quantitativo, lógico numérico, lógico analítico, lógico crítico/Jonofon Sérates.-8ªEdição- Brasília: Editora JONOFON Ltda, 1998.

ROCHA, Enrique. Raciocínio Lógico: Você consegue aprender/Enrique Rocha.- Rio de Janeiro: Elsevier, 2005.

LOCIKS, Júlio. Raciocínio Lógico e Matemático/Júlio Lociks.- 8ª Edição – Brasília: VESTCON Editora Ltda, 2004.

PAES, Rui Santos. Raciocínio Lógico – Questões com gabaritos comentados/ Rui Santos Paes. – 2ª Edição – Brasília: VESTCON Editora Ltda, 2004.

COPI, Irving Marmer. Introdução à Lógica/Irving Marmer Copi. – 2ª Edição – São Paulo: Editora Mestre Jou, 1978.

GÓES, Hilder Bezerra. Matemática para concurso/Hilder Bezerra Góes e Ubaldo Teixeira Góes. – 5ª Edição – Fortaleza, 1999.

CABRAL, Luiz Cláudio. Raciocínio Lógico e Matemático para Concurso/Luiz Cláudio Cabral e Mauro César Nunes. – 4ª Edição – Rio de Janeiro : Editora Campus, 2007.

DA SILVA, Joselias S. Matemática para concursos públicos com teoria e 500 questões resolvidas e comentadas/Joselias S. da Silva. – São Paulo: Editora Policon.

MORGADO, Augusto C. Raciocínio Lógico- Quantitativo/Augusto C. Morgado e Benjamin César. – 1ª Edição – Rio de Janeiro: Editora Campus, 2006.

BERLOQUIN, Pierre. 100 Jogos Lógicos/Pierre Berloquin. – 2ª Edição – Lisboa – Portugal: Editora Gradiva, 1999.

Impressão e acabamento
Gráfica da Editora Ciência Moderna Ltda.
Tel: (21) 2201-6662